Free CD
MP3

YONSEI KOREAN IN 3 WEEKS

3주완성 연세 한국어

5

연세대학교 한국어학당 편

연세대학교 대학출판문화원

3주완성 연세 한국어 5

편저자 연세대학교 한국어학당 교재편찬위원회
집필진 곽지영 · 서명숙 · 이지연 · 하지경 · 강혜원 · 유보미
펴낸곳 연세대학교 대학출판문화원

주소 서울시 서대문구 연세로 50 **등록** 1955년 10월 13일 제9-60호
전화 02) 2123-3380~2 **팩스** 02) 2123-8673
전자우편 ysup@yonsei.ac.kr **웹사이트** http://press.yonsei.ac.kr

내지디자인 PAGE M (한충명) **조판** PAGE M (조은희) **삽화** PAGE M (윤성현, 김영주)
녹음 MS미디어 **성우** 김상백, 김태현 **인쇄** 두성칼라

2013년 6월 28일 1판 1쇄 2019년 10월 17일 1판 6쇄
ISBN 978-89-6850-041-1(08710)
978-89-6850-036-7(세트)
값 32,000원 (CD포함)

머리말

50년 이상을 한국어 교육에 매진해 온 연세대학교 한국어학당은 국내 최고의 역사와 명성에 걸맞게 그동안 다양한 한국어 교재 편찬과 관련 연구를 해 옴으로써 한국어 교육을 선도해 왔다.

특히 최근에는 주춤했던 한류가 아시아 지역을 벗어나 미주, 유럽에 이르기까지 전 세계로 확산되면서 한국과 한국 문화가 세계로 전파되고 이에 따라 한국어에 대한 관심과 수요도 늘어나고 있다. 예전에 해외 동포나 일부 외국인을 중심으로 이루어져 왔던 한국어 교육이 이제는 다양한 목적과 요구를 지닌 학습자들을 대상으로 확대 추세에 있으며 이와 함께 교재에 대한 수요도 다양해지고 있다.

연세대학교 한국어학당은 그동안 일반 목적의 한국어 학습자뿐만 아니라 직업 목적의 학습자, 학문 목적의 학습자, 해외 동포 자녀 등 다양한 대상의 목적과 수요에 맞춘 교재를 지속적으로 개발, 출간해 왔다. 이번에 출판하는 '3주완성 연세 한국어 5'는 60시간용 교재로 단기간에 한국어를 배우려는 학습자를 대상으로 만든 교재이다. 따라서 외국인들이 흥미를 가지고 있는 주제를 중심으로 필수적인 어휘와 문법, 문화와 사고방식을 소개함으로써 한국어와 한국에 대한 이해를 넓히고자 하였다. 특히 이 교재는 어휘력과 문법 이해력 및 말하기, 듣기, 쓰기, 읽기 영역을 균형 있게 향상시킬 수 있도록 다양한 과제를 포함시킴으로써 학습 효과를 높이고자 하였다.

언어 교육은 목표어를 통한 의사소통 능력의 향상과 함께 목표 언어의 사회와 문화를 이해시키는 데 그 목적이 있다. 이 교재는 짧은 기간에 한국어를 배우고 한국 문화를 알고자 하는 학습자들에게 많은 도움이 될 것으로 확신하며 한국어 교재 발전에도 큰 몫을 담당하리라고 본다.

'3주완성 연세 한국어 5'가 연세대학교 언어연구교육원 한국어학당에서 학습하는 학습자들뿐만 아니라 국내, 국외에서 단기간에 한국어와 한국 문화를 배우고자 하는 모든 학습자들에게 크게 도움이 되기를 바라며 연세대학교 언어연구교육원 한국어학당 교재편찬위원회는 앞으로도 학습자들의 요구와 기대에 부응하는 교재 개발을 위해 최선을 다할 것이다.

연세대학교 언어연구교육원
한국어학당 교재편찬위원회

일러두기

- '3주완성 연세 한국어 5'는 단기간에 한국어를 배우려는 외국인 및 교포 학습자를 위한 중급 단계의 책으로 중급 단계에서 꼭 알아야 할 주제를 중심으로 썼으며 이와 함께 필수적인 어휘와 문법, 문화와 사고방식을 소개함으로써 한국에 대한 이해를 넓히고자 하였다.

- '3주완성 연세 한국어 5'는 5명의 주요 인물들이 등장하며 이들 등장인물들의 일상생활을 중심으로 본문의 대화 내용을 15개 과로 구성하였다.

- 본 교재는 단원명, 학습 목표, 삽화와 도입 질문, 대화, 어휘, 문법, 과제, 발음, 문화로 구성되어 있다.

- 각 단원의 제목은 본문 대화 내용 중의 주요 문장으로 제시하였다.

- 각 단원의 목표는 해당 단원에서 학습해야 할 의사소통 기능과 과제를 중심으로 제시하여 학습자들의 학습 동기를 유발하고 단원에 대한 이해를 촉진시키는 데 도움이 되도록 하였다.

- 본문 대화는 각 과의 주제와 관련된 가장 전형적이고 대표적인 대화 상황을 설정하고자 노력하였으며 6~11개의 문장, 3쌍의 대화로 구성하였다. 대화 앞에는 주제와 관련된 삽화와 질문을 넣어 학습자들이 대화 내용을 흥미있게 접할 수 있도록 유도하였다.

- 읽기 과제에서 주의해야 할 발음은 따로 제시하여 정확한 발음을 연습할 수 있도록 하였다.

- 본문 대화 내용을 부록에 영어, 일본어, 중국어로 제시하여 학습자가 대화의 맥락이나 상황 및 내용을 쉽게 이해할 수 있도록 도왔다.

- 어휘는 각 단원의 주제별로 꼭 알아야 할 어휘를 선정하여 제시하였으며 관련 삽화를 함께 제시하여 의미를 이해하기 쉽게 하였다. '3주완성 연세 한국어 5'에서 제시한 단어는 369개이다.

- 문법은 각 단원의 대화에 제시된 주요한 문법이나 문형의 의미와 용법을 학습자의 모국어로 설명하고 이어서 한국어와 학습자 모국어로 번역된 예문을 제시하였다. 문법 제시 이후에는 연습 문제를 덧붙여 공부한 내용을 학습자가 점검해 보도록 하였다.

- 과제는 학습 목표에서 제시한 의사소통 기능에 부합되는 것으로 각 단원마다 3개씩 제시하였다. 과제는 말하기, 듣기, 읽기, 쓰기의 네 기능을 적절히 수행하도록 제시하였으며 중급 과정에서 요구되는 말하기와 듣기의 비중을 높게 구성하였다.

- 문화는 단원의 주제와 관련하여 한국어를 이해하는 데 도움이 되는 경우에 문화 내용 설명, 사진, 그림 등을 통해 제시하였다.

- 모범 답안은 어휘와 문법 연습의 모범 답안을 제시하였으며 필요한 경우 과제의 모범 답안도 예시하였다.

- 어휘와 문법 색인에서는 각 단원에서 다루어진 본문의 새 어휘, 주제와 관련된 어휘와 주요 문법을 각각 가나다 순으로 정리하여 제시하였다.

- 부록으로 번역, 문법 활용연습, 듣기 지문, 모범 답안과 색인을 두어 학습자가 해당 단원의 내용을 확인할 수 있도록 하였고 아울러 목표 문법을 자습할 수 있도록 하였다.

내용 구성

과	제목	과제	어휘	문법
1	한국 대학교에서 공부하기 위해서 한국말을 배워요	과제1 학습 동기 인터뷰하기 과제2 언어 교환 친구 선택하기 과제3 학교 게시판에 올릴 자기소개서 쓰기	학습 동기 관련 어휘	-기 위해서 이라서
2	한국 노래를 들으면서 숙제를 해요	과제1 반 친구들의 취미 조사하기 과제2 취미 활동 듣고 취미에 관한 수수께끼 내기 과제3 동아리 광고 포스터 읽고 동아리 광고 만들기	취미 관련 어휘	-으면 -을수록 -으면서
3	주말에는 문을 안 열걸요	과제1 학교 시설 이용에 대해서 이야기하기 과제2 학교와 기숙사 안내 방송 듣기 과제3 기숙사 안내 글 읽고 문의하는 글 쓰기	학교 시설 관련 어휘	-거든요 -을걸요
4	시내 은행에 비해서 할인을 많이 해 주는군요	과제1 현금 자동 인출기 음성 안내 듣고 사용 경험 말하기 과제2 은행 이용 대화 듣고 이야기하기 과제3 카드 관련 기사 읽고 바라는 점 쓰기	은행 이용 관련 어휘	에 비해서 -는 편이다
5	주말 내내 비가 온다고 해요	과제1 일기예보 보고 여행의 세부 일정 이야기하기 과제2 일기예보 듣기 과제3 블로그 일기 읽고 일기 쓰기	날씨 관련 어휘	-는다고 하다/ -냐고 하다 -더군요
6	이모가 이 버스를 타 보라고 하셨어요	과제1 관광 코스 추천하기 과제2 관광 문의에 관련된 대화와 광고 듣기 과제3 도보 관광 코스 소개 읽고 웹 페이지에서 예약하기	관광 관련 어휘	-어지다 -으라고 하다/ -자고 하다
7	민박은 안 되는 줄 알았어요	과제1 문화 체험 선택하고 일정 짜기 과제2 여행 관련 이야기 듣고 말하기 과제3 설문 조사 결과 읽고 자신의 생각 쓰기	문화 체험 관련 어휘	-는 줄 알다 -었던

과	제목	과제	어휘	문법
8	목이 아픈 데다가 자꾸 기침이 나요	과제1 약국에서 살 수 있는 약에 관한 글 읽고 말하기 과제2 약국에서 증세 말하고 약 사기 과제3 민간요법에 관한 이야기 듣고 글 쓰기	증세 관련 어휘	-는 데다가 -나 보다
9	약을 먹었는데도 낫지 않아요	과제1 병원에서 의사에게 증세 말하고, 병원 이용 경험 쓰기 과제2 의료보험, 응급실, 한의원 이용하기 과제3 국제 진료소 안내문 읽고 말하기	병원 관련 어휘	-는데도 -네요
10	운동을 해야 건강하게 체중을 줄일 수 있어요	과제1 건강 상식에 대해서 이야기하기 과제2 건강 정보 방송 듣고 말하기 과제3 건강 · 다이어트에 대한 글 읽고 생각 쓰기	건강 관련 어휘	-어야 -을래요?
11	초대를 받았는데 빈손으로 갈 수는 없잖아요	과제1 초대 계획 세우기 과제2 초대와 선물 관련 대화 듣기 과제3 청첩장 읽고 초대장 쓰기	초대 관련 어휘	-잖아요 -지 그래요?
12	쇼핑백 안에 뭐가 들어 있습니까?	과제1 지하철 유실물 센터에 대한 글 읽고 이야기하기 과제2 유실물과 미아에 대한 안내 방송 듣고 말하기 과제3 분실물 광고 읽고 분실물 찾는 글 쓰기	물건 모양, 형태 관련 어휘	-어 있다 -는 대로
13	다들 얼마나 만나고 싶었는지 몰라요	과제1 방문 예절과 관련된 대화 듣고 이야기하기 과제2 방문 관련 인사말 익히고 상황 역할 하기 과제3 홈스테이 후 편지글 읽고 편지 쓰기	방문 관련 어휘	얼마나 -는지 모르다 -던
14	창가 자리로 달라고 하세요	과제1 전화로 예약하기 과제2 예약 관련 상황 듣고 말하기 과제3 호텔 후기 글 읽고 호텔이나 식당 후기 쓰기	예약 관련 어휘	-을 테니까 -어 달라고 하다
15	일 년 더 있게 됐어요	과제1 송별회 모임에서 미래 계획 말하기 과제2 송별회 대화 듣고 말하기 과제3 미래 계획에 대한 글 읽고 자신의 미래 계획 써 보기	직업 관련 어휘	-게 되다 -어야겠다

차례

주요 인물

유리
일본 사람
대학생

샤오밍
중국 사람
회사원

영주
한국 사람
대학생

마이클
미국 사람
대학원생

슈테판
독일 사람
회사원

제 1 과

한국 대학교에서 공부하기 위해서 한국말을 배워요

- **학습 목표** 학습 동기에 대해서 표현할 수 있다.
- **어휘** 출장, 억양, 자연스럽다
  학습 동기 관련 어휘
- **문법** -기 위해서, 이라서
- **과제** 학습 동기 인터뷰하기
  언어 교환 친구 선택하기
  학교 게시판에 올릴 자기소개서 쓰기

1 이 사람들은 왜 한국어를 배울까요?

2 여러분은 한국어를 배운 후에 무엇을 하고 싶습니까?

CD 01-1,2

출장
EN business trip
JP 出張
CH 出差

억양
EN accent
JP イントネーション
CH 语调

자연스럽다
EN to be natural
JP 自然だ
CH 自然

유 리　슈테판 씨는 왜 한국말을 배워요?

슈테판　한국 출장이 많아져서 배우러 왔어요. 유리 씨는요?

유 리　저는 한국 대학교에서 공부하기 위해서 한국말을 배워요.
그런데 슈테판 씨는 발음과 억양이 참 자연스러워요.

슈테판　고마워요. 어머니가 한국 사람이라서 그런 것 같아요.

유 리　그럼, 집에서 한국말로 이야기하세요?

슈테판　어머니는 한국어로 하시는데 저는 독일어로 말해요.

어휘

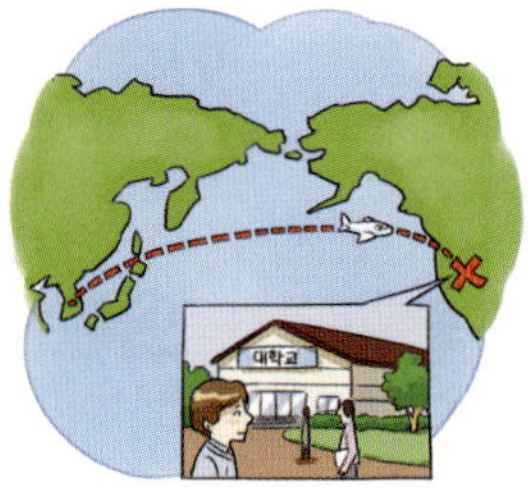

진학하다
EN to enter a school of higher grade
JP 進学する
CH 升学

취직하다
EN to find employment
JP 就職する
CH 就业

유학을 가다
EN to go abroad for study
JP 留学する
CH 去留学

사업을 하다
EN to run a business
JP 事業をする
CH 经商

출장을 가다
EN to go on a business trip
JP 出張に行く
CH 出差

이해하다
EN to understand
JP 理解する
CH 理解

사귀다
EN to date someone
JP 友だちになる、付き合う
CH 交往

영주 씨의 졸업 후 계획입니다. 알맞은 말을 넣으십시오.

내년 2월이 되면 대학교를 졸업한다. 부모님께서는 내가 회사에 취직하거나 대학원에 1) ________________ 기를 바라신다. 하지만 나는 졸업 후에 외국으로 2) ________________ 고 싶다. 외국에 가서 그 나라 말도 배우고 그 나라 사람들과 3) ________________ 고 싶다. 그리고 그 나라 사람들의 생활과 문화도 4) ________________ 고 싶다. 유학을 다녀와서 회사에 들어가지 않고 바로 내 5) ________________ 었으면/았으면/였으면 좋겠다. 내 사업을 하면 외국으로 6) ________________ 을/ㄹ 일이 많을 것 같다. 그때 유학 생활의 경험이 큰 도움이 될 것이다.

문법

1 -기 위해서

- 제 사업을 하기 위해서 돈을 모으고 있습니다.
- 프랑스에 유학을 가기 위해서 프랑스어를 배워요.
- 피아니스트가 되기 위해서 하루에 6시간씩 연습했습니다.
- 드라마 내용을 잘 이해하기 위해서 같은 드라마를 보통 두세 번 봐요.

리에 씨는 수업 첫날 학교에 오지 못했습니다. 그래서 반 친구들에 대해서 모릅니다. 리에 씨의 질문에 대답해 주십시오.

2 이라서/라서

- 주말이라서 놀이공원에 사람이 많을 거예요.
- 요즘 시험 기간이라서 도서관에 학생들이 많아요.
- 이 노래는 내가 좋아하는 노래라서 가사를 다 외워요.
- 여자 친구가 한국 사람이라서 한국말을 배우러 왔어요.

여행사에서 일하는 제임스 씨가 동료와 이야기하고 있습니다. 대화를 완성하십시오.

동 료: 어떻게 여행사에서 일할 생각을 했어요?

제임스: 제 취미가 여행이라서~~이라서/라서~~ 여행사에서 일하고 싶었어요.

아버지 직업이 1)__________이라서/라서 어렸을 때부터 여행을 많이 했습니다.

그리고 제가 2)__________이라서/라서 저를 많이 데리고 다니셨어요.

동 료: 아, 막내세요? 형제가 많아요?

제임스: 네, 누나가 세 명 있어요.

동 료: 3)__________이라서/라서 귀여움을 많이 받았겠어요.

외아들인데 부모님과 떨어져서 한국에서 일하는 것이 괜찮아요?

제임스: 괜찮아요. 4)__________이라서/라서 한국에서 일해 보고 싶었어요.

동 료: 아, 어머니가 한국 사람이세요? 그래서 한국어를 잘 하시는군요.

제임스: 아니요, 집에서는 영어로 얘기했어요. 대학교 때 한국어가 부전공이었습니다.

동 료: 아, 5)__________이라서/라서 한국어를 배웠군요.

과제 1 말하기

반 친구들은 왜 한국말을 배웁니까? 어떻게 공부합니까? 친구들을 인터뷰해 봅시다.

질문	유리	친구1	친구2	친구3
왜 한국어를 배워요?	한국 대학교에서 공부하다			
어떻게 한국어를 알았어요?	어머니/ 한국 드라마 팬			
한국어를 배울 때 뭐가 어려워요?	발음			
____을/를 잘 하기 위해서 어떻게 해요?	드라마 대사를 따라 하다			
한국어를 배운 후에 뭘 할 거예요?	한국 회사에 취직하다			

보기

나: 왜 한국어를 배워요?
유리: 한국 대학교에서 공부하기 위해서 한국어를 배워요.
나: 어떻게 한국어를 처음 알았어요?
유리: 어머니가 한국 드라마 팬이라서 그때 처음 알았어요.
나: 한국어를 배울 때 뭐가 어려워요?
유리: 저는 받침 발음이 어려워요.
나: 발음을 잘 하기 위해서 어떻게 해요?
유리: 드라마를 볼 때 대사를 여러 번 따라 해요.
나: 한국어를 배운 후에 뭘 하고 싶어요?
유리: 한국어를 배운 후에 한국 회사에 취직하고 싶어요.

대사 EN lines of a script JP 台詞 CH 台词

과제 2 듣고 말하기

CD 01-3~5

외국 학생들과 언어 교환을 하고 싶어하는 한국 대학생들의 이야기입니다. 듣고 표를 채워 봅시다.

학생 이름	전공	언어 교환 목적/이유	만나고 싶은 친구
1) 김윤호			음악과 영화를 좋아하는 학생
2) 이민정		유학을 가기 위해서	
3) 박재훈	체육학		여행을 좋아하는 친구

누구와 언어 교환을 하고 싶습니까? 발표해 봅시다.

보기

저는 박재훈 씨와 언어 교환을 하고 싶습니다. 저는 한국에서 여러 곳에 가 보고 싶습니다. 박재훈 씨는 여행을 좋아하니까 한국의 이곳저곳을 잘 소개해 줄 것 같습니다. 그리고 전공이 체육학이라서 운동을 잘 할 것 같습니다. 저도 운동을 좋아합니다. 그래서 저는 커피숍에 앉아서 이야기하는 것보다 같이 운동하고 이야기를 하는 것이 더 좋습니다.

떨리다 EN to be nervous JP 震える CH 发抖、打颤 **체육학** EN the study of physical education JP 体育学 CH 体育学

과제 3 읽고 쓰기

유카 씨가 언어 교환 친구를 찾기 위해서 학교 게시판에 자기소개서를 써서 붙였습니다. 읽고 질문에 대답하십시오.

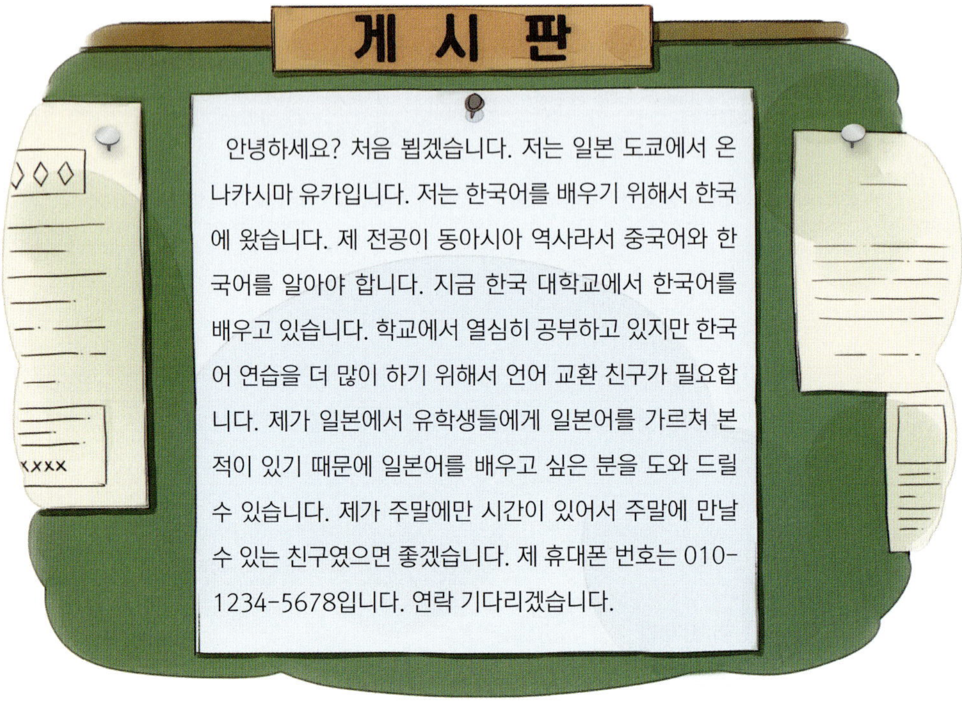

게 시 판

안녕하세요? 처음 뵙겠습니다. 저는 일본 도쿄에서 온 나카시마 유카입니다. 저는 한국어를 배우기 위해서 한국에 왔습니다. 제 전공이 동아시아 역사라서 중국어와 한국어를 알아야 합니다. 지금 한국 대학교에서 한국어를 배우고 있습니다. 학교에서 열심히 공부하고 있지만 한국어 연습을 더 많이 하기 위해서 언어 교환 친구가 필요합니다. 제가 일본에서 유학생들에게 일본어를 가르쳐 본 적이 있기 때문에 일본어를 배우고 싶은 분을 도와 드릴 수 있습니다. 제가 주말에만 시간이 있어서 주말에 만날 수 있는 친구였으면 좋겠습니다. 제 휴대폰 번호는 010-1234-5678입니다. 연락 기다리겠습니다.

01 유카 씨는 왜 한국어를 배웁니까?

____

02 유카 씨는 언어 교환 친구를 어떻게 도와 줄 수 있습니까? (　　)

❶ 한국어를 가르쳐 줄 수 있다.
❷ 일본어를 가르쳐 줄 수 있다.
❸ 한국 역사를 가르쳐 줄 수 있다.
❹ 중국 역사를 가르쳐 줄 수 있다.

03 유카 씨는 언제 언어 교환을 할 수 있습니까? 맞는 것에 모두 ✓ 하십시오.

☐ 목요일 오후나 저녁
☐ 토요일 오전이나 오후
☐ 일요일 오전이나 오후

게시판 EN notice board / bulletin JP 掲示板 CH 公告栏
자기소개서 EN self introduction letter / cover letter JP 自己紹介書 CH 自我介绍书

언어 교환 친구를 찾습니다. 자기소개서를 써서 게시판에 붙여 봅시다.

왜 한국어를 배웁니까?	
언어 교환 친구를 어떻게 도와 줄 수 있습니까?	
어떤 친구였으면 좋겠습니까?	

읽어 봅시다

받침소리 1 /ㄷ,ㅌ,ㅅ,ㅆ,ㅈ,ㅊ/ ➡ [ㄷ]	
• 뵙겠습니다[뵙껟씀니다]	처음 뵙**겠**습니다.
• 꽃[꼳]	예쁜 **꽃**도 많고 큰 나무도 많습니다.
• 낮잠[낟짬]	점심 식사 후에 한 시간 정도 **낮잠**을 잡니다.
• 벗지[벋찌]	신발은 **벗지** 말고 들어오세요.

제2과

한국 노래를 들으면서 숙제를 해요

- **학습 목표** 취미 활동에 대해서 설명할 수 있다.
- **어휘** 즐기다, 도움이 되다, 주제가
  취미 관련 어휘
- **문법** -으면 -을수록, -으면서
- **과제** 반 친구들의 취미 조사하기
  취미 활동 듣고 취미에 관한 수수께끼 내기
  동아리 광고 포스터 읽고 동아리 광고 만들기

1 사람들은 시간이 있을 때 보통 무엇을 합니까?

2 여러분의 취미는 무엇입니까?

CD 02-1,2

마이클 유리 씨는 시간이 있을 때 뭘 해요?

유 리 저는 한국 드라마를 즐겨 봐요.

마이클 한국 드라마를 보면 다 이해할 수 있어요?

유 리 아니요, 하지만 보면 볼수록 재미있고
한국어 공부에 도움도 돼요.

마이클 저는 한국 노래를 많이 들어요.
한국 노래를 들으면서 숙제를 해요.

유 리 그래요? 저도 드라마 주제가를 즐겨 들어요.

즐기다
EN to enjoy
JP 楽しむ
CH 喜欢

도움이 되다
EN to be of help
JP 役に立つ
CH 有帮助

주제가
EN theme song
JP 主題歌
CH 主题歌

어휘

하다
EN to do (something)
JP する
CH 做

만들다
EN to make
JP 作る
CH 制作

치다
EN to play (an instrument)
JP 演奏する(弾く/叩く)
CH 弹、打

보다
EN to see/to watch/to look
JP 見る
CH 看

모으다
EN to collect
JP 集める
CH 收集

키우다
EN to raise (a pet)
JP 飼う
CH 养

다음 사람은 어떤 취미를 가지고 있을까요?

보기 만드는 것을 좋아하는 사람
"저는 손으로 만드는 것을 좋아해요. 그래서 취미로 도자기를 만들고 옷도 직접 만들어서 입어요."

1) 여행을 좋아하는 사람

2) 동물을 사랑하는 사람

3) 음악을 좋아하는 사람

4) 집에 있는 것을 좋아하는 사람

문법

1 -으면/면 -을수록/ㄹ수록

- 그 여자는 보면 볼수록 예뻐요.
- 친구는 많으면 많을수록 좋아요.
- 한국 가요는 들으면 들을수록 더 듣고 싶어져요.
- 외국어는 배우면 배울수록 어려워지는 것 같아요.

마이클 씨가 샤오밍 씨에게 취미로 등산을 추천합니다. 알맞은 말을 넣으십시오.

샤오밍: 저는 평일에 너무 피곤해서 잠을 많이 자고 그냥 쉬어요. 그런데 잠은 많이 자면~~으면/면~~ 잘수록~~을수록/ㄹ수록~~ 더 자고 싶어지고 1)__________ 으면/면 __________ 을수록/ㄹ수록 몸이 더 무거워지는 것 같아요.

마이클: 주말에 산에 한번 가보세요. 위로 2)__________ 으면/면 __________ 을수록/ㄹ수록 공기가 깨끗해져서 기분이 아주 좋아요. 또 3)__________ 으면/면 __________ 을수록/ㄹ수록 몸도 가벼워져요. 그리고 나무의 초록색을 많이 4)__________ 으면/면 __________ 을수록/ㄹ수록 눈이 편안해질 거예요. 등산은 5)__________ 으면/면 __________ 을수록/ㄹ수록 건강해지는 아주 좋은 운동이에요.

샤오밍: 그렇군요. 마침 기숙사 근처에 가까운 산이 있는데 이번 주말에 같이 등산할까요?

2 -으면서/면서

- 책을 읽으면서 차를 마셔요.
- 피아노를 치면서 노래를 불러요.
- 음악을 들으면서 자전거를 타요.
- 저는 대학교에 다니면서 아르바이트를 했어요.

정희의 하루 일과입니다. 그림을 보고 말해 봅시다.

보기		1)		2)	
3)		4)		5)	

과제 1 말하기

반 친구들의 취미를 조사해 봅시다.

질문	마이클	친구1	친구2	친구3
취미가 뭐예요?	테니스 치기			
얼마나 자주 해요?	일주일에 두 번			
누구하고 같이 해요?	테니스 클럽 친구들(미국)/ 방 친구(한국)			
언제부터 했어요?	중학교 때부터			
무엇이 좋아요?	팔과 다리가 튼튼해지다 / 스트레스가 풀리다			

보기

나: 취미가 뭐예요?
마이클: 테니스를 셔요.
나: 테니스를 자주 쳐요?
마이클: 일주일에 두 번쯤 테니스장에 가요.
나: 보통 누구하고 같이 쳐요?
마이클: 미국에 있을 때는 테니스 클럽 친구들하고 쳤는데 한국에서는 방 친구하고 같이 쳐요.
나: 테니스를 치기 시작한 지 얼마나 됐어요?
마이클: 중학교 때 테니스 클럽에서 처음 배웠으니까 10년쯤 됐어요. 그때부터 취미로 계속 했어요.
나: 테니스를 치면 무엇이 좋은가요?
마이클: 테니스를 치면 칠수록 팔과 다리가 튼튼해져요. 스트레스도 풀려요.

과제 2 듣고 말하기

여러 가지 취미에 대한 이야기입니다. 듣고 질문에 대답하십시오.

CD 02-3~5

01

표를 채우고 맞는 그림을 고르십시오.

	이 취미 활동을 할 때 필요한 것	이 취미 활동을 잘 할 수 있는 사람		
1)			□	
			□	
2)			□	
			□	
3)			□	
			□	

속이다 EN to deceive JP だます CH 欺骗
상대 EN opponent JP 相手 CH 对方、对手
떨어뜨리다 EN to miss a ball JP 打ち落とす CH 使掉落
나무판 EN wooden board JP 木の板 CH 木板
네트 EN net JP ネット CH 球网
코트 EN court JP コート CH 球场
유리하다 EN to be profitable / to be advantageous JP 有利だ CH 有利
땅 EN ground / floor JP 地面 CH 地

02 위에서 말한 취미는 무엇일까요?

____

친구에게 재미있는 수수께끼를 내 봅시다.

보기

이것은 6, 7천 년 전에 인도에서 시작되었습니다.
이것을 하면 몸과 마음이 건강해집니다.
하지만 요즘에는 여자들이 예뻐지기 위해서 이것을 많이 합니다.
물고기, 코브라, 고양이 등 여러 동물의 자세를 따라 하기도 합니다.
이것을 많이 하면 할수록 몸이 부드러워집니다.
이것은 무엇일까요?

자세 EN posture JP 姿勢 CH 姿势

과제 3 읽고 쓰기

학교 게시판에 붙어 있는 동아리 광고 포스터입니다. 읽고 질문에 대답하십시오.

게 시 판

♥ 산하사랑 ♥

- 등산 동아리?? 아닙니다. 우리는 여행을 하면서 우리가 태어난 이 땅을 사랑하고 생각하는 동아리입니다.
- 1년에 네 번, 봄, 여름, 가을, 겨울 각 계절마다 유적지에 가서 직접 보고 듣고 걷습니다.
- 축제, 체육대회, 소풍 등 다양한 행사를 하고 보통 때에도 가족처럼 자주 모여 즐거운 학교 생활을 할 수 있습니다.

동아리방 학생회관
409-4호

♬ 춤사모♬

당신이 몸을 움직일 수 있으면 춤도 출 수 있습니다. 춤은 복잡하거나 어려운 것이 아닙니다. 춤을 춰 본 경험이 없거나 춤을 못 춰도 괜찮습니다. 춤을 추고 싶어하는 마음이 가장 중요합니다. 거리에서, 무대에서 재미있게 즐기면서 새로운 세상에 들어가 보지 않으시겠습니까?

회장 박지완
010-1234-5678
부회장 윤 하
010-987-6543

보글보글 냠냠

- 맛있는 것 좋아하는 사람 대환영!!!
- 다양한 국적의 회원들이 요리를 가르쳐줌.
- 한 달에 두 번 이태원, 홍대 등 세계 각국의 맛집을 찾아감.
- 학교 축제 때 세계 요리 축제를 열어 자기 나라의 음식을 소개할 수 있음.
- 요리하면서 사랑을 키운 커플 많음.^^

연락처 010-1234-9876

01 다음 문장을 위 내용에 맞게 채우십시오.

1) 산하사랑은 (   )으로/로 여행을 가고 MT, 체육대회 같은 다양한 (   )을/를 하며 (   )처럼 자주 모여 즐거운 학교 생활을 한다.

2) 춤사모는 (   )을/를 추는 동아리인데 (   ), (   )에서 공연한다.

3) 보글보글 냠냠은 다양한 나라의 (   )을/를 만들고 (   )을/를 찾아가고 학교 축제 때는 (   )을/를 연다.

유적지 EN historical sites JP 遺跡 CH 遗址
움직이다 EN to move JP 動く、動かす CH 动弹
축제 EN festival JP 祭り CH 庆典

02

맞는 것을 고르십시오. (   )

❶ 산하사랑은 계절마다 유명한 산에 간다.
❷ 춤을 잘 춰야 춤사모에 들어갈 수 있다.
❸ 보글보글 냠냠에는 다양한 나라 사람들이 있다.
❹ 보글보글 냠냠은 여자 친구, 남자 친구를 소개해 주는 동아리이다.

03

여러분은 어느 동아리에 들어가고 싶습니까? 왜 그렇습니까?

____

취미가 같은 사람들이 동아리를 만들려고 합니다. 다음 표를 채운 후에 게시판에 붙일 동아리 광고 포스터를 만들어 봅시다.

만들고 싶은 동아리 이름	
동아리가 하는 일	
동아리에 들어올 수 있는 사람	
모이는 곳	
만나는 시간	
만날 때 가지고 올 것	

읽어 봅시다

받침 소리 2 /ㄴ,ㄵ,ㄶ/ ➡ [ㄴ] /ㄹ,ㄼ/ ➡ [ㄹ]	
• 괜찮습니다[괜찬씀니다]	춤을 춰 본 경험이 없거나 춤을 못 춰도 **괜찮습니다.**
• 앉지[안찌], 앉읍시다[안즙씨다]	여기 **앉지** 말고 저쪽에 **앉읍시다.**
• 일[일], 많다[만타]	요즘은 전문적으로 이런 **일을** 해 주시는 분들이 **많다.**
• 넓지[널찌], 넓은[널븐]	제 방은 **넓지** 않아서 **넓은** 방을 구하려고 해요.

문화

인터넷 동호회

'동호회'는 같은 취미나 관심을 가진 사람들의 모임입니다. 인터넷을 사용하는 사람들이 많아지면서 인터넷에는 많은 동호회가 생겼습니다. 이것을 '인터넷 동호회' 또는 '사이버 동호회'라고 합니다. 사람들은 취미 생활을 위해서, 사람들을 만나기 위해서 동호회에 들어갑니다. 인터넷 동호회 사람들은 온라인에서 대화를 하기도 하고 오프라인에서 직접 만나기도 합니다. 사진 동호회, 여행 동호회, 춤 동호회 등 다양한 동호회가 있습니다.

제3과

주말에는 문을 안 열걸요

- **학습 목표** 학교 시설 이용에 대해서 문의하고 설명할 수 있다.
- **어휘** 무료 이용권, 정액권, 비누
  학교 시설 관련 어휘
- **문법** -거든요, -을걸요
- **과제** 학교 시설 이용에 대해서 이야기하기
  학교와 기숙사 안내 방송 듣기
  기숙사 안내 글 읽고 문의하는 글 쓰기

1. 학교에 어떤 시설이 있습니까?
2. 여러분은 어떤 시설을 자주 이용합니까?

CD 03-1,2

마이클 학생들은 학교 수영장을 무료로 이용할 수 있어요?

영 주 1일 이용권이나 정액권을 사야 해요.

마이클 수영복만 가지고 가면 됩니까?

영 주 비누와 수건은 가지고 가야 해요. 거기에 없거든요.

마이클 토요일 오후에도 문을 열어요?

영 주 주말에는 문을 안 열걸요.

무료
EN free
JP 無料
CH 免费

이용권
EN ticket for use
JP 利用券
CH 使用券

정액권
EN ticket or pass with a fixed amount
JP 定額券
CH 定额券

비누
EN soap
JP 石けん
CH 肥皂

어휘

복사실
EN Copier room
JP コピー室
CH 复印室

컴퓨터실
EN Computer room
JP コンピュータ室
CH 电脑室

관리실
EN Management office
JP 管理室
CH 管理室

휴게실
EN Lounge
JP 休憩室
CH 休息室

세탁실
EN Laundry room
JP 洗濯室
CH 洗衣间

체력단련실
EN Gym
JP 体力鍛練室(ジム)
CH 健身房(体力锻炼室)

탈의실
EN Locker room
JP 脱衣室
CH 更衣室

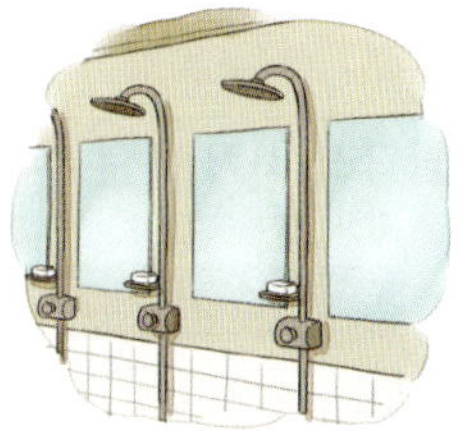

샤워실
EN Shower room
JP シャワー室
CH 淋浴室

이 사람은 어디로 갈까요? 연결하십시오.

보기 한 시간 동안 조깅을 해서 땀이 많이 났어요. •	• 샤워실
1) 고향에 있는 친구들에게 한국에서 찍은 사진을 이메일로 보내고 싶어요. •	• 휴게실
2) 친구에게 빌린 공책을 복사하고 싶어요. •	• 체력단련실
3) 비가 와도 오늘은 꼭 운동을 할 생각이에요. •	• 관리실
4) 이 건물 몇 층에 식당이 있는지 물어 보고 싶어요. •	• 복사실
5) 날씨가 좋아서 오늘은 옷과 침대 커버를 빨 생각이에요. •	• 탈의실
6) 공부하다가 너무 피곤해서 잠시 쉬려고 합니다. •	• 세탁실
7) 운동을 끝내고 옷을 갈아입어야 합니다. •	• 컴퓨터실

문법

1 -거든요

- 가: 피곤해 보여요.
  나: 어제 2시간밖에 못 잤거든요.
- 두통약을 사러 약국에 갈 필요가 없어요. 학교 사무실에 있거든요.
- 저는 학교 박물관에 가는 걸 좋아해요. 볼 것도 많고 무료이거든요.
- 등산을 갈 때는 옷을 잘 준비해야 해요. 높이 올라갈수록 추워지거든요.

유리 씨가 학교 수영장 이용법에 대해 영주 씨에게 묻습니다. 대화를 완성하십시오.

	유리의 질문	영주의 대답	
보기	수영장에서 이용권을 사면 되지요?		사무실에서 사 가지고 가세요. 수영장에서는 팔지 않거든요.
1)	수영복만 있으면 되지요?	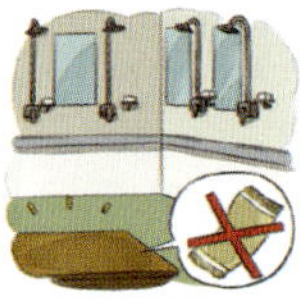	수건을 가지고 가야해요. ______________ ______거든요.
2)	또 필요한 게 있나요?		수영 모자를 꼭 가지고 가야해요. ______________ ______거든요.
3)	아무 때나 가도 수영할 수 있어요?		아침 9시부터 5시 사이에는 이용할 수 없어요. ______________거든요.
4)	여기에서 멀어요?		학교 셔틀 버스를 타세요. ______________거든요.
5)	영주 씨는 학교 수영장에 자주 가세요?		요즘은 자주 못 가요. ______________거든요.

2 -을걸요/ㄹ걸요

- 은행은 4시에 문을 닫으니까 서둘러야 할걸.
- 햇빛이 강해서 모자를 쓰고 나가는 게 좋을걸요.
- 시험 기간에는 아침 7시에 와도 도서관에 자리가 없을걸요.
- 가: 유진 씨는 지금 뭘 하고 있을까?
  나: 2시 비행기라고 했으니까 지금쯤 비행기 안에 있을걸.

영주 씨가 여름 방학에 여행을 하려고 합니다. 여행 준비를 위해서 유리 씨에게 질문을 합니다. 두 사람의 대화를 완성하십시오.

	영주의 질문		유리의 대답
보기	일주일 동안 여행을 하려고 하는데 유럽이 어떨까?		일주일 동안 유럽 여행을 하기는 좀 어려울걸.
1)	그럼 하와이는 어떨까? 그런데 비자를 만들려면 시간이 많이 걸리겠다.		____________________ __________을걸/ㄹ걸.
2)	아, 그래? 날씨가 덥지 않을까?		____________________ __________을걸/ㄹ걸.
3)	예쁜 사진을 많이 찍으려면 옷을 많이 가져가는 게 좋을 거야. 그렇지?		____________________ __________을걸/ㄹ걸.
4)	여행사 패키지로 갈까? 자유 여행으로 갈까?		____________________ __________을걸/ㄹ걸.
5)	현금을 많이 가져가야 할까?		____________________ __________을걸/ㄹ걸.

과제 1 읽고 말하기

다음 게시판을 읽고 옆 사람과 함께 전화로 이야기해 봅시다.

한국어학당 시설 안내

복사실
- 위치: 1층
- 이용 시간: 오전 8시~오후 6시
  (점심시간: 오후 2시~3시)
- 복사 요금: 50원/1장
- 프린트 요금: 흑백 200원/1장, 칼라 300원/1장

* 교과서와 국제전화 카드, 문구류도 팝니다.

컴퓨터실
- 위치: 2층
- 이용할 수 있는 사람: 한국어학당 학생
- 이용료: 무료

기숙사 시설 안내

세탁실
- 위치: 지하 2층
- 이용 시간: 24시간
- 세제: 자동판매기에서 살 수 있음
- 이용료: 세탁기/500원, 건조기/500원,
  세제/500원

* 500원 동전과 1000원 지폐만 사용할 수 있음

체력단련실
- 위치: 지하 2층
- 이용 시간: 오전 8시~오후 12시
- 이용료: 무료
- 샤워 시설: 없음

* 수건, 운동복은 준비해 오십시오.

보기

유리: 컴퓨터실이 어디에 있어요?
유카: 2층에 있어요.
유리: 학생들이 이용할 수 있어요?
유카: 한국어학당 학생들은 다 이용할 수 있을걸요.
유리: 몇 시부터 몇 시까지 문을 열어요?
유카: 아무 때나 괜찮을걸요.
유리: 한 시간에 얼마예요?
유카: 돈을 내지 않아도 돼요. 무료이거든요.

흑백 EN black and white JP 白黒 CH 黑白
세제 EN detergent JP 洗剤 CH 洗涤剂
건조기 EN dryer JP 乾燥機 CH 烘干机
지폐 EN paper money / bill JP 紙幣 CH 纸币

과제 2 듣고 말하기

학교 안에서 들을 수 있는 안내 방송입니다. 듣고 질문에 대답하십시오.

CD 03-3

01

1) 여기에서 무엇을 팝니까?

____

2) 신입생들을 위해 한 달 동안 무엇을 합니까?

____

CD 03-4

02

1) 어디를 소개합니까?

____

2) 여기에서 무엇을 할 수 있습니까? 맞는 것에 모두 ✓ 하십시오.

- □ 한국어로만 이야기를 해야 한다.
- □ 여러 나라의 방송을 볼 수 있다.
- □ 세미나도 하고 영화도 볼 수 있다.
- □ 책이나 잡지를 살 수 있다.
- □ 인터넷을 이용할 수 있다.

CD 03-5

03

무엇에 대한 안내 방송입니까?

내일 ____________ 부터 ____________ 까지 ____________ 때문에 ____________ 을/를 이용할 수 없다.

CD 03-6

04

무엇에 대한 안내 방송입니까?

이번 주 ____________ 요일 ____________ 부터 ____________ 까지 ____________ 이/가 들어오지 않는다.

여러분은 학교에서 어떤 안내 방송을 들었습니까? 이야기해 봅시다.

신입생 EN new student JP 新入生 CH 新生

수리하다 EN to repair JP 修理する CH 维修、修理

옮기나 EN to move JP (位置を)移す、動かす CH 挪、搬、移动

과제 3 읽고 쓰기

기숙사 홈페이지에 있는 안내 글입니다. 읽고 질문에 대답하십시오.

국제학사에는 1인실과 2인실이 있고 600명의 한국 학생과 외국 학생이 함께 생활합니다. 방마다 LAN 시설이 있어서 인터넷을 사용할 수 있습니다. 기숙사 안에는 휴게실, 스터디 룸, 체력단련실, 부엌, 컴퓨터실, 세탁실이 있습니다. 세탁기는 돈을 내고 이용합니다.

방에는 침대, 옷장, 책상, 책장과 스탠드가 있습니다. 침대 시트, 이불, 베개는 기숙사에서 주지만 세탁은 직접 해야 합니다. 헤어드라이어 () 는 사용할 수 있지만 다리미 (), 전기밥솥 (), 토스터 () 같은 것은 사용할 수 없습니다.

기숙사에 처음 들어올 때는 여권용 사진과 건강 진단서를 내야 합니다. 나갈 때는 기숙사 사무실에서 체크아웃 서류를 써서 열쇠, 침구류와 함께 기숙사 사무실에 반납해야 합니다.

방에 있는 전화는 받을 수만 있습니다. 밖으로 전화를 걸 때는 휴게실에 있는 공중전화나 휴대전화를 사용해야 합니다. 고장이 나면 '관리실(02-361-9449)'에 전화로 알리거나 기숙사 홈페이지에 올려 주세요. 다른 질문도 홈페이지에 올려 주시기 바랍니다.

* 기숙사 문 여는 시간 - 05:30 A.M./ 기숙사 문 닫는 시간 - 11:30 P.M.

01 맞는 것에 모두 ✓ 하십시오.

□ 기숙사에서 음식을 만들어 먹을 수 있다.
□ 학생들은 방에서만 컴퓨터를 사용할 수 있다.
□ 밤에 11시 반이 지나면 기숙사에 들어올 수 없다.
□ 기숙사에 들어올 때 이불과 베개는 가지고 와야 한다.
□ 전화를 받을 때와 걸 때 휴게실에 있는 전화를 사용해야 한다.
□ 기숙사에서 나갈 때는 체크아웃 서류와 열쇠, 침구류를 반납해야 한다.
□ 고장 난 것이 있을 때는 관리실에 전화하거나 기숙사 홈페이지에 글을 올리면 된다.

건강 진단서 EN medical examination results JP 健康診断書 CH 健康诊断书　침구류 EN bedding JP 寝具類 CH 寝具类

기숙사 홈페이지에 문의하는 글을 써 보십시오.

문의할 것			
	☑ 전기요 사용	□ 커피포트 사용	□ 샤워 시설
	□ 부엌 사용	□ 체력단련실 이용	

보기

제목: 전기요를 사용할 수 있나요?

21일에 기숙사에 들어가는 학생입니다.
제가 미얀마에서 왔는데요.
한국 날씨가 너무 추워서 겨울을 지내기가 힘듭니다.
밤에 침대에 누우면 침대가 차서 잠을 자기가 어려워요.
전기요를 사용해도 되는지 알고 싶습니다.

제목:

이름:

문의 내용:

읽어 봅시다

받침소리 3 /ㄱ,ㄲ,ㅋ,ㄺ/ ➡ [ㄱ]	
• 부엌[부억]	기숙사 안에는 휴게실, **부엌**, 세탁실이 있습니다.
• 음식[음식]	이 로봇은 내가 먹고 싶은 **음식**을 10분 만에 요리해 준다.
• 닦습니다[닥씁니다]	내가 음식을 다 먹으면 그릇도 나노 센서로 **닦습니다.**
• 닭고기[닥꼬기]	저는 돼지고기보다 **닭고기**를 더 좋아해요.

제4과

시내 은행에 비해서 할인을 많이 해 주는군요

- **학습 목표** 은행을 이용할 수 있다.
- **어휘** 환전하다, 유학생, 수수료, 할인되다
  은행 이용 관련 어휘
- **문법** 에 비해서, -는 편이다
- **과제** 현금 자동 인출기 음성 안내 듣고 사용 경험 말하기
  은행 이용 대화 듣고 이야기하기
  카드 관련 기사 읽고 바라는 점 쓰기

1 은행에서 어떤 일을 할 수 있습니까?

2 여러분은 은행에 가서 무엇을 합니까?

CD 04-1,2

환전하다
EN to exchange money
JP 両替する
CH 换钱

유학생
EN study abroad student
JP 留学生
CH 留学生

수수료
EN commission
JP 手数料
CH 手续费

할인되다
EN to be discounted
JP 割引になる
CH 打折

샤오밍　어디 가세요?

마이클　환전하러 학생회관에 있는 은행에 가요.

샤오밍　저도 은행에 갈 일이 있는데 같이 가요.

마이클　유학생은 환전 수수료가 싸지요?

샤오밍　네, 60% 정도 할인되니까 싼 편이지요.

마이클　그래요? 시내 은행에 비해서 할인을 많이 해 주는군요.

어휘

창구
EN window
JP 窓口
CH 窗口

번호표를 뽑다
EN to take a number ticket
JP 番号札を引く
CH 抽取排号单

통장을 만들다
EN to open up a bank account
JP 通帳を作る
CH 办理存折(开户)

환전하다
EN to exchange money
JP 両替する
CH 换钱

현금 자동 인출기
EN Automated Teller Machine (ATM)
JP 現金自動引き出し機
CH 自动取款机

카드를 넣다
EN to insert a card
JP カードを入れる
CH 插卡

비밀번호를 누르다
EN to input a password
JP 暗証番号を押す
CH 输入(按)密码

돈을 찾다(꺼내다)
EN to withdraw money
JP お金を引き出す
CH 取钱(取出)

마이클 씨의 일기입니다. 알맞은 말을 넣으십시오.

마이클의 일기

9월 7일 수요일 맑은 후 흐림

한국에 와서 오늘 처음으로 은행에 갔다. 샤오밍 씨와 같이 갔다. 은행은 생각보다 크고 넓었다. 창구에는 직원이 10명이나 있었다. 그때 샤오밍 씨가 나한테 "1)__________ 으세요/세요." 라고 말했다. 번호표를 보니까 내 앞에 기다리는 사람이 10명쯤 있었다. 창구 앞에는 어머니의 손을 잡고 처음으로 2)__________ 으러/러 온 아이도 있었고 외국 돈을 한국 돈으로 3)__________ 으려는/려는 사람도 있었다. 현금 자동 인출기 앞에도 돈을 찾으려는 사람이 많았다. 봉사하시는 분이 할머니와 함께 현금 자동 인출기 앞에 서서 4)__________ 고 네 자리 숫자로 된 5)__________ 은/ㄴ 후에 6)__________ 어서/아서/여서 할머니께 드렸다. 할머니께서 많이 고마워하셨다. 나는 10분쯤 기다린 후에 환전을 했다. 너무 빨라서 깜짝 놀랐다. 은행 직원들이 참 친절했다.

문법

1 에 비해서

- 이 가게가 저 가게에 비해서 예쁜 옷이 많아요.
- 이번 달 환율이 지난달에 비해서 조금 올랐습니다.
- 여름과 겨울에 비해서 봄과 가을에 이사를 많이 해요.
- 시내에 있는 은행에 비해서 공항에 있는 은행이 환전 수수료가 비싸요.

그림을 보고 대화를 완성하십시오.

보기

가: 쇠고기 값이 싸요? 돼지고기 값이 싸요?

나: 돼지고기가 쇠고기에 비해서 싸요.

1)

가: 남대문 시장에 예쁜 옷이 많아요?

나: 네, 남대문 시장이 ______________ 에 비해서 ______________.

2)

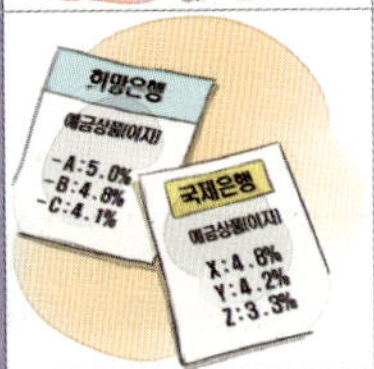

가: 은행에 예금을 하고 싶은데 어느 은행이 이자율이 높아요?

나: 연세은행이 ______________ 에 비해서 ______________.

3)

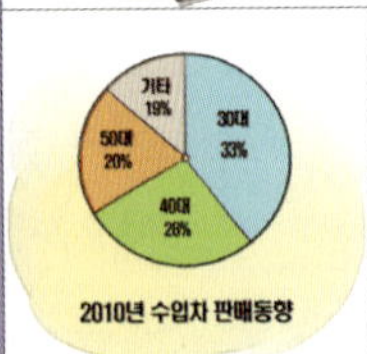

가: 요즘 한국에도 수입 차가 많이 보여요. 어떤 사람들이 수입 차를 사나요?

나: 3,40대가 ______________ 에 비해서 ______________.

4)

가: 점심을 신촌에서 먹을까요? 명동에서 먹을까요?

나: 명동이 ______________ 에 비해서 ______________.

5)

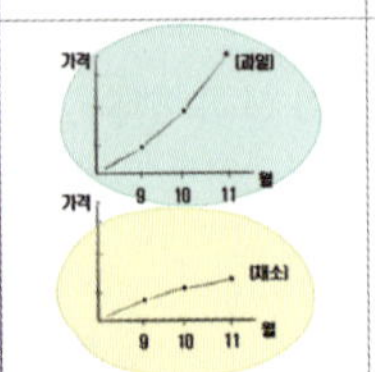

가: 이번 달에 물가가 많이 올랐나 봐요.

나: 네, ______________ 에 비해서 ______________.

2 -는 편이다, -은/ㄴ 편이다

- 한국은 교통비가 싼 편이에요.
- 듣기 시험이 다른 시험에 비해서 쉬운 편이었어요.
- 월급의 40%를 저축하니까 저축을 많이 하는 편이에요.
- 부모님께 일주일에 서너 번 전화를 드리니까 전화를 자주 드리는 편이에요.

요즘 몸이 자주 아픈 마이클 씨가 영주 씨와 이야기합니다. 대화를 완성하십시오.

마이클: 요즘 머리도 자주 아프고 항상 피곤해요.
영 주: 하루에 몇 시간 공부해요?
마이클: 수업이 끝나고 집에 가서 3시간쯤 더 공부해요.
영 주: 하루에 7시간이나 공부해요? 많이 하는 ~~는/은/ㄴ~~ 편이군요.
마이클: 아니에요, 다른 친구들에 비해서 1)__________는/은/ㄴ 편이에요.
영 주: 식사는 잘 해요?
마이클: 아르바이트하는 동안 라면이나 햄버거 같은 걸 먹어요.
영 주: 인스턴트 음식을 2)__________는/은/ㄴ 편이군요.
아르바이트는 몇 시간이나 해요? 힘들지 않아요?
마이클: 하루에 8시간 동안 서서 일해야 하니까 좀 3)__________는/은/ㄴ 편이지요.
영 주: 잠은 많이 자요?
마이클: 하루에 서너 시간 자니까 4)__________는/은/ㄴ 편이에요.
영 주: 운동은 자주 하세요?
마이클: 아니요, 거의 못 해요.
영 주: 커피는 얼마나 드세요?
마이클: 5)______________________________는/은/ㄴ 편이에요.
영 주: 그럼, 오늘부터 커피를 줄이고 1주일에 세 번 이상 운동을 해 보세요.

과제 1 듣고 말하기

현금 자동 인출기 앞에서 들을 수 있는 말입니다.
듣고 질문에 대답하십시오.

CD 04-3

01 현금 자동 인출기에서 돈을 찾으려고 합니다. 듣고 맞는 것에 ✓ 하십시오.

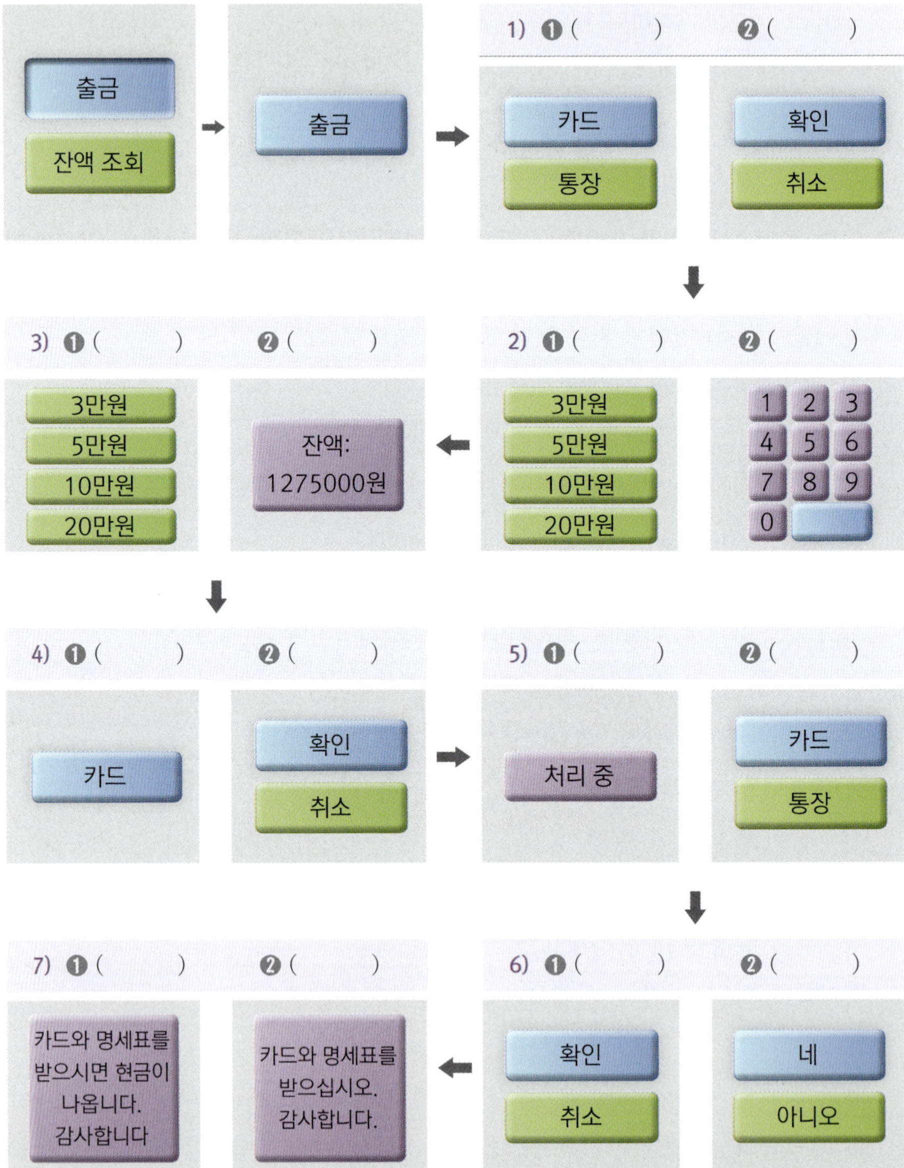

출금 EN withdrawal JP 出金 CH 取款
금액 EN amount of money JP 金額 CH 金额
명세표 EN detailed statement JP 明細票 CH 明细单
잔액 조회 EN account balance inquiry JP 残高照会 CH 余额查询
처리 중이다 EN to be in process JP 処理中だ CH 处理中

CD 04-4

02

통장에 돈이 얼마나 있는지 알아보려고 합니다. 듣고 맞는 것에 ✓ 하십시오.

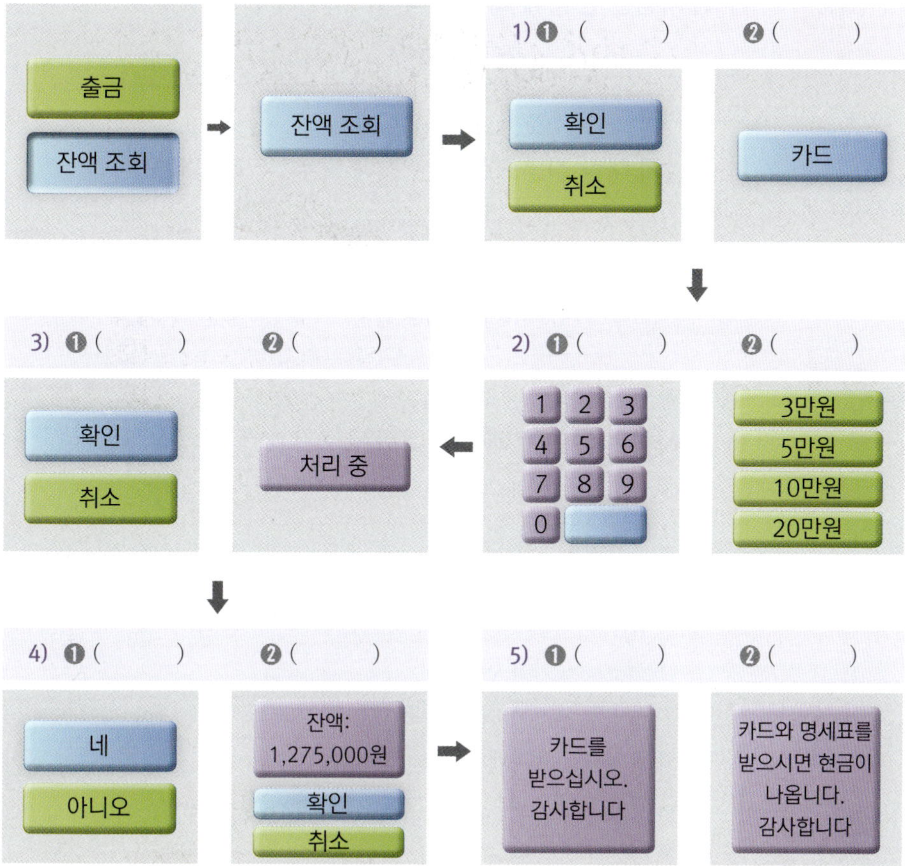

현금 자동 인출기를 사용한 경험에 대해서 이야기해 봅시다.

과제 2 듣고 말하기

은행원과 손님의 대화입니다. 듣고 질문에 대답하십시오.

CD 04-5

01

1) 이 사람은 은행에 왜 왔습니까?

____

2) 손님에 대한 설명으로 맞는 것에 모두 ✓ 하십시오.

- □ 이름과 여권 번호를 쓰고 서명을 해야 한다.
- □ 달러화를 받았다.
- □ 모두 현금으로 받았다.

CD 04-6

02

1) 이 사람은 은행에 왜 왔습니까?

____

2) 대화의 내용으로 맞는 것에 모두 ✓ 하십시오.

- □ 신분증이 있어야 한다.
- □ 도장이 꼭 필요하다.
- □ 이 통장은 이자를 많이 주는 편이다.

CD 04-7

03

1) 이 사람은 은행에 왜 왔습니까?

____

2) 이 카드에 대한 설명으로 맞는 것에 모두 ✓ 하십시오.

- □ 한국 사람만 사용할 수 있다.
- □ 놀이공원에서 많이 할인된다.
- □ 오늘 신청하면 오늘 받을 수 있다.

서명하다 EN to give a signature JP 署名する CH 签字、签名
신분증 EN identification card JP 身分証明書 CH 身份证
도장 EN seal / stamp JP はんこ CH 图章、印章

한국의 은행과 여러분 나라의 은행은 무엇이 다릅니까? 이야기해 봅시다.

문화

은행 밖 환전소

평일에 은행이 문을 닫은 후나 주말에 가게에서 쇼핑을 할 때, 환전이 필요하면 어떻게 하시겠습니까?

서울에 은행 밖 환전소가 많아지고 있습니다. 2011년 7월 등록된 은행 밖 환전소는 서울에만 429개입니다. 2004년의 265개에 비해서 60% 늘었습니다. 호텔과 백화점에는 1970년대부터 환전소가 있었습니다. 요즘에는 외국인이 많이 가는 큰 마트나 화장품 매장, 식당 등에도 환전소가 생기고 있습니다. 앞으로 환전 서비스를 하는 매장이 점점 많아질 것으로 보입니다.

과제 3 읽고 쓰기

읽고 질문에 대답하십시오.

기사 제목

대한은행에서 외국인 관광객을 위한 'TTD 카드'가 나왔습니다. 지금까지 외국인 관광객이 한국에서 쇼핑을 한 후에 물건값 안에 들어있는 세금을 돌려받으려면 영수증과 서류를 준비해야 해서 신청 방법이 복잡했습니다. 그리고 신청한 후 몇 달이 지난 후에 세금을 돌려받는 경우가 많았습니다. 하지만 이 카드를 이용하면 어떤 물건을 얼마에 샀는지 인터넷으로 쉽게 확인되기 때문에 공항에서 편하게 신청하고 빠르게 세금을 돌려받을 수 있습니다. 또 이 카드는 교통 카드로도 사용할 수 있어서 외국인 관광객들이 버스, 지하철, 택시 등을 편리하게 이용할 수 있습니다. 그리고 고궁, 종묘 같은 관광지에 들어갈 때, 리조트, 미용실을 이용할 때도 할인을 받을 수 있습니다. 대한은행에서 환전할 때도 수수료가 많이 할인됩니다. 이 카드는 5만 원, 10만 원, 20만원, 30만 원, 40만 원, 50만 원짜리가 있고, 국제공항이나 관광지에 있는 대한은행에서 여권을 가진 외국인은 누구나 바로 살 수 있습니다.

01 이 신문 기사의 제목으로 어울리는 것은 무엇입니까? (　　)

❶ 외국인을 위한 새로운 교통 카드가 나왔다.
❷ 외국인이 쇼핑할 때 40% 할인되는 카드가 나왔다.
❸ 외국인이 세금을 내지 않아도 되는 카드가 나왔다.
❹ 외국인이 한국 관광을 더 편하게 할 수 있는 카드가 나왔다.

02 이 카드를 사용하면 어떤 점이 편리합니까?

1) ______________________

2) ______________________

3) ______________________

03 이 카드를 어디에서 살 수 있습니까? 누가 살 수 있습니까?

____

세금 EN tax JP 税金 CH 税金

대한은행이 여러분에게 이메일을 보냈습니다. 여러분은 어떻게 대답하겠습니까?

보기

TTD 카드에 어떤 기능이 더 있었으면 좋겠습니까? 왜 그렇게 생각합니까?

이름: 나카시마 유카　　국적: 일본　　나이: 22세

서울은 다른 나라에 비해서 버스 노선과 지하철 노선이 다양한 편입니다. 그래서 버스와 지하철을 갈아타면 가고 싶은 곳에 쉽게 갈 수 있습니다. 그런데 카드에 돈이 얼마나 남았는지 몰라서 불편할 때가 있습니다. 버스나 지하철을 타기 전에 카드에 돈이 얼마가 있는지 알 수 있었으면 좋겠습니다. 버스 정류장과 지하철역에도 쉽게 잔액을 확인할 수 있는 기계가 있었으면 좋겠습니다.

TTD 카드에 어떤 기능이 더 있었으면 좋겠습니까? 왜 그렇게 생각합니까?

이름: ________　　국적: ________　　나이: ________

____

____

____

____

____

읽어 봅시다

받침소리 4　/ㅂ,ㅍ,ㅄ/ ➡ [ㅂ]	
• 값[갑]	물건**값** 안에 세금이 들어있다.
• 밥[밥]	이 **밥**은 누구 밥이에요?
• 숲[숩]	이 **숲**길에서는 조용히 하십시오.
• 없다[업따]	우리 반에는 남학생이 **없다**.

제5과

주말 내내 비가 온다고 해요

- **학습 목표** 일기예보를 듣고 계획을 세울 수 있다.
- **어휘** 내내, 천둥, 번개, 전시회
  날씨 관련 어휘
- **문법** -는다고 하다 / -냐고 하다, -더군요
- **과제** 일기예보 보고 여행의 세부 일정 이야기하기
  일기예보 듣기
  블로그 일기 읽고 일기 쓰기

1 요즘 여러분의 고향 날씨는 어떻습니까?

2 날씨 때문에 계획을 바꾼 적이 있습니까?

CD 05-1,2

영 주　우리 주말에 등산을 못 갈 것 같아요.

유 리　왜요? 무슨 일이 있어요?

영 주　주말 내내 비가 온다고 해요. 천둥 번개도 친다고 합니다.

유 리　그래요? 그럼 뭘 할까요?

영 주　지난번에 마이클 씨가 사진 전시회를 보러 가겠냐고 했어요. 거기 갈까요?

유 리　좋아요. 사람들이 그 전시회에 많이 가더군요.

내내
EN all along
JP (ある期間中)ずっと
CH 一直

천둥
EN thunder
JP 雷
CH 雷

번개
EN lightning
JP 稲妻
CH 闪电

전시회
EN exhibition
JP 展示会
CH 展览会

어휘

번개가 치다
EN to have lightning flash
JP 稲妻が走る
CH 闪电

천둥이 치다
EN to have thunder roll
JP 雷が鳴る
CH 打雷

구름이 끼다
EN to be cloudy
JP 雲がかかる
CH 多云

안개가 끼다
EN to be foggy
JP 霧が立ち込める
CH 多雾

폭설이 내리다
EN to have a heavy snowfall
JP 大雪が降る
CH 下暴雪

황사가 심하다
EN to have a serious case of yellow sand
JP 黄砂がひどい
CH 沙尘暴严重

장마가 시작되다
EN to begin the rainy season
JP 梅雨が始まる
CH 梅雨季开始

홍수가 나다
EN to have a flood
JP 洪水が起きる
CH 发洪水

태풍이 지나가다
EN to have a typhoon pass by
JP 台風が過ぎていく
CH 台风经过

알맞은 말을 넣으십시오.

보기 황사가 심해요~~어요/아요/여요~~. 창문을 꼭 닫으시고 외출할 때는 마스크를 쓰세요.

1) ________________ 었어요/았어요/였어요. 비가 올 것 같아요.

2) 새벽에 '우르릉 쾅쾅'하는 ________________ 는/은/ㄴ 소리에 놀라서 깼어요.

3) ________________ 는/은/ㄴ 날은 앞이 잘 안 보여서 위험하니까 운전하지 마세요.

4) ________________ 을/ㄹ 거예요. 우산과 장화를 준비하세요.

5) ________________ 으면/면 높은 곳으로 올라가야 해요. 그렇게 하지 않으면 물에 빠져요.

6) ________________ 는/은/ㄴ 날에는 나무 밑에 있으면 안 돼. 골프와 등산도 하지 마.

7) ________________ 어서/아서/여서 차도 안 다니고, 걸어서 갈 수도 없어. 스키를 타고 갈까?

8) 이번 주말에 ________________ 겠습니다. 강한 바람 때문에 부산과 제주도를 오가는 배를 이용할 수 없습니다.

문법

1 -는다고/ㄴ다고 하다, -다고 하다, 이라고/라고 하다

- 다음 주부터 장마라고 합니다.
- 맵고 짠 음식이 건강에 나쁘다고 해요.
- 웨이 씨가 지난주에 중국으로 돌아갔다고 합니다.
- 일요일에 비가 온다고 하니까 소풍은 금요일이나 토요일에 가는 게 좋겠어요.

-냐고 하다

- 131번에 전화해서 내일 비가 오냐고 물어 봅시다.
- 한국 사람들이 저에게 어느 나라 사람이냐고 자주 물어 봐요.
- 물을 많이 마시니까 식당 아주머니가 음식이 맵냐고 하셨어요.
- 눈이 많이 오는데 등산을 갈 거냐고 물어서 그렇다고 했어요.

슈테판 씨가 독일 친구 미하엘 씨와 통화한 후에 이모와 이야기합니다. 대화를 완성하십시오.

미하엘: 그동안 잘 지냈어? 한국 생활이 어때?
슈테판: 1)재미있어.
미하엘: 2)친구들을 많이 사귀었어?
슈테판: 응. 넌 요즘 어떻게 지내?
미하엘: 나도 잘 지내. 겨울 방학에 3)한국에 가고 싶어.
슈테판: 그래 와.
미하엘: 4)좋은 호텔을 알아?
슈테판: 내 방에서 같이 지내면 되니까 5)호텔 예약은 안 해도 돼.
미하엘: 정말이야? 그럼, 6)비행기 표만 예약하면 되겠다.
슈테판: 네가 오면 7)이모도 좋아하실 거야.

이 모: 누구니?
슈테판: 미하엘이에요.
이 모: 뭐라고 하니?
슈테판: 한국 생활이 어떠냐고 했어요.
이 모: 그래서 넌 뭐라고 했니?

슈테판: 1)________________ 는다고/ㄴ다고/다고 했어요.
미하엘이 2)________________ 냐고 해서 그렇다고 했어요.
그리고 미하엘이 겨울 방학에 3)________________ 는다고/ㄴ다고/다고 했어요. 4)________________ 냐고 해서 제 방에서 같이 지내면 되니까 5)____________ 는다고/ㄴ다고/다고 했어요. 미하엘이 6)____________ 는다고/ㄴ다고/다고 했어요. 그리고 제가 7)____________ 이라고/라고 했어요.

2 -더군요

- 8월의 하노이는 참 덥더군요.
- 일본에는 생선으로 만든 음식이 많더군요.
- 아침에 일어나 보니까 눈이 많이 쌓였더군요.
- 우리 반 마이클 씨가 노래를 정말 잘 하더군요.

유리 씨가 슈테판 씨에게 주말에 놀이공원에 다녀온 이야기를 합니다. 대화를 완성하십시오.

슈테판: 놀이공원은 어땠어요?
유 리: 아주 재미있더군요.
슈테판: 일기예보에서 비가 온다고 했는데 비는 안 왔어요?
유 리: 네, 안 왔어요. 그런데 1)________________________ 더군요.
슈테판: 사람들이 많았어요?
유 리: 네, 2)________________________ 더군요.
슈테판: 거기에 사파리도 있다고 들었는데 어땠어요? 곰하고 호랑이도 봤어요?
유 리: 네, 곰은 3)________________________ 더군요.
호랑이는 4)________________________ 더군요.
슈테판: 밤에는 불꽃놀이도 한다고 들었는데 봤어요?
유 리: 네, 5)________________________ 더군요.

과제 1 말하기

친구와 여행을 갑니다. 여행지를 고른 후 일기예보를 보고 이야기해 보십시오.

가는 곳 & 여행의 목적		일출 시간	일몰 시간	비가 올 가능성
□ 서울: 한강 공원에서 자전거타기	서울	6시 9분	18시 49분	오전: 0%, 오후: 0%
□ 인천: 일몰 보기	인천	6시 11분	18시 51분	오전: 10%, 오후: 0%
☑ 강릉: 일출 보기	강릉	6시 1분	18시 41분	오전: 0%, 오후: 0%
□ 부산: 유람선 타기	부산	6시 2분	18시 39분	오전: 20%, 오후: 80%
□ 제주도: 한라산 등산하기	제주도	6시 13분	18시 48분	오전: 40%, 오후: 90%

9월 10일 토요일 일기 예보

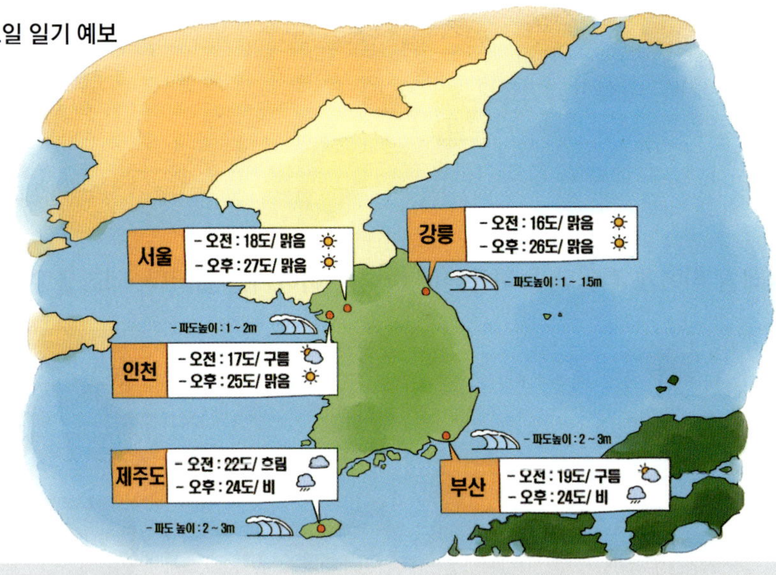

보기

슈테판: 일기예보 봤어요? 토요일 강릉 날씨가 어떻다고 해요?
제임스: 네, 토요일은 날씨가 맑다고 해요.
슈테판: 잘 됐군요. 해가 뜨는 것을 볼 수 있겠군요.
제임스: 어디에서 일출을 보면 좋을까요?
슈테판: 민박집이 바닷가에 있다고 하더군요. 거기에서 보면 될 것 같아요. 참, 해는 몇 시에 뜬다고 해요?
제임스: 6시에 뜬다고 하니까 5시 정도에 일어나면 될 것 같아요.
슈테판: 새벽에는 많이 춥겠지요?
제임스: 네, 따뜻한 옷을 준비해서 가요.

일출 EN sunrise JP 日の出 CH 日出 **일몰** EN sunset JP 日没 CH 日落

과제 2 듣고 말하기

CD 05-3

01

듣고 질문에 대답하십시오.

1) 오늘 어떤 옷차림을 하면 좋습니까?

❶

❷

❸

❹

2) 이번 주말에 무엇을 하면 좋을까요?

❶ ______________________

❷ ______________________

❸ ______________________

일교차 EN diurnal range (daytime) JP 日較差(一日の間の差) CH 昼夜温差

세차 EN carwash JP 洗車 CH 洗车

야외 EN outdoor JP 野外 CH 野外

CD 05-4

02

1) 연결하십시오.

❶  •　　　　• 6월 말 ~ 7월 중순

❷  •　　　　• 7월 중순 ~ 8월 중순

❸  •　　　　• 8월 말 ~ 9월 중순

2) 8월 초에는 무엇이 자주 나타나겠습니까?

____

중순 EN middle of the month JP 中旬 CH 中旬
무더위 EN hot and humid weather JP 蒸し暑さ CH 暑热、暑气
열대야 EN tropical night JP 熱帯夜 CH 热带夜

CD 05-5

03

1) 내일 날씨입니다. 빈칸을 채우십시오.

	서울	광주	부산
☀ ☁ ☂ ☃		☁	
아침 기온	-8℃		
낮 기온	-2℃		

2) 맞는 것에 모두 ✓ 하십시오.

□ 오늘 전국이 흐렸다.

□ 오늘 전국에 눈이 내렸다.

□ 동해안에서는 바람이 강하게 불겠다.

□ 며칠 동안 눈이 내리겠다.

CD 05-6

04

1) 오늘은 왜 창문을 닫아야 합니까?

____

2) 맞는 것에 모두 ✓ 하십시오.

□ 꽃샘추위가 시작되겠다.

□ 날씨가 따뜻하다.

□ 오후에 비가 오겠다.

□ 오늘 오전부터 황사가 시작되었다.

□ 건강이 안 좋은 사람은 집 안에 있어야 한다.

요즘 날씨에 대해서 이야기해 봅시다.

영하 EN below zero JP 零下、マイナス CH 零下

전국적으로 EN nationwide JP 全国的に CH 全国性的

영상 EN above zero JP (気温が)プラス CH 零上

꽃샘추위 EN spring cold JP 花冷え CH 倒春寒

과제 3 읽고 쓰기

마이클 씨의 블로그 일기입니다. 읽고 질문에 대답하십시오.

blog | 일상생활 | 갖고 싶은 것 | 사진첩

마이클 (stp007)

마이클의 블로그

제 블로그에 오신 것을 환영합니다!

프로필 ▸ 쪽지 ▸ 이웃 추가 ▸

POWER blog POWER BLOG

9월 10일 토요일 흐림

어제 반 친구들과 일출을 보려고 강릉에 왔다. 서울을 떠날 때 날씨가 좋았고, 일기예보에서 강릉 날씨도 맑다고 했다. 그런데 강릉에 도착하니까 구름이 많이 끼어 있어서 걱정이 됐다. 예약한 바닷가 근처 민박집으로 왔다. 방이 깨끗했지만 좀 작았다. 아주머니께 말씀드리니까 큰 방으로 옮겨 주셨다. 아주머니께서도 친절하셔서 마음에 들었다. 민박집 아주머니께서 바닷가 날씨는 자주 바뀐다고 하셨다. 일기예보에서 오늘은 6시에 해가 뜬다고 해서 5시 30분에 일어났다. 일어났을 때는 해가 뜨지 않아서 어두웠다. 바닷가는 춥다고 해서 따뜻하게 옷을 입고 나갔다. 아주머니께서 준비해 주신 차를 마시면서 친구들과 여러 가지 이야기를 했다. 그런데 구름이 많이 끼어서 일출을 보지 못했다. 6시 30분이 되니까 날이 밝아져서 그냥 민박집으로 돌아왔다. 강릉에서 보는 일출이 정말 아름답다고 해서 기대를 많이 했는데 못 봐서 아쉬웠다. 일출은 못 봤지만 반 친구들과 같이 한 그 시간을 잊을 수 없을 것 같다. 한국을 떠나기 전에 강릉에서 일출을 꼭 보고 싶다.

01 마이클 씨는 왜 강릉에 갔습니까?

____

02 어제 서울과 강릉의 날씨는 어땠습니까? 오늘 강릉의 날씨는 어떻습니까?

____

03 마이클 씨는 오늘 무엇을 했습니까?

5시 30분에 일어났다. → 1) ______________ → 2) ______________ → 민박집으로 돌아왔다.

아쉽다 EN feel inconvenienced by the lack of JP 惜しい、心残りだ CH 可惜

날씨 때문에 하고 싶은 일을 못 한 적이 있습니까? 그날의 일기를 써 봅시다.

blog | 일상생활 | 갖고 싶은 것 | 사진첩

_______의 블로그

제 블로그에 오신 것을 환영합니다!

프로필 ▸ 쪽지 ▸ 이웃 추가 ▸

POWER BLOG

년 월 일 요일

읽어 봅시다

받침소리 5 /ㅁ, ㄻ/ ➡ [ㅁ]

• 옮겼다[옴겯따]	방이 작아서 큰 방으로 **옮겼다.**
• 감고[감꼬]	눈을 **감고** 있는 걸 보니 피곤한가 봐요.
• 삶지[삼찌]	밤을 **삶지** 말고 구워서 먹자.
• 젊고[점꼬]	**젊고** 똑똑한 사람을 추천해 주세요.

제6과

이모가 이 버스를 타 보라고 하셨어요

- **학습 목표** 관광 관련하여 문의하고 추천할 수 있다.
- **어휘** 코스, 돌다, 이모
  관광 관련 어휘
- **문법** -어지다, -으라고 하다 / -자고 하다
- **과제** 관광 코스 추천하기
  관광 문의에 관련된 대화와 광고 듣기
  도보 관광 코스 소개 읽고 웹 페이지에서 예약하기

1 여러분은 서울 시티 투어 버스를 타 본 적이 있습니까?

2 서울 시티 투어 버스를 타면 어디에 갈 수 있습니까?

CD 06-1,2

슈테판 서울 시티 투어 버스는 코스가 어떻게 돼요?

직 원 시내를 도는 코스도 있고 한강의 야경을 구경하는 코스도 있습니다.

슈테판 이 코스가 언제 만들어졌어요?

직 원 만들어진 지 10년쯤 됐어요.
이 버스 투어를 어떻게 아셨어요?

슈테판 이모가 타 보라고 하셨어요.
그리고 친구들도 같이 타 보자고 했어요.

직 원 이 버스를 타면 서울 시내를 편하게 구경할 수 있어요.

코스
EN course
JP ース
CH 路线

돌다
EN to go around
JP 回る
CH 巡游

이모
EN aunt
JP (母方の)おば
CH 姨妈

어휘

유적지를 알려주다
- EN to inform others about a historic site
- JP 遺跡を教えてあげる
- CH 介绍(告诉)名胜古迹

맛집을 추천하다
- EN to recommend a good restaurant
- JP 美味しい店をお勧めする
- CH 推荐美味的餐厅

교통 카드/전화 카드를 이용하다
- EN to use a transportation card/ to use a phone card
- JP 交通カード／電話カードを利用する
- CH 使用交通卡/电话卡

특산물/특산품을 소개하다
- EN to introduce a special product
- JP 特産物／特産品を紹介する
- CH 介绍特产

관광 코스를 안내하다
- EN to guide a tour course
- JP 観光コースを案内する
- CH 介绍观光路线

지도/안내 책자를 가지고 가다/ 얻다
- EN to take or receive a map or informational booklet
- JP 地図／案内パンフレットを持っていく／もらう
- CH 携带/收到地图/指南书册

유리가 경주 관광 안내소에서 직원과 말합니다. 대화를 완성하십시오.

유 리: 안녕하세요? 경주에 처음 왔는데 유명한 유적지를 알려주세요 ~~으세요/세요.~~
직 원: 경주는 역사가 오래 돼서 유적지가 많아요.
유 리: 그럼 어떤 순서로 가 보면 좋을지 1) ______________ 어/아/여 주시겠어요?
직 원: 우선 불국사와 석굴암을 보신 후 경주 양동 마을에 가세요.
유 리: 시내 버스로 가려고 하는데 2) ______________ 는 방법을 가르쳐 주시겠어요?
직 원: 경주에서는 국민 은행 신용 카드와 티머니 교통 카드를 쓰실 수 있어요.
유 리: 맛있는 한국 음식을 먹고 싶은데 3) ______________ 어/아/여/ 주세요.
그리고 친구들에게 선물할 4) ______________ 어/아/여 주세요.
직 원: 경주에는 다양한 요리가 한 상에 나오는 한정식 집이 유명합니다.
그리고 경주 황남빵을 친구들에게 주면 아주 좋아할 거예요.
유 리: 친절하게 설명해 주셔서 감사합니다.
일본어로 된 5) ______________ 을/ㄹ 수 있을까요?
직 원: 네, 여기 있습니다. 여행 즐겁게 하세요!!

문법

1 -어지다/아지다/여지다

- 컵이 깨졌어요.
- 63빌딩은 1985년에 세워졌습니다.
- 송편이 아주 맛있게 잘 만들어졌군요.
- 겨울이 되면 시청 앞 크리스마스트리에 불이 환하게 켜집니다.

마이클의 일기입니다. 알맞은 말을 골라 이야기를 완성하십시오.

쏟다 　 깨다 　 펴다 　 찢다 　 끄다 　 빼다

11월 23일 금요일 　 흐리고 비가 옴

오늘은 반 친구 유리 씨가 정희 씨를 소개해 주었다. 예쁜 눈을 가진 정희 씨가 마음에 들었다. 그런데 커피를 마시다가 실수를 해서 커피가 다 쏟아졌다~~었다/았다/였다~~. 바지에 쏟아져서 뜨거웠지만 다행히 컵은 1)__________지 않았다. 멋있게 보이고 싶었는데 처음부터 실수를 해서 창피했다. 커피숍을 나오니까 비가 오고 있었다. 우산을 펴려고 하는데 잘 2)__________지 않았다. 힘을 주어 펴다가 우산이 3)__________었다/였다/았다. 그래서 정희 씨 우산을 같이 썼다. 기숙사에 와서 정희 씨에게 전화를 했다. 오늘 만나서 반가웠다고 말하는데 갑자기 전원이 4)__________으면서/면서 전화가 끊어졌다. 오늘 살이 10kg은 5)__________은/ㄴ 것 같다. 뭔가 잘 안 되는 날이다.

2 -으라고/라고 하다

- 선생님이 책을 크게 읽으라고 하셨어요.
- 친구가 천안에서는 호두과자를 먹어보라고 해요.
- 아내가 건강을 위해 담배를 피우지 말라고 합니다.
- 엄마가 오늘은 날씨가 추우니까 짧은 치마를 입지 말라고 하세요.

-자고 하다

- 친구들이 다음 주에 여행을 가자고 합니다.
- 한국 친구가 오늘 저녁에 갈비를 먹자고 해요.
- 고모가 주말에 서울 시내 투어를 하자고 하셨어요.
- 동생이 버스를 타지 말자고 해서 지하철을 타고 왔어요.

영주 씨가 민철 씨와 바닷가로 여행을 왔습니다. 대화를 완성하십시오.

영 주: 아까 민박집에서 만난 친구들이 바닷가에서 배구를 하자고 했는데 같이 할까?
민 철: 그 친구들 좋은 사람들이야? 우리 엄마가 1)__________으라고/라고 했어.
영 주: 좋은 사람들 같았어. 그리고 2)__________자고 했는데 같이 먹을까?
민 철: 우리 엄마가 여름 생선은 싱싱하지 않다고 했어. 3)__________으라고/라고 했어.
영 주: 알았어. 그럼 우리는 매운탕을 먹자. 참, 4)__________자고 했는데 같이 할까? 재미있을 것 같아.
민 철: 글쎄, 우리 엄마가 5)__________으라고/라고 했는데 괜찮을까?
영 주: 그럼 6)__________자고 했는데 그거 배우러 갈까?
민 철: 그거 하려면 바다 깊이 들어가야 하지? 우리 엄마가 7)__________으라고/라고 했어.
영 주: 으이구, 이 마마보이야!! 다음엔 나 따라오지 말고 엄마하고 여행 가!!

과제 1 말하기

표에 메모한 후 여행 코스를 추천해 봅시다.

가	같이 여행 가는 사람	남자 친구	
	여행의 목적	맛있는 음식 먹기 쇼핑하기	

나	추천 코스	서울 신사동 가로수길	
	추천하는 이유	맛집이 많다. 쇼핑 장소가 많다.	

보기

유리: 영주야, 다음 주말에 남자 친구가 서울에 오는데 어디로 갈까?
영주: 서울에서 뭘 하고 싶어?
유리: 같이 맛있는 음식도 먹고 쇼핑도 할 거야.
영주: 그럼 요즘 인기 있는 신사동 가로수길이 어때?
유리: 신사동 가로수길?
영주: 응, 예쁜 카페도 많고 여러 나라의 음식을 먹을 수 있는 맛집도 많아.
유리: 남자 친구가 구두를 사고 싶어하는데 구두 가게도 있어?
영주: 요즘 유행하는 옷이나 구두를 파는 가게도 많아.
유리: 그렇구나. 좋은 곳을 알려 줘서 고마워.

친구와 이야기한 것을 발표해 봅시다.

보기

영주가 남자 친구와 데이트를 하려면 신사동 가로수길에 가라고 합니다. 가로수길에는 예쁜 카페, 맛집이 많다고 해요. 또 요즘 유행하는 옷이나 구두를 파는 가게도 많다고 합니다. 남자 친구가 서울에 오면 가로수길에 커피와 맛있는 음식을 먹으러 가자고 하겠어요. 그리고 남자 친구 구두와 내 구두를 사자고 할 거예요.

과제 2 듣기

듣고 질문에 대답하십시오.

CD 06-3

01

1) 맞는 것을 고르십시오. (　　)

❶ 영주가 서울의 유명한 곳을 소개해 줬다.
❷ 유리는 영주가 추천한 곳을 처음 들었다.
❸ 영주가 추천한 곳은 서울에서 멀다.
❹ 영주가 추천한 곳은 유명한 드라마에 나왔다.

2) 그 곳에 어떻게 갑니까?

(　　　　　　　　)에서 (　　　　　　　　)에 출발하는 셔틀버스를 탄다.
그리고 내려서 (　　　　　　　　)을/를 탄다.

CD 06-4

02

1) 유리는 자전거를 빌려서 무엇을 하려고 합니까?

____

2) 맞는 것을 고르십시오. (　　)

❶ 지하철역에서 빌리면 돈을 내야 한다.
❷ 지하철역에서 빌려서 하루 종일 이용할 수 있다.
❸ 2인용 자전거는 1시간에 3,000원을 내고 빌린다.
❹ 1인용 자전거는 15,000원을 내면 하루 종일 이용할 수 있다.

CD 06-5

03

1) 다음 상황에서 무엇을 하겠습니까?

상황	아이투어 서울 서비스(i Tour Seoul Service) 이용
어디에서 식사해야 할지 모른다.	(　　　　　　　　)을/를 찾는다.
목적지로 빨리 가야 한다.	(　　　　　　　　)을/를 찾는다.

2) 아이투어 서울 서비스에 대한 설명으로 맞는 것에 모두 ✓ 하십시오.

☐ 서울로 여행 오는 사람들을 위한 서비스이다.
☐ 공항에서 돈을 내고 스마트폰을 빌린다.
☐ 한국어와 외국어로 안내한다.
☐ 아이투어 서울 서비스를 이용하려면 관광 안내소에 가야 한다.

대여소 EN rental location JP 貸出所 CH 租借所

목적지 EN destination JP 目的地 CH 目的地

여러분이 공항에서 스마트폰을 빌려서 서울을 여행하려고 합니다. 어떻게 이용하겠습니까? 친구와 이야기해 봅시다.

문화

움직이는 관광 안내소

'움직이는 관광 안내소'는 돌아다니는 관광 안내원입니다. 이들은 'ⓘ'자가 적힌 빨간색 유니폼을 입고 안내 책자와 지도를 가지고 서울 시내를 돌아다니며 통역, 길 찾기, 쇼핑, 관광을 도와 줍니다. 2009년에 명동에서 7명으로 시작한 '움직이는 관광안내소'는 2011년 현재 남대문, 동대문, 신촌, 인사동, 광화문, 북촌, 이태원 등 서울의 주요 관광 명소 8곳, 74명으로 늘어났습니다. 서울시는 앞으로 이들을 더 늘릴 계획이라고 합니다.

과제 3 읽고 쓰기

서울시 관광 안내 홈페이지에 있는 글입니다. 읽고 질문에 대답하십시오.

* 도보 관광 코스 : 13개 코스

코스 이름	걸리는 시간	코스	쉬는 날
경복궁 · 청와대	3시간	경복궁 → 청와대 앞길 → 청와대 사랑채	화요일
창경궁	1시간 30분	창경궁	월요일
선릉 · 봉은사	2시간 30분	선릉 → 정릉 → (버스나 도보) → 봉은사	월요일

⋮

* 코스 예약 안내

- ▸ 예약 문의와 신청: 관광을 하고 싶은 날 3일 전까지 인터넷으로 신청
  ※ 단체의 경우 5일 전까지 신청
- ▸ 예약 확인: 휴대폰 문자나 인터넷으로 확인
- ▸ 안내 언어: 한국어, 영어, 일본어, 중국어
- ▸ 안내 시간: - 내국인 10인 이하, 외국인: 평일 10시, 14시 / 주말 10시, 14시, 15시
  - 내국인 11인 이상: 평일 10시, 14시
- ▸ 만나는 장소: 코스 시작하는 곳 안내판 앞
- ▸ 이용료: 무료 (궁궐 입장료, 문화 체험료는 개인이 내야 함)

01 위 글은 무엇에 대해서 소개합니까? (　　)

❶ 서울의 고궁　　❷ 서울의 역사와 유적지
❸ 걸어서 다니는 관광 코스　　❹ 외국인 관광객을 위한 서비스

02 맞는 것에 모두 ✓ 하십시오.

☐ 모든 코스는 월요일에 쉰다.
☐ 다양한 언어로 안내를 받을 수 있다.
☐ 예약 확인은 인터넷으로만 할 수 있다.
☐ 11명 이상의 한국 사람은 주말에 예약할 수 있다.
☐ 도보 관광 코스를 안내를 받기 위해서는 돈을 내야 한다.
☐ 개인이 관광하고 싶으면 3일 전까지 예약을 해야 한다.

도보 EN walking / going on foot JP 徒歩 CH 徒步
내국인 EN native JP 内国人 CH 本国人
이상 EN above JP 以上 CH 以上
문의 EN inquiry JP 問い合わせ CH 咨询
이하 EN below JP 以下 CH 以下

여러분이 홈페이지에서 도보 관광 코스를 예약해 보십시오.

개인 □	단체 □

↓

예약하고 싶은 날짜와 시간	

↓

예약 정보	관광 일시		
	도보 관광 코스	□ 경복궁 · 청와대	경복궁 → 청와대 앞길 → 청와대 사랑채
		□ 창경궁	창경궁 → 대학로
		□ 선릉 · 봉은사	선릉 → 정릉 → 봉은사
		□ 덕수궁 · 정동	덕수궁 → (구)러시아 공사관 → 경희궁
		□ 청계천	청계 광장 → 삼일교 → 서울 풍물 시장
	해설 언어		
	이름		
	나이	10세 미만 □명	
		10-19세 □명	
		20-59세 □명	
		60세 이상 □명	
	사람 수		
	하고 싶은 말		

개인 정보	일반 전화	
	휴대 전화	
	이메일	
	주소	

해설 EN explanation / commentary JP 解説 CH 解说、讲解

읽어 봅시다

모음 /ㅢ/ : /ㅢ/가 뒤에 올 때는 [의] 또는 [이]로 발음한다.

• 문의[무늬/무니]	궁금한 게 있으면 전화로 **문의**해 보세요.
• 회의[회의/훼이]	오늘 2시에 **회의**가 있으니 꼭 참석하시기 바랍니다.
• 거의[거의/거이]	숙제를 **거의** 다 했어요.
• 한의사[하늬사/하니사]	**한의사** 선생님은 이것저것 물어 보시고 발목을 만져 보셨다.

제 7 과

민박은 안 되는 줄 알았어요

- **학습 목표** 여행 코스와 여행지를 제안할 수 있다.
- **어휘** 와, 전체, 민속촌, 체험, 찜닭
문화 체험 관련 어휘
- **문법** -는 줄 알다, -었던
- **과제** 문화 체험 선택하고 일정 짜기
여행 관련 이야기 듣고 말하기
설문 조사 결과 읽고 자신의 생각 쓰기

1 어떤 여행이 가장 기억에 남습니까?

2 한국에서 어떤 여행을 해 보고 싶습니까?

CD 07-1,2

유 리　와, 마을 전체가 한옥이군요.

영 주　우리 오늘 여기서 민박할 거예요.

유 리　저는 구경만 할 수 있고 민박은 안 되는 줄 알았어요.

영 주　여기는 지난주에 갔던 민속촌하고 달라요.

유 리　그렇군요. 다음 일정은 뭐예요?

영 주　도자기 체험을 하고 찜닭을 먹으러 갈 거예요.

와
EN wow
JP わあ
CH 哇

전체
EN whole
JP 全体
CH 全体、全部

민속촌
EN traditional village
JP 民族村
CH 民俗村

체험
EN experience
JP 体験
CH 体验

찜닭
EN steamed chicken dish
JP 蒸し鶏
CH 蒸鸡

어휘

다도 체험
EN tea ceremony experience
JP 茶道体験
CH 茶道体验

도자기 체험
EN ceramics experience
JP 陶磁器体験
CH 制陶体验

한지 공예 체험
EN Korean paper craft experience
JP 韓紙工芸体験
CH 韩纸工艺体验

사찰 체험
EN Buddhist temple experience
JP 寺院体験
CH 寺庙体验

한복 입어보기
EN trying on a Korean dress (costume)
JP 韓服の試着
CH 试穿韩服

탈 만들기
EN making a mask
JP 仮面作り
CH 制作面具

탈춤 배우기
EN learning a mask dance
JP 仮面踊りを学ぶ
CH 学习假面舞

가훈 쓰기
EN writing family precepts
JP 家訓を書く
CH 书写家训

유리 씨의 주말여행 이야기입니다. 알맞은 말을 넣으십시오.

저는 지난 주말에 안동 하회마을에 다녀왔습니다. 하회마을은 사람들이 살고 있는 전통 마을입니다. 마을 안에서 다양한 문화 체험도 할 수 있고 민박도 할 수 있습니다. 저는 한복을 입어보는 한복 입어보기 체험과 한국의 전통차 마시는 예절을 배우는 1)__________ 을/를 했습니다. 그리고 찻잔이나 접시를 만들어보는 2)__________, 한국 전통 종이로 여러 가지 물건을 만들어 보는 3)__________ 도 했습니다. 또 하회마을에서는 하회탈을 만들어서 그 탈을 쓰고 4)__________ 도 할 수 있고, 붓글씨로 우리 가족의 가훈을 써보는 5)__________ 도 할 수 있습니다. 저녁에는 마을 안에 있는 민박집의 따뜻한 온돌방에서 잘 잤습니다. 다음에는 절에 가서 생활해 보는 6)__________ 을/를 해보고 싶습니다.

문법

1 -는 줄 알다, -은/ㄴ 줄 알다, -을/ㄹ 줄 알다

- 죄송합니다. 제 친구인 줄 알았습니다.
- 민속촌에 사람이 사는 줄 알았습니다.
- 학교에도 안 오고 전화도 안 받아서 여행 가신 줄 알았어요.
- 제임스 씨는 매운 음식을 못 먹을 줄 알았는데 잘 드시는군요.

영주 씨가 친구 유리 씨와 같이 유리 씨의 반 모임에 다녀와서 이야기합니다. 대화를 완성하십시오.

영 주: 샤오밍 씨는 왜 양복을 입고 있었어요? 회사원이에요?

유 리: 아니요, 샤오밍 씨는 오늘 회사 인터뷰가 있었어요.

영 주: 양복을 입고 있어서 회사원인~~는/은/ㄴ~~ 줄 알았어요.

유 리: 회사에 취직하면 여자 친구를 사귀어서 빨리 결혼하고 싶다고 했어요.

영 주: 샤오밍 씨가 결혼을 안 했어요? 반지를 끼고 있어서 1) ________ 는/은/ㄴ 줄 알았어요. 그런데 크리스틴 씨는 발음도 자연스럽고 말도 정말 잘 하더군요. 교포예요?

유 리: 저도 처음 봤을 때 발음이 너무 좋아서 2) ________ 는/은/ㄴ 줄 알았어요. 그런데 아버지는 중국 사람이고 어머니는 캐나다 사람이라고 해요. 정말 열심히 공부해요.

영 주: 그래요? 모임 때 너무 잘 놀아서 3) ________ 는/은/ㄴ 줄 알았어요. 그런데 슈테판 씨는 여자 친구가 있어요?

유 리: 없을 거예요.

영 주: 그래요? 계속 문자메시지를 하고 있어서 4) ________ 는/은/ㄴ 줄 알았어요.

유 리: 슈테판 씨는 한국 친구가 많아요. 영주 씨, 슈테판 씨한테 관심이 있어요?

영 주: 아니에요. 다 같이 모였는데 계속 문자메시지를 하고 있어서 좀 이상했어요.

유 리: 아, 저는 영주 씨가 슈테판 씨한테 5) ________ 는/은/ㄴ 줄 알았지요.

2 -었던/았던/였던

- 여긴 지난번에 민박했던 집보다 방이 큰데요.
- 지난주에 갔던 커피숍 어때요? 거기에서 반 모임을 할까요?
- 이 드레스는 우리 어머니가 결혼식 때 입었던 웨딩드레스예요.
- 오늘 길에서 2년 전에 홈스테이 했던 집주인 아주머니를 만났어요.

여행하면서 경험한 것 중 무엇이 좋았습니까? 이야기해 보십시오.

보기

음식 | 식당 | 나라/도시 | 호텔 | 사람 | 교통편 | 문화 체험

3년 전에 여행 왔을 때 먹었던 삼계탕이 아주 맛있었어요.

과제 1 말하기

친구와 문화 체험 여행을 하고 싶습니다. 안내문을 읽고 언제 무엇을 할지 친구와 이야기해 봅시다.

사찰 체험

장소: 서울시 종로구 낙산 묘각사
비용: 5만 원/1박 2일
3만 원/당일
시간: 1박 2일/당일(3~4시간)
문의: 02-763-3345, 3109

한복 체험

장소: 서울시 중구 남산골 한옥 마을
비용: 1만 원
시간: 10:00~11:30,13:00~17:30 (30분)
문의: 02-2261-1501

도자기 체험

장소: 경기도 파주시 헤이리 예술인 마을
비용: 2만 원
시간: (2시간)
문의: 031-941-2042

한지 공예

장소: 서울시 종로구 북촌 한옥 마을
비용: 5천 원~1만 원
시간: 10:00~17:00(2시간)
문의: 02-394-6533

김치 만들기

장소: 서울시 강남구 코엑스몰 김치 박물관
비용: 2만5천 원~3만 원
시간: 매월 1일(2시간)
문의: 02-6002-6456

탈춤 배우기

장소: 서울시 강남구 한국 문화의 집
비용: 1만 원
시간: (1시간)
문의: 02-3011-1703

보기

제임스: 사찰 체험을 하려고 하는데 같이 할까요?
슈테판: 네, 저도 사찰 체험을 한번 해보고 싶었어요.
사찰 체험은 1박 2일이니까 주말에 가야겠군요.
제임스: 당일 프로그램도 있어요. 당일은 1박 2일에 비해서 싸요.
슈테판: 그래요? 저는 1박 2일 프로그램만 있는 줄 알았어요.
당일 프로그램은 몇 시간 동안 해요?
제임스: 4시간쯤 걸린다고 해요. 끝나고 저녁은 한정식을 먹을까요?
슈테판: 좋아요. 지난주에 삼청동에서 먹었던 한정식이 맛있더군요.
제임스: 그럼, 지금 전화해서 예약을 할까요? 금요일 오후 괜찮죠?
슈테판: 네. 그런데 다른 친구들에게도 같이 가겠냐고 물어보고 예약합시다.

한정식 EN full-course Korean meal JP 韓定食 CH 韩式套餐

과제 2 듣고 말하기

여행 정보 채널의 리포터가 말합니다. 듣고 질문에 대답하십시오.

CD 07-3

01

1) 방송국에서 인터넷 여행 동호회 회원들에게 무엇을 물었습니까?

"(　　　　　　　) 연휴에 가장 가고 싶은 (　　　　　　　) 여행지는 어디입니까?"

2) 어떤 결과가 나왔습니까?

1위 •	• 제주도 성읍 민속마을
2위 •	• 서울 남산골 한옥마을
3위 •	• 용인 한국 민속촌
4위 •	• 안동 하회마을

CD 07-4

02

1) 무엇에 대한 뉴스입니까?

(　　　　　　　)과/와 (　　　　　　　)을/를 오가는 (　　　　　　　)이/가 있다.

2) 이 뉴스의 내용으로 맞지 않는 것을 고르십시오. (　　)

❶ 이 버스를 탈 때 돈을 내야 한다.
❷ 월요일에는 이 버스가 다니지 않는다.
❸ 인터넷이나 전화로 신청할 수 있다.
❹ 한국어, 일본어, 중국어로 안내를 받을 수 있다.

결과 EN result JP 結果 CH 结果

CD 07-5

03

1) 무엇에 대한 이야기입니까?

( )이/가 ( )에게 인기가 높아지고 있다.

2) KR패스에 대한 설명으로 맞지 않는 것을 고르십시오. ( )

❶ 한국인은 이용할 수 없다.

❷ 기차를 싸게 이용할 수 있다.

❸ 외국에서 예약할 수 있다.

❹ 한국에서는 살 수 없다.

여러분 나라에서 민속 체험 여행지로 유명한 곳은 어디입니까? 거기에 어떻게 갑니까? 이야기해 봅시다.

과제 3 읽고 쓰기

서울의 매력에 대해서 조사한 결과입니다. 읽고 질문에 대답하십시오.

서울의 매력.. 한강과 음식

한국인 2000명과 외국인 1800명에게 '여러분은 서울의 매력이 무엇이라고 생각합니까?'를 묻는 설문 조사를 했다. 조사 결과 한국인들은 '한강'이, 외국인들은 '다양하고 맛있는 음식'이 서울의 매력 1위라고 대답했다.

조사 결과를 보면 한국인들은 서울의 매력 1위는 한강, 2위는 고궁, 3위는 편리한 대중교통, 4위는 남산, 5위는 청계천이라고 했다. 한강이 1위인 이유는 서울의 상징이면서 주말에 취미 생활을 즐길 수 있는 곳이기 때문이라고 했다. 또 고궁이 2위인 이유는 고궁의 아름다운 선과 색이 현대 건물과 잘 어울리기 때문이라고 했다.

외국인들은 다양하고 맛있는 음식이 1위, 편리한 대중교통이 2위, 3위는 친절하고 따뜻한 사람들이라고 했다. 외국인들은 음식이 1위인 이유를 '많은 반찬', '고기를 직접 굽고 잘라서 먹는 재미', '음식의 아름다운 색' 때문이라고 했다. 그리고 대중교통이 2위인 이유는 '쉬운 환승', '어디든지 가는 지하철', '깨끗한 지하철역과 버스 정류장' 때문이라고 했다. 또 외국인에게 친절하고 따뜻한 사람들을 서울의 매력 3위라고 했다.

01 누구에게 무엇을 물었습니까?

____

02 한국인과 외국인이 생각하는 서울의 매력 1위, 2위, 3위는 무엇입니까?

	1위	2위	3위
한국인			
외국인			

설문 조사 EN questionnaire / survey JP アンケート(設問調査) CH 问卷调查
매력 EN charm / attractiveness JP 魅力 CH 魅力
상징 EN symbol JP 象徴 CH 象征
선 EN line JP 線 CH 线条

03 1위라고 대답한 이유는 무엇입니까?

한국인	
외국인	

여러분은 서울의 매력이 무엇이라고 생각합니까? 그 이유는 무엇입니까? 다음 표를 채우고 여러분이 생각하는 서울의 매력에 대해서 써 보십시오.

	서울의 매력	그렇게 생각하는 이유
1위		
2위		
3위		

서울의 매력:

읽어 봅시다

콧소리 1 /ㄴ/, /ㅁ/ 앞의 [ㄷ] ➡ [ㄴ]	
• 묻는[묻는 ➡ 문는]	서울의 매력을 **묻는** 설문 조사를 했습니다.
• 있나요[읻나요 ➡ 인나요]	리조트 객실 안에서 음식을 해 먹을 수 **있나요?**
• 낱말[낟말 ➡ 난말]	어렸을 때 **낱말** 잇기 게임을 많이 했어요.
• 장미꽃만[장미꼳만 ➡ 장미꼰만]	우리 언니는 **장미꽃만** 그려요.

제8과

목이 아픈 데다가 자꾸 기침이 나요

- **학습 목표** 간단한 증세를 설명할 수 있다.
- **어휘** 증세, 알약, 식후, 푹
  증세 관련 어휘
- **문법** -는 데다가, -나 보다
- **과제** 약국에서 살 수 있는 약에 관한 글 읽고 말하기
  약국에서 증세 말하고 약 사기
  민간요법에 관한 이야기 듣고 글 쓰기

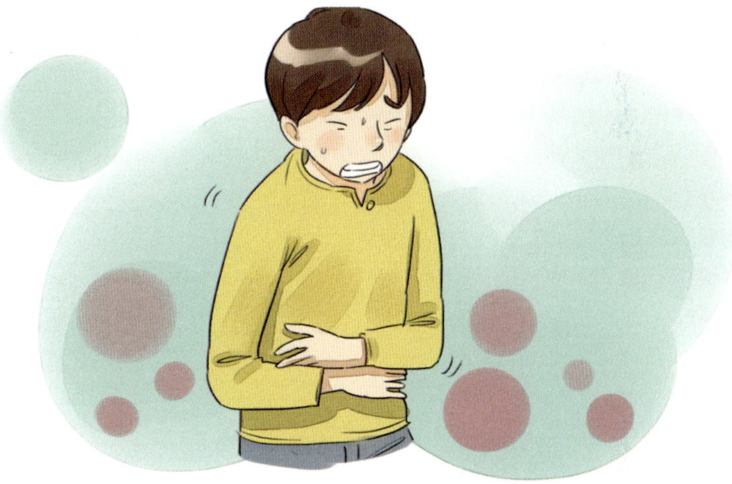

1 언제 약국에 갑니까?

2 한국에서 약국에 가 본 적이 있습니까?

CD 08-1,2

유 리	감기에 걸렸나 봐요. 며칠 전부터 몸이 안 좋아요.
약 사	증세가 어떠신데요?
유 리	목이 아픈 데다가 자꾸 기침이 나요.
약 사	이 알약을 식후에 두 알씩 드세요.
유 리	어떻게 하면 빨리 나을까요?
약 사	따뜻한 물을 많이 드시고 푹 쉬세요.

증세
EN symptom
JP 症状
CH 症状

알약
EN tablet/pill
JP 錠剤(丸薬)
CH 药片

식후
EN after meals
JP 食後
CH 饭后

푹
EN completely/thoroughly
JP 充分に(休む)
CH 好好地

어휘

기침이 나다
EN to cough
JP 咳が出る
CH 咳嗽

열이 나다
EN to have a fever
JP 熱が出る
CH 发烧

콧물이 나다
EN to have a runny nose
JP 鼻水が出る
CH 流鼻涕

코가 막히다
EN to have a stuffy nose
JP 鼻が詰まる
CH 鼻塞

목이 쉬다
EN to have a sore throat
JP 声がかれる
CH 嗓子哑

두통이 심하다
EN to have a bad headache
JP 頭痛がひどい
CH 头痛得厉害

몸이 떨리다
EN to have your body shake
JP 体が震える
CH 身子发颤

소화가 안되다
EN to have indigestion
JP 消化ができない
CH 消化不良

유리의 일기입니다. 알맞은 말을 넣으십시오.

유리의 일기

9월 5일 월요일 맑음

지난 주말에 여행을 다녀온 후부터 몸이 안 좋았다. 처음에는 목이 아프고 '콜록콜록' 기침이 났다~~었다/았다/였다~~. 그리고 코에서 맑은 1) ______________ 기 시작했다. 또 2) ______________ 어서/아서/여서 숨을 쉬기가 어려웠다. 기침을 많이 하니까 3) ______________ 어서/아서/여서 목소리도 잘 안 나왔다. 푹 쉬면 괜찮을 거라고 생각하고 수업이 끝난 후 일찍 집에 와서 잤다. 하지만 오늘 일어나 보니까 증세가 더 심해졌다. 머리를 만져보니 4) ______________ 어서/아서/여서 뜨거웠다. 5) ______________ 어서/아서/여서 머리가 깨질 것 같았다. 이불을 덮고 있어도 추워서 6) ______________ 었다/았다/였다. 계속 7) ______________ 어서/아서/여서 죽을 먹었다. 너무 힘들어서 학교에 가지 않고 약국에 가서 약을 사 먹었다. 약사 선생님이 감기 몸살에 걸렸다고 하셨다. 이번 주말에 또 여행을 가는데 빨리 나았으면 좋겠다.

문법

1 -는 데다가, -은/ㄴ 데다가

- 열이 나는 데다가 두통도 심해요.
- 감기에 걸린 데다가 배탈이 났어요.
- 그 노트북 컴퓨터는 가벼운 데다가 디자인도 예뻐서 인기가 많아요.
- 그 식당은 음식이 맛있는 데다가 분위기도 좋아서 늘 손님이 많아요.

샤오밍 씨와 여자 친구는 생각이 다릅니다. 알맞은 말을 골라 대화를 완성하십시오.

사업하기	어린 아이 유학 보내기	시골에서 살기
내가 하고 싶은 일을 할 수 있다 돈을 많이 벌 수 있다 힘들다 위험하다	외국어를 빨리 배울 수 있다 외국 문화를 쉽게 이해할 수 있다 돈이 많이 들다 부모님과 떨어질 수 있다	자연이 아름답다 공기가 깨끗하다 교통이 불편하다 문화 시설이 부족하다

샤 오 밍: 저는 빨리 직장을 그만두고 사업을 하고 싶어요. 사업을 하면 내가 하고 싶은 일을 할 수 있는 데다가~~는/은/ㄴ 데다가~~ 돈도 많이 벌 수 있어요.

여자 친구: 글쎄요, 사업을 하면 1)____________ 는/은/ㄴ 데다가 ____________ 어요/아요/여요.

샤 오 밍: 그래도 큰 꿈을 가지고 있어야 성공하지요. 그런데 아이는 어떻게 키울까요?

여자 친구: 전 유학을 빨리 보낼 거예요. 어렸을 때 외국에서 공부하면 2)____________ 는/은/ㄴ 데다가 ____________ 어요/아요/여요.

샤 오 밍: 글쎄요, 어렸을 때부터 외국에서 공부하면 3)____________ 는/은/ㄴ 데다가 ____________ 어요/아요/여요.

여자 친구: 그럼 샤오밍 씨는 나이 들면 도시에서 살고 싶어요? 시골에서 살고 싶어요?

샤 오 밍: 저는 시골에서 살고 싶어요. 시골은 4)____________ 는/은/ㄴ 데다가 ____________ 어서/아서/여서 좋아요.

여자 친구: 그래요? 저는 시골은 5)____________ 는/은/ㄴ 데다가 ____________ 어서/아서/여서 별로예요. 우리 결혼 다시 생각해 봐요.

2 -나 보다, -은가/ㄴ가 보다

- 전화를 안 받는 걸 보니까 사무실에 아무도 없나 봐요.
- 제임스 씨가 오늘 학교에 안 온 걸 보니까 많이 아픈가 봐요.
- 날마다 순두부 찌개를 먹는 걸 보니까 순두부 찌개를 무척 좋아하나 봐요.
- 김 과장님이 휴직하고 병원에 입원하신 걸 보니까 큰 병에 걸리셨나 봐요.

수업을 시작합니다. 대화를 완성하십시오.

선생님: 오늘 안 온 학생이 많군요.
마리아: 유리 씨는 학교에 왔다가 집에 갔어요. 마스크를 쓰고 기침을 하고 있었어요.
감기에 걸렸나 봐요 ~~나/은가/ㄴ가 봐요.~~
선생님: 슈테판 씨는요? 아까 봤는데......
마리아: 교실에서 계속 코를 풀다가 나갔어요. 1) __________ 나/은가/ㄴ가 봐요.
선생님: 팡팡 씨도 안 보이는군요.
마리아: 소화제를 가지러 하숙집에 갔어요. 2) __________ 나/은가/ㄴ가 봐요.
선생님: 그렇군요. 크리스틴 씨도 안 보여요.
마리아: 머리가 아프다고 하면서 약을 받으러 사무실로 갔어요.
3) __________ 나/은가/ㄴ가 봐요.
선생님: 많이 안 아팠으면 좋겠군요. 마이클 씨는요?
마리아: 화장실로 조금 전에 급하게 뛰어 갔어요. 4) __________ 나/은가/ㄴ가 봐요.
선생님: 샤오밍 씨는 안 왔어요?
마리아: 아까 화장실에 갔는데 30분이 지나도 안 와요.
5) __________ 나/은가/ㄴ가 봐요.
선생님: 아이고, 우리 교실은 완전히 종합병원이군요!!!

과제 1 읽고 말하기

읽고 질문에 대답하십시오.

한국에서는 약국에서 약을 살 때 의사에게서 받은 처방전이 있어야 합니다. 하지만 간단한 약은 처방전이 없어도 살 수 있습니다. 종합 감기약, 소화제, 진통제, 소독약, 피부 연고 등 여러 종류의 약을 살 수 있습니다.

종합 감기약은 감기에 걸렸을 때 먹습니다. 감기에 걸리면 여러 가지 증세가 나타납니다. 기침을 하거나 코가 막히거나 목이 쉽니다. 두통이 심하거나 열이 나거나 몸이 떨리기도 합니다. 이런 증세가 가볍게 나타날 때 종합 감기약을 먹습니다. 소화제는 음식을 너무 많이 먹었거나 잘못 먹어서 소화가 안 될 때 먹습니다. 이나 머리가 아플 때는 진통제를 먹습니다. 소독약은 상처가 나서 피가 날 때 다친 곳을 깨끗하게 소독하는 약입니다. 피부에 무엇이 났거나 피부가 가려우면 피부 연고를 바릅니다. 피부에 상처가 났을 때 바를 수도 있습니다.

늦은 밤이나 공휴일에 약을 사기 어려울 때는 120으로 전화해서 물어보거나 인터넷에서 1339 홈페이지(http://www.1339.or.kr)를 이용하면 문을 연 약국을 찾을 수 있습니다. 한국어를 못하는 외국인이 외국어를 사용할 수 있는 약국도 찾을 수 있습니다.

01 윗글에서 이야기하지 않은 것은 무엇입니까? (   )

❶ 다양한 약과 증세
❷ 처방전을 받아야 하는 경우
❸ 밤에도 이용할 수 있는 약국을 찾는 방법
❹ 약국에서 처방전 없이 살 수 있는 약의 종류

02 다음 상황에서는 어떤 약을 먹거나 사용해야 합니까? 쓰십시오.

❶ 급하게 먹어서 속이 불편해요. (   )
❷ 이가 아파서 공부를 할 수가 없어요. (   )
❸ 뛰다가 넘어져서 무릎에 피가 났어요. (   )
❹ 아침에 일어나 보니 얼굴에 뭐가 나서 가려워요. (   )
❺ 요즘 날씨가 추워지니까 기침이 나고 코가 막혀요. (   )

처방전 EN prescription JP 処方せん CH 处方
소독 EN disinfection JP 消毒 CH 消毒
상처가 나다 EN to have a wound JP 傷ができる CH 受伤
종합 EN general JP 総合 CH 综合
피부 연고 EN skin ointment JP 皮膚軟膏 CH 皮肤软膏
가렵다 EN to feel itchy JP かゆい CH 痒

03 언제 120으로 전화합니까?

**여러분은 약국에서 처방전 없이 어떤 약을 샀으면 좋겠습니까?
또 여러분 나라에서는 처방전 없이 약국에서 무슨 약을 살 수 있습니까?**

읽어 봅시다

콧소리 2 /ㅁ/, /ㅇ/ 뒤에서 [ㄹ] ➡ [ㄴ]	
• 종류[종뉴]	여러 **종류**의 약을 살 수 있습니다.
• 양로원[양노원]	나는 **양로원**에 가서 이야기를 해 드리는 일을 하려고 한다.
• 정류장[정뉴장]	우리는 버스 **정류장**에서 만나기로 했다.
• 음료수[음뇨수]	날씨가 더우니까 **음료수**를 많이 마셔요.

문화

슈퍼마켓? 약국?

한국에서 감기약과 해열제, 소화제 같은 약은 의사의 처방전 없이 약국이나 24시간 편의점에서 살 수 있습니다. 그러나 항생제 같은 약은 부작용이 심하고 습관성이 생기기 쉽기 때문에 의사의 처방전이 꼭 있어야 합니다. 증세를 약하게 하거나 예방을 위해 쓰는 파스, 소독약, 모기약 같은 것은 슈퍼마켓에서도 살 수 있습니다.

과제 2 말하기

여러분이 약국에서 약을 삽니다. 대화를 연습합시다.

병	증세	약	먹는 방법	주의 사항
배탈	· 배가 아프다 · 설사를 한다	· 속을 편안하게 해 주는 약 · 소화제	하루 세 번 식후 30분 안에 먹는다.	· 밀가루 음식을 먹지 말고 죽을 먹는다 · 찬 음식을 먹지 말고 물을 끓여 마신다 · 배를 따뜻하게 해 준다

보기

약사: 어서 오세요. 어디가 안 좋으세요?
유리: 배탈이 났나 봐요. 배가 아픈 데다가 설사도 해요.
약사: 어제 무엇을 드셨어요?
유리: 뷔페에 가서 여러 가지 음식을 먹었어요.
약사: 너무 많이 드셨나 봐요. 피부에 뭐가 나지는 않았어요?
유리: 아니요, 괜찮아요.
약사: 그럼 속을 편안하게 해 주는 약과 소화제를 드리겠습니다. 하루에 세 번 식후 30분 안에 드세요.
유리: 음식은 보통 때처럼 먹어도 될까요?
약사: 밀가루 음식을 드시지 말고 죽을 드세요. 아이스크림이나 팥빙수 같은 찬 음식은 드시지 말고 물을 끓여서 드세요. 배를 따뜻하게 해 주시면 좋습니다.
유리: 알겠습니다. 감사합니다.

배탈 EN stomach trouble / upset stomach JP 腹痛 CH 闹肚子
설사 EN diarrhea JP 下痢 CH 腹泻

과제 3 듣고 쓰기

듣고 질문에 대답하십시오.

CD 08-3

01

1) 이 이야기는 어떤 사람에게 도움이 될까요?

피곤할 때 (   )이/가 어두워지는 사람

2) 이것을 없애기 위한 방법으로 맞지 않는 것은 무엇입니까? (   )

❶ 잠을 충분히 잔다.

❷ 연어로 얼굴을 마사지한다.

❸ 당근, 양배추, 레몬을 먹는다.

❹ 비타민 A와 C가 많이 들어 있는 음식을 먹는다.

CD 08-4

02

1) 불면증은 무엇입니까?

____

2) 불면증에 좋은 차를 모두 ✓ 하십시오.

☐ 대추차

☐ 인삼차

☐ 카모마일차

☐ 홍차

☐ 꿀차

연어 EN salmon JP 鮭 CH 鲑鱼

CD 08-5

03

1) 맞는 것에 모두 ✓ 하십시오.

□ 여름에는 머리카락이 많이 빠진다.
□ 맛이 강한 음식을 먹으면 머리카락이 안 빠진다.
□ 쓴맛은 두피를 약하게 한다.
□ 단 커피는 머리카락에 좋지 않다.

2) 검은콩과 검은 참깨는 어떻게 좋습니까? 연결하십시오.

검은콩 •	• 흰머리가 까매진다.
검은 참깨 •	• 머리카락이 잘 자란다.
	• 머리카락이 잘 빠지지 않는다.

여러분은 아플 때 어떻게 합니까? 자신만의 방법을 써 봅시다.

보기 **감기에 걸렸을 때는 이렇게...**

저는 감기에 걸리면 기침을 심하게 하는 편입니다. 약을 먹어도 잘 낫지 않습니다. 그래서 기침이 심할 때는 배를 쪄서 그 물을 마십니다. 배의 윗부분을 자르고 속을 파낸 후 여기에 꿀을 넣고 약한 불에서 1-2시간 정도 찌면 물이 많이 생깁니다. 이 물을 마시면 기침 감기에 아주 좋습니다. 감기에 걸렸을 때 치료하는 방법도 중요하지만 더 중요한 것은 감기에 걸리지 않는 것입니다. 감기에 걸리지 않기 위해서는 몸을 따뜻하게 해 줘야 합니다. 그래서 저는 몸을 따뜻하게 만들어 주는 음식을 먹습니다. 겨울에는 귤껍질에 생강과 대추를 넣고 차를 만들어 마십니다. 이 차는 몸을 따뜻하게 해주는 데다가 피로를 풀어 줍니다.

머리카락 EN strand of hair JP 髪の毛 CH 头发
두피 EN scalp JP 頭皮 CH 头皮
파내다 EN dig up (out) / excavate JP 掘り出す CH 挖出
피로를 풀다 EN be relieved of one's fatigue JP 疲れをとる CH 解除疲劳

제목:

제9과

약을 먹었는데도 낫지 않아요

- **학습 목표** 병원을 이용할 수 있다.
- **어휘** 의료보험증, 진료실, 간호사
  병원 관련 어휘
- **문법** -는데도, -네요
- **과제** 병원에서 의사에게 증세 말하고, 병원 이용 경험 쓰기
  의료보험, 응급실, 한의원 이용하기
  국제 진료소 안내문 읽고 말하기

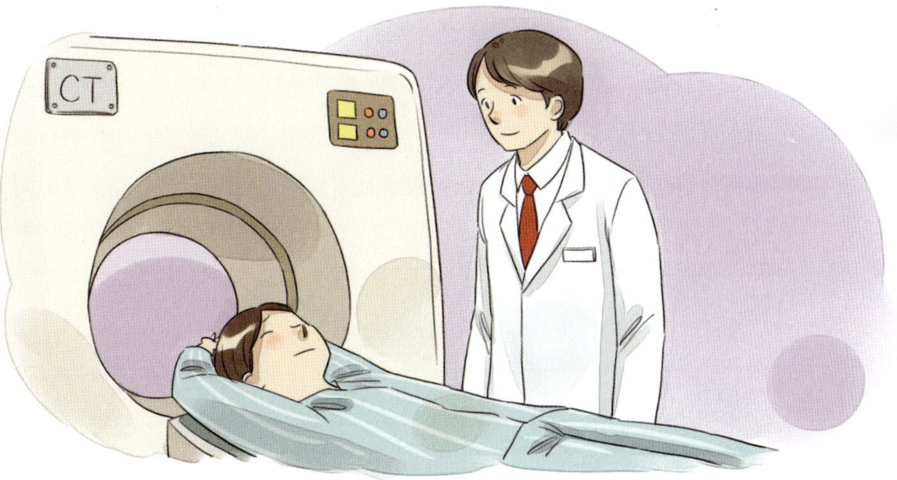

1. 여러분은 아플 때 어떻게 합니까?
2. 한국에 와서 병원에 간 적이 있습니까?

CD 09-1,2

직 원	기침을 심하게 하시네요.
유 리	(콜록콜록) 약을 먹었는데도 낫지 않아요.
직 원	신분증이나 의료보험증을 보여 주세요.
유 리	여기 여권이 있습니다.
직 원	그럼, 저쪽 5번 진료실 앞에서 기다리세요. 간호사가 이름을 부르면 그때 들어가세요.
유 리	네, 알겠습니다.

의료보험증

EN health insurance card
JP 医療保険証
CH 医疗保险证

진료실

EN medical office
JP 診療室
CH 诊疗室

간호사

EN nurse
JP 看護師
CH 护士

어휘

접수하다
EN to apply / register
JP 受付する
CH 挂号

수납하다
EN to receive a payment
JP お金を納める
CH 收款

진료를 받다
EN to receive treatment
JP 診療を受ける
CH 接受诊疗

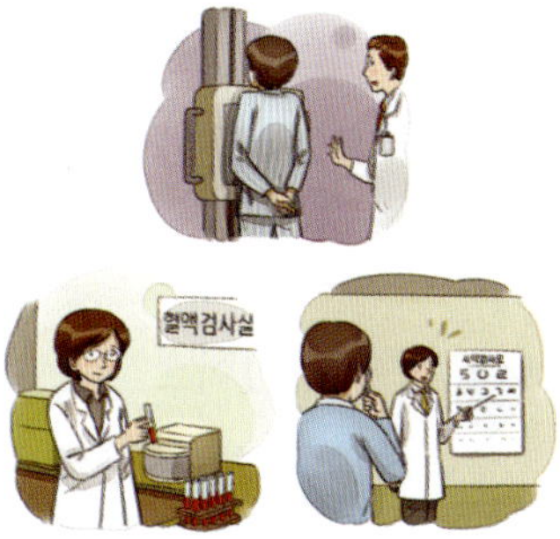

검사를 받다
EN to take an exam
JP 検査を受ける
CH 做检查

주사를 맞다
EN to receive a shot
JP 注射を打ってもらう
CH 打针

처방전을 받다
EN to receive a prescription
JP 処方せんをもらう
CH 收到处方

유리 씨가 병원에 다녀왔습니다. 알맞은 말을 넣으십시오.

지난주에 여행을 다녀온 뒤부터 목이 아프고 기침이 나기 시작했다. 약국에서 약을 사서 먹었지만 낫지 않았다. 그래서 병원에 갔다. 안내 데스크에 가서 증세를 말하니까 내과에 가라고 했다. 내과 접수창구에 가서 접수를 하고 옆의 수납 창구에 가 1) ________________ 었다/았다/였다.

수납 창구 직원이 내과 5번 진료실 앞에서 기다리라고 했다. 15분쯤 기다린 후 의사 선생님께 2) ________________ 었다/았다/였다. 의사 선생님께서 감기가 조금 심하지만 약을 먹고 일주일쯤 푹 쉬면 좋아질 거라고 하셨다. 내가 가슴이 조금 아파서 엑스레이 3) ________________ 고 싶다고 하니까 의사 선생님께서 괜찮다고 하셨다. 그렇지만 목이 많이 부어서 4) ________________ 어야/아야/여야 한다고 하셨다. 간호사한테서 5) ________________ 어/아/여 가지고 약국에 가서 약을 샀다.

문법

1 -는데도, -은데도/ㄴ데도

- 많이 먹는데도 살이 찌지 않아요.
- 심하게 아픈데도 병원에 가지 않아요.
- 열심히 공부하는데도 성적이 오르지 않아요.
- 제 동생은 노래를 못 하는데도 노래방에 가는 걸 좋아해요.

유리 씨가 도서관에 가는 길에 영주 씨를 만났습니다. 대화를 완성하십시오.

영 주: 피곤해 보여요. 어제 잠을 못 잤어요?

유 리: 아니요, 많이 잤는데도~~는데도/은데도/~~ㄴ데도 몸이 피곤해요.

영 주: 여행을 갔다 와서 못 쉬고 계속 공부했지요?

유 리: 아니요, 돌아와서 며칠 푹 1) ______ 는데도/은데도/ㄴ데도 몸이 안 좋아요. 감기에 걸렸나 봐요.

영 주: 약은 드셨어요?

유 리: 네, 그런데 약을 2) ______ 는데도/은데도/ㄴ데도 별로 좋아지지 않는 것 같아요.

영 주: 물을 많이 마시고 목을 따뜻하게 해야 해요.

유 리: 3) ______ 는데도/은데도/ㄴ데도 잘 안 나아요.

영 주: 잘 먹고 쉬면 곧 좋아지니까 너무 걱정하지 마세요.

유 리: 고마워요. 그런데 저기 운동하는 사람이 있어요.

영 주: 어디요? 4) ______ 는데도/은데도/ㄴ데도 운동을 하는군요.

유 리: 저 사람은 춥지 않은가 봐요. 5) ______ 는데도/은데도/ㄴ데도 반바지에 반팔 옷을 입고 있어요.

2 -네요

- 방학인데도 학교에 학생들이 많네요.
- 니콜 씨, 정말 그림을 잘 그리시네요.
- 이 병원은 시설이 좋고 의사들이 친절하네요.
- 이 기사 좀 보세요. 우리나라에서 새로운 암 치료약이 나왔네요.

유리 씨와 크리스틴 씨가 단풍을 보려고 설악산에 왔습니다. 대화를 완성하십시오.

유　　리: 저기 좀 보세요. 단풍이 정말 아름답네요.

크리스틴: 서울보다 이곳 단풍잎 색깔이 더 예쁘지요?

유　　리: 네, 1) ____________________ 네요.

크리스틴: 평일인데 2) ____________________ 네요.

유　　리: 산이 높은데 나이 드신 분들도 잘 3) ____________________ 네요.

크리스틴: 저쪽에서 사람들이 4) ____________________ 네요.

우리도 약수 한 잔씩 마셔요.

유　　리: (마신 후) 5) ____________________ 네요. 서울 물보다 훨씬 맛있는 것 같아요.

과제 1 말하고 쓰기

어디가 아픕니까? 의사와 이야기해 봅시다.

	병	증세	병원	치료 방법	주의 사항
☑	여드름	여드름이 나다	피부과	레이저 치료를 하기 약을 바르기	선크림을 꼭 발라야 한다.
☐	식중독	설사를 하다 배가 아프다	내과	주사를 맞기 약을 먹기	물을 끓여 마셔야 한다
☐	눈병	눈이 가렵다 눈이 빨개지다	안과	안약을 넣기 약을 먹기	손으로 눈을 만지지 않는다.
☐			이비인후과 정형외과 내과 치과 성형외과		

보기 피부과

의사: 어떻게 오셨습니까?
환자: 요즘 여드름이 자꾸 나요.
의사: 어디 봅시다. 조금 심하네요. 레이저 치료를 하시고, 아침저녁으로 약을 바르세요. 여드름을 손으로 만지면 안 됩니다.
환자: 세수를 자주 하는 게 좋은가요?
의사: 하루에 두 번 하시면 돼요.
환자: 내일부터 화장을 해도 돼요?
의사: 가벼운 화장은 괜찮습니다. 선크림을 꼭 바르세요.
환자: 얼마 동안 치료를 받아야 하나요?
의사: 일주일에 한 번씩 두세 번 더 오세요.

병원에 갔던 경험에 대해 써 보십시오.

보기

요즘 자꾸 여드름이 난다. 시간이 지나면 나을 거라고 생각했는데 더 심해지는 것 같다. 여드름 때문에 스트레스를 받는다고 하니까 친구가 피부과에 가보라고 했다. 그래서 수업이 끝난 후에 친구가 소개해 준 피부과에 갔다. 의사 선생님께서 여드름이 심해서 레이저 치료를 받고, 약도 발라야 한다고 하셨다. 그리고 일주일에 한 번씩 두세 번 더 오라고 하셨다. 주말에 한국 친구의 결혼식이 있어서, 치료를 받은 후에 화장을 할 수 있는지 물어봤다. 가벼운 화장은 괜찮다고 하셨다. 그리고 선크림을 꼭 바르라고 하셨다. 레이저 치료는 생각보다 아프지 않았다. 친구 결혼식 전에는 여드름이 좀 나았으면 좋겠다. 다음부터는 심해지기 전에 병원에 가야겠다.

과제 2 듣기

듣고 질문에 대답하십시오.

CD 09-3

01

1) 무엇에 대해서 이야기 합니까? (　　)

❶ 병원 찾아가기　❷ 보험회사 방문하기
❸ 의료보험 신청하기　❹ 여행자 보험 이용하기

2) 필요한 서류는 무엇입니까?

❶ ______________________
❷ ______________________

3) 서류를 어디에 내야 합니까?

____

CD 09-4

02

1) 왜 병원에 갔습니까? (　　)

❶ 손을 다쳐서　❷ 팔을 다쳐서
❸ 발을 다쳐서　❹ 눈을 다쳐서

2) 어디에 갔습니까?

____

3) 이제 어떤 치료를 받을까요? (　　)

❶ 약을 먹는다　❷ 주사를 맞는다
❸ 상처를 꿰맨다　❹ 엑스레이를 찍는다

진단서 EN written diagnosis JP 診断書 CH 诊断书
응급실 EN emergency room JP 救急治療室 CH 急诊室
흉터 EN scar JP 傷跡 CH 伤疤
베이다 EN to cut oneself/to get a cut JP 切られる、切れる CH (被)切
꿰매다 EN to sew / to stitch JP 縫う CH 缝

CD 09-5

03

1) 여기는 어디일까요? (　　)

❶ 약국

❷ 한의원

❸ 정형외과

❹ 성형외과

2) 남자는 왜 이곳에 왔습니까?

________________을/를 하다가 ________________을/를 삐어서 왔습니다.

3) 오늘 한 일과 해야 할 일을 모두 고르십시오. (　　,　　)

❶
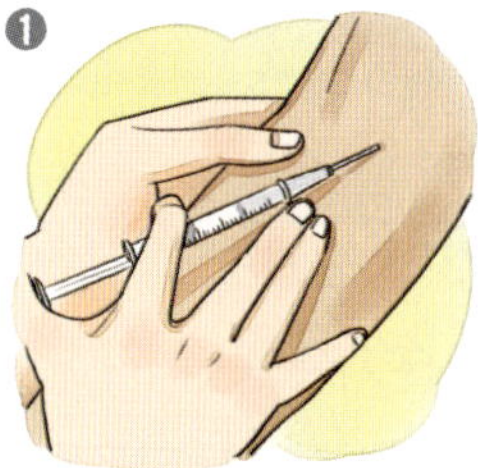

❷
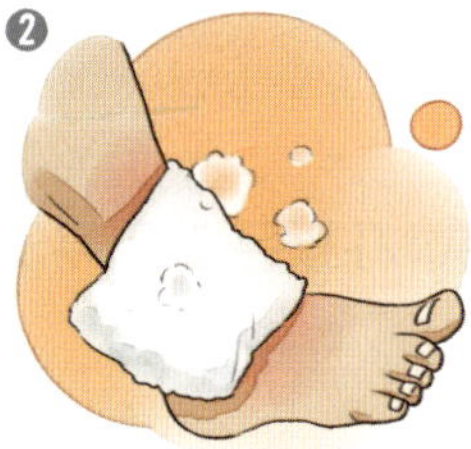

❸
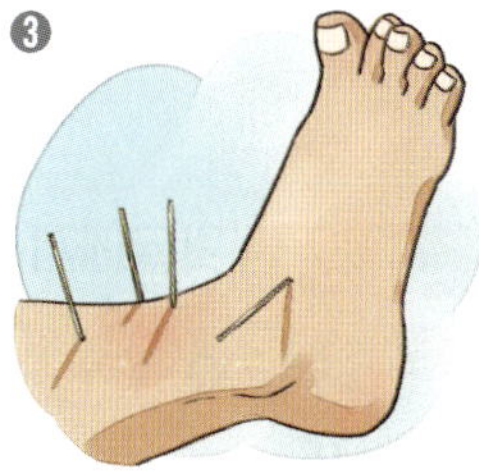

❹

❺

삐다 EN to sprain JP くじく CH 扭伤

침 EN acupuncture JP はり CH 针

과제 3 읽고 말하기

국제 진료소 안내문입니다. 읽고 질문에 대답하십시오.

우리 대학 병원 국제 진료소에서 진료를 받으려면 02-2228-5810이나 02-392-3404로 예약을 해 주십시오. 예약을 하지 않고 바로 방문하는 경우에는 기다릴 수도 있습니다.

병원에 오시면 의사 선생님들이 환자에게 맞는 과를 골라 드립니다. 국제 진료소의 직원들은 모두 영어를 할 수 있습니다. 그리고 일본어, 중국어, 러시아어를 할 수 있는 자원봉사자들이 외국인 환자의 안내를 돕고 있습니다. 진료가 끝난 후에는 필요한 검사나 치료를 받을 수 있고, 약이 필요한 경우에는 처방전을 받아서 병원 밖의 약국에 가서 직접 약을 사서 드시면 됩니다. 처방전을 받으면 7일 안에 약을 사야 합니다. 한 처방전으로 여러 번 약을 살 수는 없습니다. 진료비는 현금과 카드로 낼 수 있습니다.

응급 상황인 경우에는 012-263-6556으로 전화를 하십시오. '삐' 소리가 나면 자신의 전화번호를 누르고, 두 번째 '삐' 소리가 나면 전화를 끊으십시오. 바로 연락을 드리겠습니다.

★진료 시간 안내: **월요일 ~ 금요일** 오전 9:30 - 오후 5:30
토요일 오전 9:30 - 오후 12:30
(점심시간 : 오후 12:30 - 오후 1:30)

01 **윗글에서 이야기하지 않은 것은 무엇입니까? (　　)**

❶ 예약하는 방법
❷ 약을 사는 방법
❸ 진료비 할인을 받는 방법
❹ 응급 상황에서 도움을 받을 수 있는 방법

02 **기다리지 않고 바로 진료를 받으려면 어떻게 해야 합니까?**

____

03 **맞는 것에 모두 ✓ 하십시오.**

□ 병원에서 약을 받을 수 있다.
□ 진료비는 현금으로 내야 한다.
□ 외국어를 할 수 있는 자원봉사자들이 있다.
□ 처방전을 받은 후 일주일 안에 약을 사야 한다.

국제 진료소 EN International medical office JP 国際診療所 CH 国际诊所
자원봉사자 EN volunteer JP ボランティア CH 志愿者

외국에 가서 아팠던 적이 있습니까? 그 때 어떻게 했는지 옆 사람과 이야기해 봅시다.

읽어 봅시다

콧소리 3 /ㄴ/, /ㅁ/ 앞의 [ㅂ] ➡ [ㅁ]	
• 드립니다[드림니다]	환자에게 맞는 과를 골라 **드립니다.**
• 없는[엄는], 없나요[엄나요]	자리가 **없는** 사람은 없나요?
• 밥맛이[밤마시]	운동을 하니까 **밥맛이** 아주 좋습니다.
• 십만 원[심마눤]	이 가방은 **십만 원** 주고 샀어요.

제 10 과

운동을 해야 건강하게 체중을 줄일 수 있어요

- 학습 목표 건강에 대한 의견을 표현할 수 있다.
- 어휘 살이 찌다, 굶나, 체중을 줄이다
  건강 관련 어휘
- 문법 -어야, -을래요?
- 과제 건강 상식에 대해서 이야기하기
  건강 정보 방송 듣고 말하기
  건강·다이어트에 대한 글 읽고 생각 쓰기

1 어떤 습관이 건강에 좋지 않습니까?

2 사람들은 건강을 위해서 무엇을 합니까?

CD 10-1,2

유 리　저녁 먹으러 갈래요?

영 주　자꾸 살이 쪄서 요즘 저녁을 안 먹어요.

유 리　굶으면 건강에 안 좋아요.

운동을 해야 건강하게 체중을 줄일 수 있어요.

영 주　그런데 혼자서 운동하기가 쉽지 않아요.

유 리　그럼 우리 내일부터 같이 운동할래요?

영 주　좋아요. 무슨 운동을 할까요?

살이 찌다

EN to gain weight
JP 太る
CH 长胖

굶다

EN to starve
JP 食事を抜く
CH 饿

체중을 줄이다

EN to lose weight
JP 体重を減らす
CH 减轻体重

운동 부족
EN lack of exercise
JP 運動不足
CH 缺乏运动

수면 부족
EN lack of sleep
JP 睡眠不足
CH 缺少睡眠

스트레스
EN stress
JP ストレス
CH 压力

과로
EN overworking
JP 過労
CH 过度疲劳

과음
EN overdrinking
JP 飲みすぎ
CH 过度饮酒

과식
EN overeating
JP 食べ過ぎ、過食
CH 过度饮食

학생들과 직장인을 위한 TV 건강 정보입니다. 알맞은 말을 넣으십시오.

시험을 준비하는 학생들은 시험 스트레스로으로/로 깊은 잠을 자기가 어렵기 때문에 항상 피곤하고 건강도 약해집니다. 그래서 낮 시간에 산책이나 간단한 운동을 해서 1) ______________ 이/가 되지 않게 하고, 잠을 푹 자서 2) ______________ 이/가 되지 않게 해야 합니다.

많은 직장인들이 건강을 위해서 시간과 돈을 들이고 있습니다. 하지만 건강을 지키는 것은 아주 쉽습니다. 우선, 3) ______________ 을/를 하지 않아야 합니다. 일이 끝나면 집으로 돌아가 편히 쉬어야 합니다. 그리고 술을 마실 때는 4) ______________ 을/를 하지 말아야 합니다. 맛있는 음식이 있어도 5) ______________ 을/를 하지 않는 것이 건강에 좋습니다.

문법

1 -어야/아야/여야

- 비가 그쳐야 출발할 수 있어요.
- 낮에 운동을 해야 밤에 잠이 잘 오지요.
- 열심히 공부해야 한국말을 잘 할 수 있어요.
- 아침을 잘 먹어야 뇌가 활발히 움직인다고 합니다.

영주 씨는 오랜만에 마이클 씨를 만나고 깜짝 놀랐습니다. 살도 빠지고 아주 건강해졌기 때문입니다. 대화를 완성하십시오.

영　주: 오랜만이에요. 와, 살도 빠지고 아주 건강해 보이는데요.

마이클: 요즘 운동을 하고 있어요. 일주일에 4일 이상 해야~~어야/아야/어야~~ 효과가 있다고 해서 열심히 하고 있어요.

영　주: 한 번에 얼마 동안 하는데요?

마이클: 1) ________ 어야/아야/어야 살이 빠져요. 그리고 기침 때문에 병원에 갔는데 의사 선생님이 2) ________ 어야/아야/어야 기침이 그칠 거라고 하셔서 담배도 끊었어요.

영　주: 참, 요즘도 인스턴트 음식을 많이 먹어요?

마이클: 아니요, 요즘은 신선한 채소와 과일도 많이 먹고 우유와 두부도 먹어요. 3) ________ 어야/아야/어야 건강하게 살이 빠지는 것 같아요.

영　주: 잠은요? 전에 하루에 서너 시간밖에 안 잔다고 했죠?

마이클: 요즘은 많이 자요. 4) ________ 어야/아야/어야 다음 날 피곤하지 않아요.

영　주: 아, 마이클 씨가 이렇게 건강해진 이유가 있었군요. 그럼, 우리 오랜만에 만났는데 한잔 하러 갈까요?

마이클: 안 돼요. 어제도 술을 마셨거든요. 하루 술을 마시면 5) ________ 어야/아야/어야 간이 나빠지지 않아요.

영　주: 네, 그럼 건강을 위해서 오늘은 차를 마십시다. 하하하.

2 -을래요/ㄹ래요?

- 뭐 먹을래?
- 내가 만든 식혜인데 좀 마셔볼래?
- 지금 볼링 치러 가는데 같이 갈래요?
- 헬스 클럽에 등록하려고 하는데 너도 다닐래?

유리 씨가 언어 교환 친구를 만났습니다. 커피숍에서 차를 마시면서 말하기 연습을 한 후에 식당에서 저녁을 먹으려고 합니다.

미 연: 오늘은 어디로 갈래요을래요/ㄹ래요?
유 리: 지난번에 갔던 커피숍 어때요?
미 연: 네, 좋아요. 그런데 1) ________ 을래요/ㄹ래요?
저는 돈 좀 찾아서 갈게요.
유 리: 네, 가서 기다릴게요.

유 리: 금방 왔네요. 2) ________ 을래요/ㄹ래요?
미 연: 저는 아이스티로 할게요. 유리 씨는요?
유 리: 저는 카푸치노요. 3) ________ 을래요/ㄹ래요?
미 연: 네, 케이크도 먹어야죠.

미 연: 사람이 많지 않아서 좋네요. 4) ________
을래요/ㄹ래요?
유 리: 저기가 좋겠어요.
미 연: 그럼 저기에 앉아요. 유리 씨가 5) ________
을래요/ㄹ래요? 저는 손 좀 씻고 올게요.

과제 1 말하기

건강에 대해서 얼마나 알고 있습니까? 친구와 이야기해 봅시다.

수면	자려고 누웠는데 잠이 오지 않으면 일어났다가 졸릴 때 다시 눕는 것이 좋다.
	밤 11시부터 1시까지는 푹 자야 키도 크고 살도 안 찌고 피부도 좋아진다.
운동	1주일에 한 번 4~5시간 운동하는 것보다 매일 20~30분씩 하는 것이 좋다.
	운동은 숨이 조금 차고, 땀이 조금 날 정도로 해야 건강에 좋다.
스트레스	스트레스를 많이 받으면 머리가 빠질 수 있다.
	하기 어려운 일은 하기 어렵다고 말해야 스트레스를 덜 받는다.
다이어트	천천히 먹고 오래 씹어야 소화가 잘 되고 적게 먹을 수 있다.
	식사량과 칼로리는 점심 〉 아침 〉 저녁의 순서가 좋다.

보기

유 리: 요즘은 밤에 자려고 누워도 잠이 잘 안 올 때가 많아요.

마이클: 자려고 누웠는데 잠이 오지 않을 때는 일어났다가 졸릴 때 다시 눕는 게 좋아요.

유 리: 그래요? 11시부터 1시까지는 푹 자야 키도 크고 살도 안 찌고 피부도 좋아진다고 해요. 그래서 10시쯤 자려고 누워요.

마이클: 낮에 운동을 해야 잠이 잘 오지요.

유 리: 그렇군요. 그래도 잠이 안 오면 어떻게 해요?

마이클: 어려운 책을 읽거나 카모마일차를 드세요.

유 리: 그래요? 그럼, 한국 신문을 읽으면서 차를 마시면 되겠네요.

마이클: 내일부터 매일 같이 운동할래요?

숨이 차다 EN to be out of breath JP 息が切れる CH 上气不接下气
씹다 EN to chew JP 噛む CH 嚼
식사량 EN quantity of food JP 食事量 CH 食量

과제 2 듣고 말하기

건강 정보 방송입니다. 듣고 질문에 대답하십시오.

CD 10-3

01

1) 무엇에 대한 이야기입니까? (　　)

❶ 요즘은 컴퓨터가 없으면 살기 어렵다.
❷ 하루 종일 컴퓨터를 사용하는 사람이 많다.
❸ 컴퓨터를 오래 사용하면 건강에 좋지 않다.
❹ 컴퓨터를 사용할 때 10분에 한 번씩 쉬는 것이 좋다.

2) 컴퓨터 앞에서 일을 오래 하면 몸의 어느 부분에 문제가 생기기 쉽습니까?

____

CD 10-4

02

1) 맞는 것에 모두 ✓ 하십시오.

☐ 요즘 젊은 여성들이 짧은 치마를 많이 입는다.
☐ 쌀쌀할 때 미니스커트를 입으면 건강에 좋지 않다.
☐ 여름에는 배를 시원하게 하는 것이 건강에 좋다.

2) 여자는 몸의 어느 부분을 특히 따뜻하게 해야 합니까?

____

CD 10-5

03

1) 염색이나 파마를 자주 했을 때 나타나는 문제가 아닌 것을 고르십시오. (　　)

❶ 두피가 강해질 수 있다.　　❷ 머리카락이 상할 수 있다.
❸ 얼굴과 목이 빨개질 수 있다.　　❹ 머리카락이 많이 빠질 수 있다.

2) 파마를 한 후 얼마나 지나서 다음 파마를 하는 것이 좋습니까?

____

3) 무스나 젤을 사용했을 때는 어떻게 해야 합니까?

____

상하다 EN to damage JP 傷む CH 坏　　**염색** EN dye JP 染色 CH 染色

CD 10-6

04

1) 맞는 것에 모두 ✓ 하십시오.

□ 요즘 큰 가방을 좋아하는 사람들이 많다.

□ 무겁고 큰 가방이 어깨를 튼튼하게 만들 수 있다.

□ 크고 무거운 가방을 한쪽 어깨로 계속 메면 척추에 좋지 않다.

2) 짐이 많을 때는 어떻게 드는 것이 좋습니까?

____

다음과 같은 이유로 건강에 문제가 생긴 적이 있습니까? 이야기해 봅시다.

- 컴퓨터나 휴대전화 때문에
- 부츠나 하이힐 때문에
- 일이나 공부 때문에

척추가 휘다 EN the spine is warped JP 脊椎が曲がる CH 驼背
메다 EN to carry on one's shoulder JP (リュックサックを)背負う、担ぐ CH 背
번갈아 가다 EN to do something alternately JP 代わる代わるにする CH 轮番、来回倒

과제 3 읽고 쓰기

건강 · 다이어트에 대한 글입니다. 읽고 질문에 답하십시오.

어른 10명 중 3명이 비만이라고 한다. 생활 습관을 고치기는 어렵겠지만 한 가지만 바꿔도 건강을 지킬 수 있다.

바로 아침밥을 먹는 것이다. 아침밥을 먹지 않으면 몸에서 어떤 일이 생길까? 전날 저녁부터 다음 날 오전까지 몸에 음식이 들어오지 않으면, 우리 몸은 언제 들어올지 모르는 에너지를 쌓아 놓으려고 하기 때문에 살이 찌게 된다. 어른들 중 하루에 한두 번만 먹는 사람은 복부 비만이 되기 쉽다. 또 아침밥을 안 먹는 아이들은 과체중이나 비만이 되기 쉽다.

아침을 먹는 것은 학교 생활과 직장 생활과도 관계가 있다. 아침을 먹으면 손, 발이 따뜻해지고 뇌도 잘 움직이기 시작한다. 아침을 먹는 사람들이 오전에 공부를 하거나 일을 할 때 집중력이 높고 또 아침을 먹는 학생들이 먹지 않는 학생들보다 외우기를 더 잘 할 수 있다고 한다.

아침밥을 먹는 시간 10분으로 공부도 잘 할 수 있고 일도 잘 할 수 있고 평생 건강도 지킬 수 있다.

01 건강을 지키려면 어떻게 해야 합니까?

____

02 아침을 먹지 않으면 어떤 문제가 생깁니까? 맞는 것에 모두 ✓ 하십시오.

□ 아침을 굶는 어른은 배에 살이 찌기 쉽다.

□ 몸이 에너지를 쌓아놓으려고 하기 때문에 살이 찐다.

□ 어린이는 운동을 많이 하기 때문에 아침을 굶으면 살이 빠진다.

03 아침을 먹었을 때의 좋은 점으로 맞지 않는 것을 고르십시오. (　　)

❶ 오후에 일할 때 집중력이 생긴다.

❷ 평생 건강을 지키는 데 도움이 된다.

❸ 손, 발이 따뜻해지고 뇌도 잘 움직인다.

❹ 아침을 먹지 않는 학생들에 비해서 더 잘 외울 수 있다.

복부 비만 EN abdomen fat JP 腹部肥満 CH 腰粗
관계 EN relations JP 関係 CH 关系、相关
집중력 EN concentration JP 集中力 CH 专注力
과체중 EN overweight JP 過体重 CH 体重过重
뇌 EN brain JP 脳 CH 脑

여러분은 어떤 생활 습관이 건강에 도움이 된다고 생각합니까?
표를 채우고 써 봅시다.

건강에 도움이 되는 생활 습관	
그 생활 습관을 지키지 않았을 때의 문제점	그 생활 습관을 지켰을 때의 좋은 점

건강에 도움이 되는 생활 습관

읽어 봅시다

콧소리 4 /ㄴ/, /ㅁ/ 앞의 [ㄱ] ➡ [ㅇ]	
• 먹는[멍는]	아침밥을 **먹는** 것이 건강에 좋습니다.
• 작년[장년]	**작년**에 가족과 같이 처음 제주도에 갔어요.
• 한국말[한궁말]	저는 **한국말** 연습을 위해서 한국말로만 이야기해요.
• 박물관[방물관]	여기에서 제일 가까운 **박물관**이 어디예요?

문화

건강에 좋은 한식

한식에는 채소로 만든 음식이 많습니다. 그래서 비타민과 섬유질이 많고 칼로리가 낮아 살이 잘 찌지 않습니다. 그리고 한식에는 된장, 고추장, 김치 같은 발효 식품들이 많습니다. 발효 식품은 콜레스테롤을 줄여 주고 암을 이기는 데 도움을 준다고 합니다. 고기를 먹을 때도 채소와 같이 먹기 때문에 몸 안에 지방이 잘 쌓이지 않는다고 합니다.

제 11 과

초대를 받았는데 빈손으로 갈 수는 없잖아요

- **학습 목표** 모임을 계획하고 초대할 수 있다.
- **어휘** 빈손, 바구니, 각자
  초대 관련 어휘
- **문법** –잖아요, –지 그래요?
- **과제** 초대 계획 세우기
  초대와 선물 관련 대화 듣기
  청첩장 읽고 초대장 쓰기

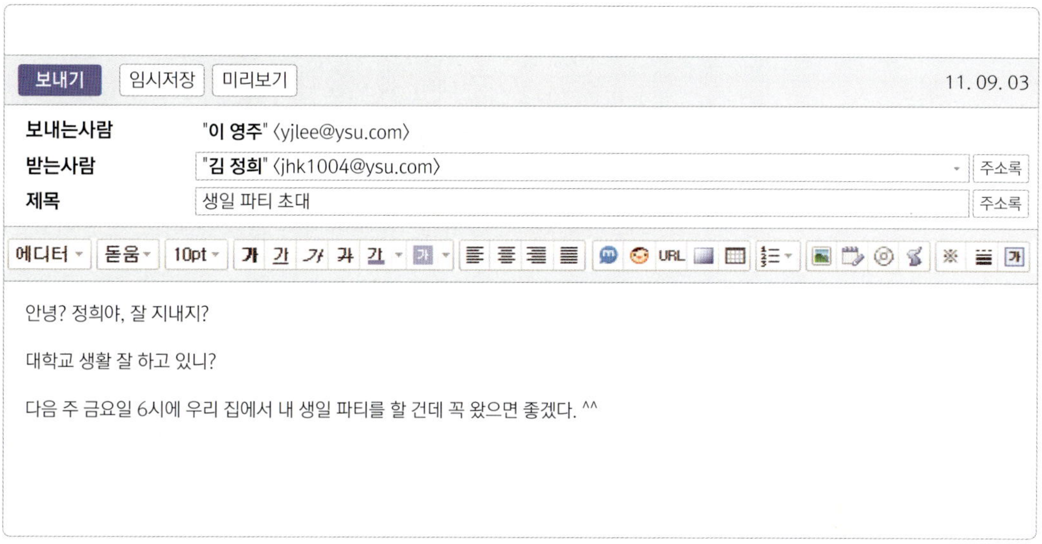

보내기 | 임시저장 | 미리보기 | 11. 09. 03

보내는사람	**"이 영주"** 〈yjlee@ysu.com〉
받는사람	**"김 정희"** 〈jhk1004@ysu.com〉 주소록
제목	생일 파티 초대 주소록

안녕? 정희야, 잘 지내지?

대학교 생활 잘 하고 있니?

다음 주 금요일 6시에 우리 집에서 내 생일 파티를 할 건데 꼭 왔으면 좋겠다. ^^

1 한국 친구 집에 초대를 받은 적이 있습니까?

2 친구 집에 초대를 받았을 때 무엇을 가지고 갑니까?

빈손
EN empty-handed
JP 手ぶら
CH 空手

바구니
EN basket
JP かご
CH 篮子

각자
EN each one/ individually
JP 各自
CH 各自

CD 11-1,2

유 리	슈테판 씨 이모님이 우리 반 친구들을 초대하셨는데 뭘 사 가지고 갈까요?
슈테판	모두들 학생이니까 그냥 오라고 하셨어요.
유 리	그래도 초대를 받았는데 빈손으로 갈 수는 없잖아요.
영 주	과일 바구니를 사 가지 그래요?
유 리	글쎄요, 과일 바구니는 예쁘지만 너무 비싸지 않아요?
마이클	그럼 각자 자기 나라의 기념품 하나씩 가지고 갑시다.

어휘

초대장
- EN invitation card
- JP 招待状
- CH 邀请函

청첩장
- EN wedding invitation card
- JP 結婚式の招待状
- CH 请柬

집들이
- EN house warming(party)
- JP 引っ越し祝い
- CH 乔迁宴

환영회
- EN welcoming party / reception dinner
- JP 歓迎会
- CH 欢迎会

송별회
- EN farewell party
- JP 送別会
- CH 送别会

돌잔치
- EN first-year birthday party
- JP 1歳祝い
- CH 周岁宴

입학식
- EN entrance ceremony
- JP 入学式
- CH 入学典礼

졸업식
- EN graduation ceremony
- JP 卒業式
- CH 毕业典礼

회사원 혜원 씨의 일기입니다. 알맞은 말을 넣으십시오.

혜원의 일기

2월 10일 맑음

이번 주는 정말 바쁘다. 월요일에는 회사에서 신입사원을 위한 환영회가~~이/가~~ 있다. 사장님도 오시니까 잘 준비해야 한다. 화요일에는 회사를 그만두고 유학을 가는 대학 동창의 1) ________ 이/가 있다. 내가 선물과 꽃다발을 사 가야 한다. 목요일에는 조카의 고등학교 2) ________ 이/가 있다. 3년 전에 고등학교에 들어갈 때 3) ________ 에 못 갔기 때문에 이번에는 꼭 가려고 한다. 금요일에는 새 집으로 이사를 가신 김 과장님의 4) ________ 이/가 있다. 우리 사무실의 직원들이 모두 초대를 받았다. 토요일에는 중학교 동창이 결혼식을 한다. 결혼을 안 하겠다고 말했던 친구가 갑자기 5) ________ 을/를 보내서 깜짝 놀랐다. 일요일에는 대학 선배 아이의 6) ________ 이/가 있다. 꼭 오라는 7) ________ 을/를 받았는데 아가 선물로 뭐가 좋을까? 선물을 사러 갈 시간이 있을지 걱정이다.

문법

1 -잖아요

- 가: 마이클 씨가 반장이 됐다고 해요.
  나: 반 친구들한테 인기가 많잖아요.
- 가: 정희 씨가 하와이에서 결혼한다고 해요.
  나: 결혼할 사람이 미국 사람이잖아요.
- 가: 영수 씨가 이번 학기에 장학금을 받았어요.
  나: 지난 학기에 공부를 열심히 했잖아요.
- 가: 김 대리, 오늘 일 끝나고 저녁 같이 먹을까?
  나: 오늘 저녁에 부장님 댁에서 집들이를 하잖아.

마리아 씨와 유카 씨가 이야기합니다. 대화를 완성하십시오.

마리아: 슈테판 씨는 한국말을 참 잘하는 것 같아요. 어떻게 그렇게 잘 하지요?

유 카: 어머니가 한국사람이잖아요. 어머니하고 집에서 한국말로 이야기할걸요.

마리아: 그렇군요. 다른 친구들은 기숙사에서 사는데 슈테판 씨도 기숙사에 살아요?

유 카: 1) ______________잖아요. 슈테판 씨 이모님이 우리를 초대하셨는데 기억 안 나요?

마리아: 아, 맞아요. 다음 주에 간다고 했지요? 무슨 선물을 사 가자고 했지요?

유 카: 2) ______________잖아요. 마리아 씨, 요즘 바쁜가 봐요.

마리아: 헤헤, 아니에요. 제가 원래 잘 잊어버려요. 샤오밍 씨도 가나요?

유 카: 아니요, 샤오밍 씨는 못 간다고 해요. 샤오밍 씨는 3) ______________잖아요. 그날도 회사에 간다고 해요.

마리아: 그렇군요. 마이클 씨는 가지요?

유 카: 그럼요. 마이클 씨는 4) ______________잖아요. 초대 받아서 제일 좋아하고 있어요.

마리아: 후후, 유리 씨 방 친구인 영주 씨도 가나요?

유 카: 아니요. 영주 씨는 5) ______________잖아요. 이번에는 우리 반 친구들만 가요.

마리아: 그렇군요. 빨리 다음 주가 왔으면 좋겠어요.

2 -지 그래요?

- 한국 와서 처음 맞는 생일이니까 반 친구들을 초대하지 그래요?
- 날씨가 추운데 두꺼운 옷을 입고 나가지 그래요?

- 가: 공부가 잘 안되네요.
  나: 나가서 바람이라도 쐬고 오지 그래요?

- 가: 이번 신입생 환영회를 어디에서 할까요?
  나: 학교 앞 세연식당에서 하지 그래요?
  많은 사람들이 앉을 수 있는 큰 방이 있어요.

록 페스티벌에 가는 유리 씨가 영주 씨에게 물어봅니다. 대화를 완성하십시오.

유 리: 다음 주에 인천에서 하는 록 페스티벌 공연에 가는데 뭘 입고 갈까요?
영 주: 반바지하고 티셔츠를 입지 그래요? 록 공연에서는 같이 뛰면서 땀도 많이 흘리니까 가볍고 시원한 옷차림이 좋아요.
유 리: 그럼 신발은 뭘 신을까요?
영 주: 1) ____________________ 지 그래요? 구두는 불편할 거예요.
유 리: 알겠어요. 음식은 사 먹을 수 있지요?
영 주: 2) ____________________ 지 그래요? 거기 음식은 값도 비싸고 맛도 없어요.
유 리: 공연장까지 지하철로 갈 수 있지요?
영 주: 3) ____________________ 지 그래요? 시청 앞에서 셔틀버스가 출발한다고 해요.
유 리: 또 준비할 건 없나요?
영 주: 4) ____________________ 지 그래요?
유 리: 그렇군요. 그런데 근처에서 하루 자고 오려고 하는데 어디가 좋을까요?
영 주: 5) ____________________ 지 그래요?
유 리: 그거 좋은 생각이네요.

과제 1 말하기

반 친구들과 파티를 하려고 합니다. 초대 계획을 세워 봅시다.

☐ 생일 파티　　☐ 크리스마스 파티　　☐ 졸업식 파티

모임 종류	반 모임	
장소	한강 캠핑장	
시간	9월 9일 금요일 저녁 6시	
초대할 사람	반 친구들 11명	
필요한 물건	그릴, 숯, 집게, 그릇	
음악	스마트폰에 있는 댄스 음악	
음식	고기, 해물, 채소, 김치	

보기

마이클: 이번 주에 반 모임을 하려고 하는데 어디에 가면 좋을까요?
영　주: 한강 캠핑장에서 바비큐 파티를 하지 그래요?
마이클: 한강에서 바비큐 파티도 할 수 있어요?
영　주: 네, 언제 할 거예요?
마이클: 이번 주 금요일 저녁 6시에 할 거예요.
영　주: 누구를 초대할 거예요?
마이클: 우리 반 친구들을 초대할 거예요. 뭘 가지고 가야 할까요?
영　주: 거기서 숯만 사면 돼요. 그릴, 집게, 그릇은 캠핑장에서 빌릴 수 있어요.
마이클: 와, 그럼 고기만 사 가지고 가면 되겠군요.
영　주: 해물하고 채소도 준비하지 그래요? 김치도 구워 먹으면 맛있어요.
마이클: 고기 구워 먹으면서 음악도 들으면 참 좋을 것 같아요.
영　주: 마이클 씨 스마트폰에 댄스 음악이 많이 있잖아요. 그거 들어요.
마이클: 영주 씨도 갈래요?

숯 EN charcoal JP 炭 CH 炭　　　집게 EN tongs JP 火ばさみ、トング CH 钳子

과제 2 듣고 말하기

듣고 질문에 대답하십시오.

CD 11-3

01

1) 샤오밍 씨가 유리 씨를 어디에 초대했습니까?

____

2) 맞는 것을 고르십시오. (   )

❶ 샤오밍 씨는 대학원을 낮에 다녔다.
❷ 유리 씨는 초대를 받은 곳에 갈 것이다.
❸ 샤오밍 씨는 한국어로 대학원 수업을 들었다.
❹ 샤오밍 씨는 대학원 공부와 한국어 공부를 같이 시작했다.

CD 11-4

02

1) 슈테판 씨는 어디에 초대 받았습니까?

____

CD 11-5

2) 비누를 선물하는 것은 어떤 뜻이 있습니까?

____

03

1) 남자는 이번 주 토요일에 어디에 가겠습니까?

____

2) 남자는 왜 금반지를 선물로 살 수 없습니까?

____

CD 11-6

3) 남자는 무슨 선물을 가지고 갈까요? (   )

❶ 아이 옷이나 모자 ❷ 아이 모자나 신발 ❸ 아이 신발이나 옷

04

1) 영화 시사회는 무엇입니까? (   )

❶ 영화 상영이 끝난 후에 영화의 성공을 축하하는 것이다.
❷ 영화를 본 후 그 영화에 대해서 같이 이야기하는 모임이다.
❸ 영화를 상영하기 전에 사람들을 초대해서 파티를 하는 것이다.
❹ 영화를 처음 상영할 때 사람들을 초대해서 무료로 보여주는 것이다.

2) 맞는 것에 ✓ 하십시오.

☐ 영화 시사회에서는 유명한 연예인을 볼 수 있다.
☐ 유리는 시험 공부 때문에 영화 시사회에 가지 않을 것이다.

여러분은 위 상황에서 선물로 무엇을 가지고 가겠습니까?

거품 EN bubbles / foam JP 泡 CH 泡沫
영화 시사회 EN movie preview JP 映画の試写会 CH 电影首映式
바라다 EN to wish / to desire JP 願う CH 希望
상영 EN screening / showing JP 上映 CH 上映

과제 3 읽고 쓰기

청첩장을 읽고 질문에 대답하십시오.

오랫동안 기다려 왔던
바로 그 사람을 만났습니다.
이제 저희 두 사람이 같이 사랑과 믿음으로
한 길을 가려고 합니다.
아름다운 시작을 위해 가까이에서
축복해 주시면 큰 기쁨이 되겠습니다.
바쁘시더라도 꼭 참석해 주시기 바랍니다.

장준기 의 차남 훈태
신송자

정양진 의 장녀 소희
오영희

- 일시: 2012년 12월 10일 토요일 낮 12시
- 장소: 명동 성당

교통편 안내

▶ 지하철

2호선 을지로 입구 역 5번 출구
4호선 명동 역 8, 5번 출구

▶ 버스

- 롯데 백화점 앞
  초록 0014, 0015, 7017, 7021
  파랑 151, 162, 261, 406, 501, 708
  빨강 9205, 9400, 9710
- 명동 역 앞
  초록 0013, 0211, 7011
  파랑 105, 263, 507, 604

♣ 토요일과 일요일은 교통이 복잡하니 대중교통을 이용해 주시면 감사하겠습니다.

01 누가 결혼합니까?

02 두 사람은 언제 어디에서 결혼합니까?

03 결혼식장에 어떻게 갑니까? 맞는 것에 ✓ 하십시오.

□ 주말에는 자기 차를 가지고 간다.
□ 초록 색 7011번 버스를 타고 명동 역 앞에서 내린다.
□ 파란 색 105번 버스를 타고 롯데 백화점 앞에서 내린다.
□ 지하철 2호선을 타고 가서 을지로 입구 역 5번 출구로 나온다.

믿음 EN faith JP 信じること、信頼 CH 信任、信念
참석하다 EN to attend / to participate JP 参席する CH 参加
장녀 EN eldest daughter JP 長女 CH 长女
축복 EN blessing JP 祝福 CH 祝福
차남 EN second son JP 次男 CH 次子
성당 EN Catholic church JP 聖堂 CH 教堂

다음 중 하나를 골라 초대장을 만들어 봅시다.

☐ 결혼식 ☐ 생일 ☐ 반모임 ☐ 동창회 ☐ 동아리 공연 ☐ 신입생 환영회

모임 종류	
초대할 사람	
날짜와 시간	
장소	
가지고 올 것	
옷차림	

______________ 에게

초대의 글

____

____

____

____

날짜와 시간:

장소:

교통편:

읽어 봅시다

입천장 소리 /ㄷ/ + /ㅣ/ ➡ [ㅈ], /ㅌ/ + /ㅣ/ ➡ [ㅊ]	
• 같이[가치]	저희 두 사람이 **같이** 한 길을 가려고 합니다.
• 끝이[끄치]	바다가 넓어서 **끝이** 안 보여요.
• 밭이[바치]	제 고향에는 여러 가지 채소 **밭이** 많아요.
• 해돋이[해도지]	1월 1일이 되면 동해로 **해돋이**를 보러 가는 사람이 많다.

제12과

쇼핑백 안에 뭐가 들어 있습니까?

- **학습 목표** 잃어버린 물건을 묘사하고, 유실물 센터를 이용할 수 있다.
- **어휘** 둥글다, 금색, 포장지
  물건 모양, 형태 관련 어휘
- **문법** -어 있다, -는 대로
- **과제** 지하철 유실물 센터에 대한 글 읽고 이야기하기
  유실물과 미아에 대한 안내 방송 듣고 말하기
  분실물 광고 읽고 분실물 찾는 글 쓰기

1 한국에서 물건을 잃어버린 적이 있습니까?

2 물건을 잃어버렸을 때 여러분은 어떻게 합니까?

CD 12-1,2

직 원 어서 오세요. 무엇을 도와 드릴까요?

유 리 쇼핑백을 잃어버렸어요.

직 원 쇼핑백 안에 뭐가 들어 있습니까?

유 리 둥근 선물 상자하고 금색 포장지가 들어 있어요.

직 원 (확인 후) 아직 들어온 게 없는데요. 전화번호를 알려 주시면 들어오는 대로 연락드리겠습니다.

유 리 네, 부탁합니다.

둥글다
EN to be round
JP 丸い
CH 圆的

금색
EN gold color
JP 金色
CH 金色

포장지
EN wrapping paper
JP 包装紙
CH 包装纸

어휘

둥글다
EN to be round
JP 丸い
CH 圆的

두껍다
EN to be thick
JP 厚い
CH 厚

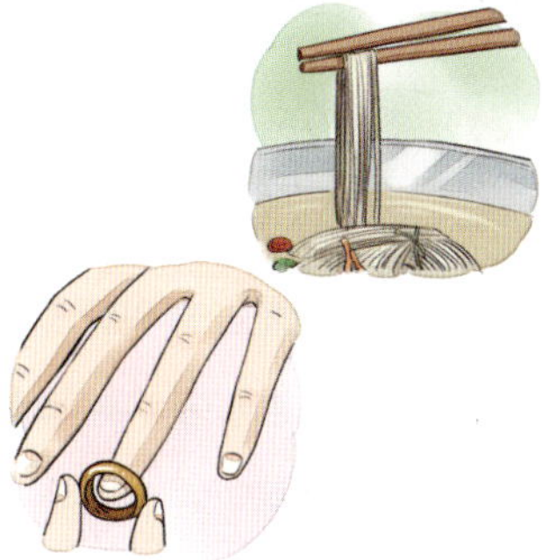

가늘다
EN to be slim / to be slender
JP 細い
CH 细

뾰족하다
EN to be sharp
JP とがっている
CH 尖

얇다
EN to be thin
JP 薄い
CH 薄

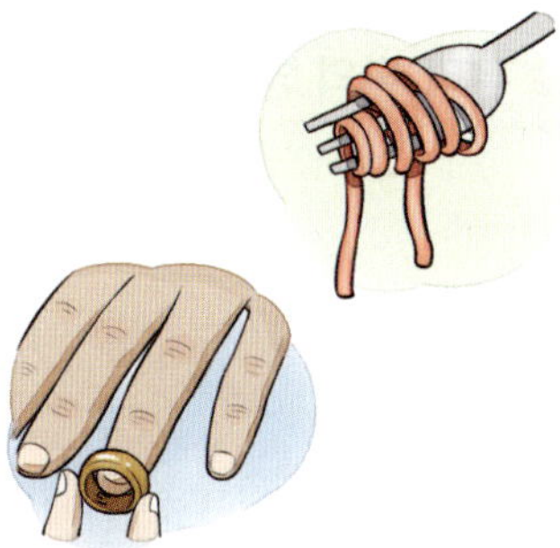

굵다
EN to be thick
JP 太い
CH 粗

슈테판 씨의 이모가 명동에 나갔습니다. 알맞은 말을 넣으십시오.

봄이다. 두꺼운 ~~은/ㄴ~~ 코트를 벗고 1)______________은/ㄴ 옷으로 갈아입는 계절이다. 나는 오랜만에 명동에 나갔다. 길을 걷다가 보니까 옷가게에 예쁜 원피스가 있었다. 2)______________은/ㄴ 벨트를 매는 디자인인데 허리가 3)______________은/ㄴ 편인 나한테는 어울리지 않을 것 같아서 사지 않았다. 옆에는 구두 가게가 있었다. 요즘 유행하는 앞이 4)______________고 굽이 높은 구두가 많았는데 불편할 것 같았다. 그래서 앞이 5)______________고 굽이 낮은 구두를 샀다. 지하철 역 옆에 작은 액세서리 가게가 있어서 들어가 보았다. 반지를 이것저것 껴 보았는데 손가락이 굵어서 맞는 반지가 없었다. 옛날에는 손가락도 가늘고 손도 예뻤는데……

문법

1 -어/아/여 있다

- 교실에 시계와 그림이 걸려 있습니다.
- 잃어버린 지갑에 돈이 많이 들어 있었어요?
- 여행에서 돌아와 보니까 제 방에 불이 켜져 있었어요.
- 저는 모든 물건이 제자리에 놓여 있어야 마음이 편해요.

유리 씨의 방입니다. 그림을 보고 알맞은 말을 넣으십시오.

유리 씨 방에는 침대와 옷장과 책상이 있습니다. 옷장 옆에 옷걸이가 있습니다. 옷걸이에는 코트가 걸려~~어/아/여~~ 있습니다. 침대 위에는 1)__________ 어/아/여 있습니다. 벽에는 시계가 걸려 있고 그 옆에는 2)__________ 어/아/여 있습니다. 책상 위에는 3)__________ 어/아/여 있고 물컵도 하나 놓여 있습니다. 물컵에는 4)__________ 어/아/여 있습니다. 옷장 문은 5)__________ 어/아/여 있고 창문은 닫혀 있습니다.

2 -는 대로

- 수업이 끝나는 대로 갈게요.
- 자동차 열쇠를 찾는 대로 출발할게.
- 이 메시지를 보는 대로 전화해 주세요.
- 용돈을 주는 대로 다 써 버리면 어떻게 해?

샤오밍 씨가 여자 친구에게 전화를 합니다. 대화를 완성하십시오.

샤 오 밍: 오늘 뭐해요?

여자 친구: 오늘은 수업이 끝나는 대로 회사에 갈 거예요.

1) ____________ 는 대로 보고서를 내야해요.

그리고 회의와 직원 교육이 있어요.

샤 오 밍: 바쁘군요. 퇴근한 후에는 뭐 해요?

여자 친구: 2) ____________ 는 대로 광화문 쪽으로 가야 돼요. 동창회가 있어요.

샤 오 밍: 동창회가 3) ____________ 는 대로 전화를 해 주세요.

그 쪽에 가 있을게요. 저도 근처 서점에 볼 일이 있어요.

여자 친구: 오늘은 많이 늦을 것 같아요. 내일 휴일이니까 우리 내일 오전에 만나요.

샤 오 밍: 그럼, 내일 4) ____________ 는 대로 연락해 주세요.

집 근처로 가서 다시 전화할게요.

여자 친구: 네. 5) ____________ 는 대로 나갈 수 있게 준비하고 있을게요.

과제 1 읽고 말하기

지하철 유실물 센터에 대한 글입니다. 읽고 질문에 대답하십시오.

◈ 열차에서 내린 후 바로 잃어버린 것을 알게 된 경우

1. 열차가 역을 지난 시간과 내린 곳을 꼭 기억합니다.

〈열차 번호 확인〉

〈열차 시간 확인〉

〈내린 칸 확인〉

2. 역무실로 가서 이야기하면 열차가 지금 어디에 있는지 알 수 있기 때문에 잃어버린 물건을 바로 찾으실 수 있습니다.

◈ 잃어버린 것을 나중에 알게 된 경우

서울메트로 홈페이지 유실물 센터를 방문하시면 들어와 있는 유실물을 사진으로 확인할 수 있습니다.

◈ 이용 시간

- 평일 : 07:00 ~ 22:00
- 토·일·공휴일과 지하철이 다니지 않는 시간에는 유실물 센터가 있는 역의 역무실로 문의해 주세요.

◈ 각 호선별 유실물 센터 안내

호선	역명	연락처
1,2호선	시청역	02-6110-1122
3,4호선	충무로역	02-6110-3344
5,8호선	왕십리역	02-6311-6765,8
6,7호선	태릉입구역	02-6311-6766~7
9호선	동작역	02-2656-0009

유실물들은 7일 동안 지하철 유실물 센터에서 보관합니다. 유실물들의 반 이상은 주인이 찾아갑니다. 주인이 찾아가지 않은 것들은 경찰서에서 1년 6개월 동안 보관합니다.

유실물 센터에 가장 많이 들어오는 물건은 휴대전화입니다. 그 다음으로 가방, MP3, 옷 등이 들어옵니다. 그리고 일 년 동안 5억 원 정도의 현금도 들어옵니다.

칸 EN train compartment JP 車両 CH 节、间
보관하다 EN to keep / to take a thing into one's custody JP 保管する CH 保管

01 **무엇에 대한 이야기입니까? (　　)**

❶ 유실물 센터는 어느 역에 있나?
❷ 잃어버린 물건을 찾으면 어떻게 해야 하나?
❸ 지하철 유실물 센터를 언제 이용할 수 있나?
❹ 지하철에서 물건을 잃어버렸을 때 어떻게 해야 하나?

02 **맞는 것에 모두 ✓ 하십시오.**

□ 유실물 센터는 24시간 문을 연다.
□ 제일 많이 잃어버리는 물건은 가방이다.
□ 유실물들은 일주일이 지나면 경찰서로 간다.
□ 1호선부터 9호선까지 9개의 유실물 센터가 있다.
□ 지하철 유실물 센터 홈페이지에 유실물 사진이 있어서 집에서도 확인할 수 있다.
□ 지하철에서 내린 뒤 바로 열차 번호와 내린 칸의 번호를 역무실에 말하면 빨리 찾을 수 있다.

여러분은 지하철이나 버스에서 물건을 잃어버린 적이 있습니까? 잃어버렸을 때 어떻게 했습니까? 친구와 이야기해 봅시다.

문화

다산콜센터

여권이나 물건을 잃어버렸을 때, 버스 노선을 모를 때, 지하철 막차 시간을 알고 싶을 때 '다산콜센터'로 전화하십시오. 다산콜센터는 서울시에서 운영하는 안내 전화 서비스입니다. 휴대전화나 일반전화로 국번 없이 120번을 누르면 서비스를 이용할 수 있습니다. 365일 24시간 운영하고 있으며 영어, 중국어, 일본어, 베트남어, 몽골어로도 안내를 받을 수 있습니다. 교통, 수도, 응급 의료, 문화 행사 등 서울시에서 일어나는 모든 일에 대해서 질문하시면 친절하게 대답을 해 줍니다.

과제 2 듣고 말하기

안내 방송입니다. 듣고 질문에 대답하십시오.

CD 12-3

01 왜 이 안내 방송을 합니까? (　　)

❶ 물건을 많이 사게 하기 위해서
❷ 잃어버린 물건을 돌려주기 위해서
❸ 물건을 잃어버리지 않게 하기 위해서

CD 12-4

02 1) 이 방송은 어디에서 들을 수 있습니까?

____

2) 잃어버린 것은 무엇입니까? (　　)

❶  ❷  ❸ 

CD 12-5

03 1) 이 방송은 어디에서 들을 수 있습니까?

____

2) 잃어버린 것은 무엇입니까? (　　)

❶  ❷  ❸ 

귀중품 EN valuables JP 貴重品 CH 贵重品
기내용 EN for in-flight purposes JP 機内用 CH 飞机专用
고객 센터 EN customer service center JP 顧客センター CH 顾客中心

CD 12-6

04

1) 이 방송은 어디에서 들을 수 있습니까?

____

2) 안내 방송의 내용과 관련된 그림을 고르십시오. (　　)

❶ 

❷ 

❸ 

➤ 물건을 잃어버리지 않으려면 어떻게 하는 게 좋을까요? 이야기해 봅시다.

미아보호소 EN missing child protection center JP 迷子保護所 CH 迷路儿童保护所
머리띠 EN hairband JP カチューシャ CH 发带

과제 3 읽고 쓰기

인터넷 게시판에 올라와 있는 분실물 광고입니다. 읽고 질문에 대답하십시오.

01

저는 지난 26일 일본 삿포로에서 YS항공을 타고 인천 공항에 온 마쯔 나나코입니다. 1990년생입니다. 외국 여행이 처음이라서 입국 수속과 짐을 찾는 일 때문에 정신이 없었습니다. 시간도 많이 걸렸습니다. 또 무슨 일인지 모르겠지만 인천 공항 출입국 사무소에 가서 짐 검사도 받았습니다. 그러는 동안 너무 당황해서 여권을 잃어버렸습니다. 여권을 가지고 계신 분은 연락 주십시오. 저는 현재 서울 친구 집에서 지내고 있습니다.

연락처: 010-123-4567 김지영

02

가방을 찾습니다. 9월 10일 2시 반쯤 고속 터미널 강남 서점 근처에서 가방을 잃어버렸습니다. 어깨에 메는 흰색 가방입니다. 크기는 좀 큰 편입니다. 가방의 양쪽에 주머니가 있습니다. 둥근 모양의 베이지색 열쇠고리가 달려 있습니다. 가방 안에 하늘색 지갑과 얇은 꽃무늬 카디건이 들어 있습니다. 엄마한테서 선물로 받은 가방이라서 꼭 찾고 싶습니다. 보셨거나 가지고 계신 분은 아래의 번호로 연락 주십시오. 찾아 주신 분에게는 감사의 선물을 드리겠습니다.

휴대전화: 010- 8765-4321

01

1) 잃어버린 물건이 무엇입니까?

____

2) 맞는 것에 모두 ✓하십시오.

□ 한국에 처음 왔다.
□ 이 사람은 휴대전화를 가지고 있다.
□ 출입국 사무소에서 짐 검사를 받았다.
□ 입국 수속과 짐 찾는 일 때문에 바빴다.

02

1) 잃어버린 물건이 무엇입니까? (　　)

❶
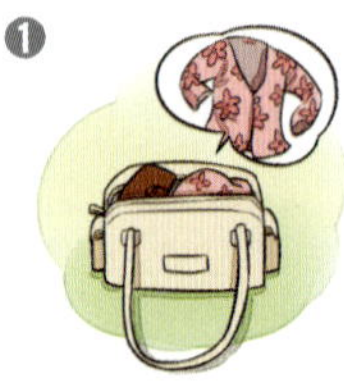
❷
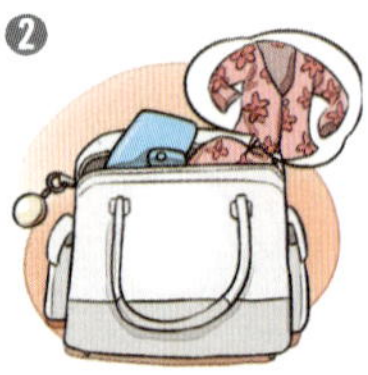
❸
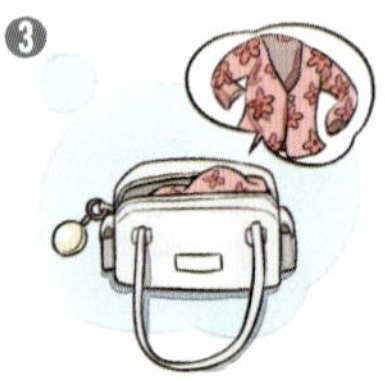
❹
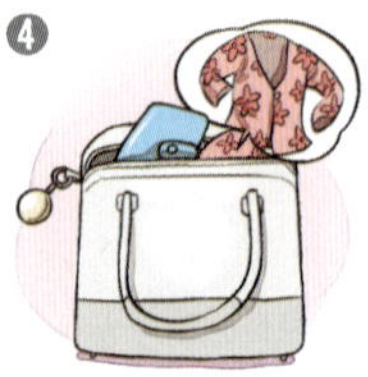

입국 수속 EN process of entry to a country JP 入国手続き CH 入境手续
정신이 없다 EN to be out of one's senses JP 気が気でない CH 没精神
당황하다 EN to be perplexed JP あわてる CH 慌张

2) 이 사람은 왜 이 물건을 찾고 싶어 합니까?

____

다음 중 하나를 골라 잃어버린 물건을 찾는 글을 써 보십시오.

잃어버린 물건		
잃어버린 장소	학생 식당	커피숍
잃어버린 시간	오후 1:30	오후 9시

화장실	지하철	공원
오전 11시	오후 10시쯤	저녁때쯤

읽어 봅시다

ㅎ소리 줄이기	모음 앞에서 받침 /ㅎ/은 거의 소리가 나지 않는다.
• 잃어버렸습니다[이러버렫씀니다]	어제 여권을 **잃어버렸습니다.**
• 넣어[너어]	사과를 봉지에 **넣어** 주세요.
• 쌓이니까[싸이니까]	눈이 **쌓이니까** 걸어 다니기가 힘들어요.
• 낳았어요[나앋써요]	우리 언니가 둘째 아이를 **낳았어요.**

제 13 과

다들 얼마나 만나고 싶었는지 몰라요

- **학습 목표** 방문 예절에 맞게 인사를 나눌 수 있다.
- **어휘** -들, 다, 동네
  방문 관련 어휘
- **문법** 얼마나 -는지 모르다, -던
- **과제** 방문 예절과 관련된 대화 듣고 이야기하기
  방문 관련 인사말 익히고 상황 역할 하기
  홈스테이 후 편지글 읽고 편지 쓰기

1 한국 사람 집을 방문한 적이 있습니까?
2 다른 사람 집을 방문하면 보통 무엇을 합니까?

CD 13-1,2

이 모 어서들 와요. 다들 얼마나 만나고 싶었는지 몰라요.

마이클 초대해 주셔서 감사합니다. 이거 받으세요.

이 모 뭐 이런 걸 다…… 집 찾기가 힘들지 않았어요?

마이클 제가 전에 살던 동네라서 쉽게 찾았습니다.

이 모 아, 그랬군요. 배 고프지요?
차린 건 별로 없지만 많이 드세요.

마이클 와, 뭘 이렇게 많이 차리셨어요?
정말 맛있겠는데요.

-들
EN referring to more than one person
JP (語尾や副詞について) みんなそれぞれ
CH -们(附加于非主语的句子成分后，表示主语为复数的助词)

동네
EN neighborhood
JP 町(近所)
CH 小区

어휘

초인종을 누르다
EN to push a doorbell
JP 呼び鈴を押す
CH 按门铃

인사를 드리다
EN to give a greeting
JP 挨拶をする
CH 问候

악수를 하다
EN to give a handshake
JP 握手をする
CH 握手

방석에 앉다
EN to sit on a cushion
JP 座布団に座る
CH 坐上坐垫

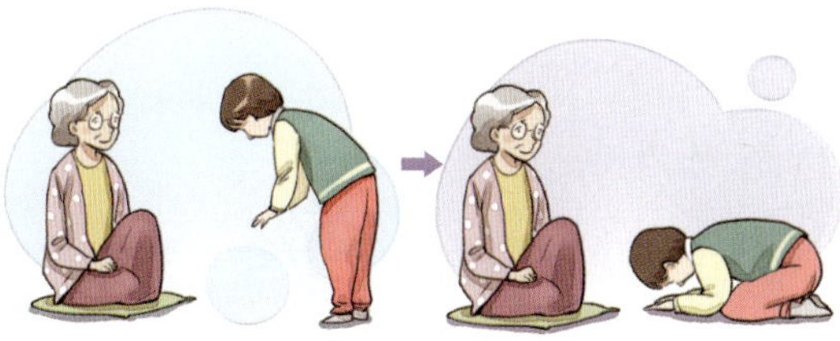

절을 하다
EN to bow down
JP お辞儀をする
CH 跪拜

신발을 벗다
EN to take off one's shoes
JP 靴を脱ぐ
CH 脱鞋子

슈테판 씨의 일기입니다. 알맞은 말을 넣으십시오.

슈테판의 일기

7월 30일 토요일 맑음

오늘 외삼촌 댁에 갔다. 외삼촌 댁 앞에서 "딩동 딩동" 초인종을 눌렀다~~었다/았다/였다~~. "슈테판이니?" 외삼촌과 외숙모가 현관 밖으로 나와서 반갑게 맞아주셨다. "그동안 잘 지내셨어요?"라고 1) ________________ 었다/았다/였다. 외사촌 누나와 결혼할 사람이 와 있어서 2) ________________ 었다/았다/였다. 현관에서 3) ________________ 고 들어갔다. "큰절 올리겠습니다"라고 말씀을 드리니까 외삼촌과 외숙모님은 4) ________________ 었다/았다/였다. 두 분이 앉으신 후에 5) ________________ 었다/았다/였다.

문법

1 얼마나 -는지 모르다, 얼마나 -은지/ㄴ지 모르다

- 요즘 우리 조카가 얼마나 귀여운지 몰라요.
- 우리 이모가 얼마나 음식을 잘 만드시는지 몰라요.
- 전화를 안 받아서 얼마나 걱정을 많이 했는지 몰라요.
- 한국 친구 집에서 윷놀이를 했는데 얼마나 재미있었는지 몰라요.

지난 주말에 한국 친구 집에 갔다 온 샤오밍 씨가 마이클 씨와 이야기합니다. 대화를 완성하십시오.

마이클: 주말에 한국 친구 집에 잘 갔다 왔어요? 뭘 사 가지고 갔어요?

샤오밍: 이 근처 마트에서 수박을 사 가지고 갔는데 얼마나 무거웠는지~~는지/은지/ㄴ지~~ 몰라요.

마이클: 친구 집 근처에 가서 사지 그랬어요? 날씨가 무더워서 더 힘들었겠군요.

샤오밍: 맞아요, 서울은 여름에 1)________________ 는지/은지/ㄴ지 몰라요.

마이클: 친구 집은 쉽게 찾을 수 있었어요?

샤오밍: 아니요, 2)________________ 는지/은지/ㄴ지 몰라요.

마이클: 친구 집은 아파트예요? 단독주택이에요?

샤오밍: 아파트인데 그날 엘리베이터가 고장이 나서 12층까지 걸어서 올라갔어요. 3)________________ 는지/은지/ㄴ지 몰라요.

마이클: 12층까지요? 날씨가 더워서 더 힘들었을 것 같아요.

샤오밍: 다리는 아팠지만 친구 집에 에어컨이 있어서 시원했어요.

마이클: 다행이네요. 맛있는 음식은 많이 먹었어요?

샤오밍: 네, 많이 먹었어요. 친구 어머니가 4)________________ 는지/은지/ㄴ지 몰라요.

마이클: 식사 후에는 뭘 했어요?

샤오밍: 한국어 단어 끝말잇기 게임을 했는데 5)________________ 는지/은지/ㄴ지 몰라요.

2 -던

- 내가 마시던 주스 버렸어?
- 먼저 퇴근하세요. 저는 하던 일 끝내고 퇴근할게요.
- 여기가 내가 아침마다 운동하던 공원이야.
- 여기가 대학교 때 친구들과 자주 가던 커피숍이에요.

마이클 씨가 식사 초대에 조금 늦게 도착했습니다. 질문에 대답하십시오.

문법

식사 후에 슈테판 씨가 제임스 씨와 이야기합니다. 질문에 대답하십시오.

과제 1 듣고 말하기

듣고 질문에 대답하십시오.

CD 13-3

01

1) 무엇에 대한 이야기입니까? (　　)

❶ 식사 예절
❷ 초대 예절
❸ 방문 예절
❹ 옷차림 예절

2) 맞는 것에 모두 ✓ 하십시오.

☐ 다른 사람의 집에 갈 때는 주인에게 가도 되는지 먼저 물어봐야 한다.
☐ 너무 늦은 시간에 가는 것보다 아침 일찍 가는 게 좋다.
☐ 문 밖에서 코트를 벗고 벗은 코트는 현관 근처에 놓는다.
☐ 다른 사람의 집에서 나올 때는 고맙다는 인사를 여러 번 오래 하는 것이 좋다.

CD 13-4

02

1) 여자는 무엇을 걱정하고 있습니까? 맞는 것을 고르십시오. (　　)

❶ 집을 잘 찾아갈 수 있을까?
❷ 집 안에서 맨발로 다녀도 될까?
❸ 신발을 벗고 들어갈 수 있을까?
❹ 처음 가는 집인데 어떻게 인사를 할까?

2) 맞는 것에 모두 ✓ 하십시오.

☐ 한국 친구가 이 사람을 초대했다.
☐ 이 사람은 한국 사람 집에 자주 갔다.
☐ 이 사람은 늘 양말을 신고 다닌다.
☐ 이 사람은 덧신을 신고 집 안에 들어갈 것 같다.

칭찬 EN praise / compliment JP 称賛 CH 称赞
폐를 끼치다 EN to trouble / to bother JP 世話になる/ 迷惑をかける CH 叨扰、添麻烦
정중하다 EN to be polite JP 礼儀正しく丁寧だ CH 郑重
실내용 EN for indoor use JP 室内用 CH 室内用
대접 EN treatment / hospitality JP もてなし CH 招待
맨발 EN barefoot JP 裸足 CH 光脚
덧신 EN overshoes JP 室内履き CH 鞋套

CD 13-5

03

1) 집 안의 어느 장소에서 필요한 예절입니까? 맞는 것에 ✓ 하십시오.

□ 친구의 방　　□ 거실　　□ 부엌　　□ 할머니의 방

2) 맞지 않는 것을 고르십시오. (　　)

❶ 앉아 있을 때 친구의 부모님이 나오시면 빨리 일어나야 한다.
❷ 친구 집에서는 친구가 앉으라고 하는 자리에 앉는 것이 좋다.
❸ 집 안에 들어가면 친구의 부모님이 나오실 때까지 서서 기다려야 한다.
❹ 절을 한 후에 할머니 할아버지가 편히 앉으라고 할 때까지 무릎을 꿇고 앉는다.

CD 13-6

04

1) 집 안의 어느 장소에서 필요한 예절입니까? (　　)

❶ 부모님의 방
❷ 친구의 방
❸ 친구 동생의 방
❹ 집 안 전체

2) 맞는 것을 고르십시오. (　　)

❶ 여자는 이성 친구의 방에 들어가면 안 된다.
❷ 이성 친구의 방에서는 앉지 말고 서 있는 것이 좋다.
❸ 한국 사람은 집에서 항상 방석에 앉아서 이야기한다.
❹ 이성 친구의 방에 들어갈 때는 방문을 조금 열어 놓는 것이 좋다.

여러분 나라의 방문 예절은 어떻습니까? 이야기해 봅시다.

권하다 EN to offer JP 勧める CH 劝、劝告
무릎을 꿇다 EN to kneel JP 正座をする CH 跪下
이성 친구 EN friend of the opposite sex JP 異性の友だち CH 异性朋友

과제 2 말하기

다음 표현을 익히고 집주인과 손님이 되어 상황 역할을 해 보십시오.

집주인

어서 오세요. / 들어 오세요. / 어서 들어와요.
말씀 많이 들었어요.
바쁘신데 이렇게 와주셔서 고마워요.
뭐 이런 걸 다 ……

많이 드세요.
천천히 많이 드세요.
맛은 없지만 많이 드세요.
차린 건 없지만 많이 드세요.
음식이 입에 맞을지 모르겠어요.
건배!

조심해서 가세요.
다음에 또 놀러 오세요.

손님

이렇게 초대해 주셔서 고맙습니다.
말씀 많이 들었습니다.
뭐라고 감사의 말씀을 드려야 할지 모르겠습니다.

상다리가 부러지겠는데요.
잘 먹겠습니다. / 맛있게 먹겠습니다.
요리 솜씨가 대단하네요.
잘 먹었습니다.
맛있어서 얼마나 많이 먹었는지 몰라요.
제가 먹은 ________ 중에 최고예요.

오늘 정말 감사합니다.
안녕히 계세요.
저희 집에도 놀러 오세요.

보기

주인: 어서들 오세요. 어서 들어와요.
손님: 안녕하세요? 이렇게 초대해 주셔서 고맙습니다.
주인: 바쁜데 와줘서 우리가 고마워요. 다들 올라오세요. 여기 슬리퍼를 신으실 분은 신으세요.
손님: 네, 고맙습니다.
주인: 그런데 길이 많이 막히지 않았어요?
손님: 네, 지하철을 타고 와서 괜찮았어요. 과일을 좀 샀는데요. 받으세요.
주인: 뭐 이런 걸 다 …… 그냥 오셔도 되는데.
손님: 초대를 해 주셨는데 빈손으로 올 수는 없지요.

상다리가 부러지다 EN to have a table full of food JP お膳の脚が折れる CH 压折饭桌腿(菜多得像要把桌腿给压折了一样)

과제 3 읽고 쓰기

홈스테이를 할 집의 정보입니다. 마음에 드는 집을 하나 고르고 그 이유를 말해 봅시다.

	A	B	C	D

집 형태	단독주택	한국 전통 주택	아파트	한국 전통 주택
가족	3인(부부, 딸1)	2인(부부)	4인 (부부, 아들1, 딸1)	5인 (할머니, 부부, 딸2)
애완 동물	강아지	없음	고양이	없음
가능 언어	영어&일본어	한국어	독일어&영어	영어&중국어
특기 사항	음악을 사랑하는 가족	-	독일어 사용자 환영	밝은 성격 여자 원함

유카 씨가 쓴 편지입니다. 읽고 질문에 대답하십시오.

아주머니께.
안녕하세요?
저는 지난달에 1주일 동안 홈스테이를 했던 유카입니다.
잘 웃고 뭐든지 잘 먹던 유카예요. 기억나세요?
그동안 잘 지내셨어요? 일본은 조금 추워졌는데 서울 날씨는 어떻습니까?
일본으로 돌아와서 빨리 연락을 드리려고 했는데 벌써 한 달이 지났네요.
편지가 늦어서 죄송해요.
제가 첫 한국 여행에서 아주머니와 아주머니의 가족을 만난 것은 행운이었어요.
친절하신 아저씨와 마음이 따뜻한 아주머니, 그리고 두 따님을 잊을 수가 없어요.
아주머니께서 서울 교통을 잘 가르쳐 주셔서 서울의 멋진 곳들을 쉽게 구경할 수 있었어요.
그리고 맛있는 한국의 전통 음식들도 먹어 볼 수 있었어요. 특히 아주머니와 함께 만들었던 궁중 떡볶이의 맛을 잊을 수가 없어요. 그때 그 떡볶이가 얼마나 맛있었는지 몰라요. 여기서 식당에 가서 먹어봤지만 그 맛이 아니었어요.
정말 고마웠습니다.
다음에 또 한국에 가면 아주머니 댁에서 지내고 싶습니다.
감기 조심하시고, 다음에 만날 때까지 건강하게 잘 지내세요.

11월 28일
도쿄에서 유카 올림

01 **누구에게 쓴 편지입니까?**

____

02 **왜 편지를 썼습니까? (　　)**

❶ 일본으로 초대하려고　❷ 홈스테이를 부탁하려고
❸ 감사의 마음을 전하려고　❹ 전통 음식을 만드는 방법을 물어보려고

여러분도 홈스테이의 경험이 있습니까? 홈스테이 가족에게 편지를 써 봅시다.

읽어 봅시다

흐름소리 1 /ㄹ/의 앞이나 뒤에서 [ㄴ] ➡ [ㄹ]	
• 연락[열락]	빨리 **연락**을 드리려고 했는데 한 달이 지났네요.
• 신라[실라]	1000년의 역사를 가진 **신라**의 수도, 경주로 오세요.
• 편리[펼리]	교통이 **편리**한 곳으로 이사했어요.
• 관람[괄람]	오늘이 전시회 마지막 날이어서 **관람**하려고 온 사람이 많다.

제 14 과

창가 자리로 달라고 하세요

- **학습 목표** 예약과 예약 확인을 할 수 있다.
- **어휘** 마지막, 멋지다, 창가 자리
  예약 관련 어휘
- **문법** -을 테니까, -어 달라고 하다
- **과제** 전화로 예약하기
  예약 관련 상황 듣고 말하기
  호텔 후기 글 읽고 호텔이나 식당 후기 쓰기

1. 한국에서 예약해 본 적이 있습니까?
2. 사람들은 보통 어떻게 예약합니까?

CD 14-1,2

마지막
EN final/ last
JP 最後
CH 最后

멋지다
EN to be fancy/ to be lovely/ to be splendid
JP すてきだ
CH 好看、帅

창가 자리
EN window seat
JP 窓際の席
CH 靠窗位置

샤오밍 우리 반 송별회를 어디에서 할까요?

유 리 마지막 모임이니까 멋진 곳에 갔으면 좋겠어요.

샤오밍 회사 회식 때 갔던 식당이 음식도 맛있고 분위기도 좋았어요.

유 리 그럼 거기로 가요.

샤오밍 제가 예약을 할 테니까 유리 씨가 친구들한테 연락해 주실래요?

유 리 네. 그리고 예약할 때 꼭 창가 자리로 달라고 하세요.

어휘

흡연석
EN smoking seat
JP 喫煙席
CH 吸烟席

금연석
EN non-smoking seat
JP 禁煙席
CH 禁烟席

창가 자리
EN window seat
JP 窓際の席
CH 靠窗座位

통로 자리
EN aisle seat
JP 通路側の席
CH 靠过道座位

왕복
EN round trip
JP 往復
CH 往返

편도
EN one-way
JP 片道
CH 单程

일반석
EN economy class seating
JP 一般席
CH 经济舱

비즈니스석
EN business class seating
JP ビジネス席
CH 商务舱

일반실
EN general admission room or partition
JP 一般室
CH 普通间

특실
EN special room or partition
JP 特室
CH 特等室

유리의 일기입니다. 대화를 완성하십시오.

유리의 일기

12월 15일 금요일 맑음

영주의 고향인 대구에 오기 위해서 오늘 처음 KTX를 타 봤다. 영주가 일반실이이/가 아니라 좌석이 넓은 1) ____________ 을/를 예약해서 무척 편했다. 영주가 다음에 일본 여행 갈 때도 싼 2) ____________ 이/가 아니라 비싼 3) ____________ 을/를 이용하자고 했다. 속으로 조금 걱정이 됐지만 웃으면서 그렇게 하자고 했다. 영주는 경치를 보라고 나에게 4) ____________ 에 앉으라고 했고 자기는 5) ____________ 에 앉았다. 화장실에 가기 편한 자리가 좋다고 했다. 기차 안은 모두 담배를 피울 수 없는 6) ____________ 이었다. 7) ____________ 이/가 없어서 담배 냄새를 싫어하는 나는 참 좋았다. 나는 3일 후에 서울에 돌아가야 해서 서울-대구 간 8) ____________ 표를 샀고 영주는 방학에 계속 대구에 있을 계획이어서 9) ____________ 표를 샀다. 대구에 도착해서 영주네 집에 왔다. 영주 부모님이 따뜻하게 맞아주셨다. 내일부터 할 대구 여행이 무척 기대된다.

문법

1 -을/ㄹ 테니까

- 이사 준비는 다 내가 할 테니까 너무 걱정하지 마.
- 오후에 비가 올 테니까 우산을 가지고 나가야 해요.
- 토요일이어서 사람이 많을 테니까 영화표를 예매하고 갑시다.
- 호텔은 제가 예약할 테니까 정희 씨는 렌터카를 예약해 주세요.

영주는 친구들과 소풍을 가려고 합니다. 대화를 완성하십시오.

영 주: 우리 이번 주말에 서울 숲 공원으로 소풍 가요.

마리아: 좋아요. 그럼 제가 김밥을 만들어 올을/ㄹ 테니까 다른 사람이 음료수를 가져 오세요.

영 주: 마리아 씨는 김밥을 만들어 본적이 없어서 1)________________을/ㄹ 테니까 제가 만들어 갈게요.

마리아: 그럼 제가 음료수를 가지고 갈까요?

유 리: 아니에요. 2)________________을/ㄹ 테니까 ________________.

영 주: 그래요. 공원 안에도 매점이 있으니까 거기에서 사면 돼요. 그런데 뭘 타고 갈까요?

샤오밍: 3)________________을/ㄹ 테니까 ________________.

마리아: 와, 샤오밍 씨, 차도 있었어요?

마이클: 아니에요. 주말이라서 4)________________을/ㄹ 테니까 ________________.

유 리: 그래요. 지하철이 더 빠를 것 같아요.

슈테판: 예약하면 서울 숲 공원 안내 프로그램도 이용할 수 있다고 해요.

영 주: 그래요? 그럼 5)________________을/ㄹ 테니까 ________________.

슈테판: 홈페이지 주소는 인터넷에서 쉽게 찾을 수 있을 거예요.
영주 씨는 김밥을 만들어야 하니까 제가 예약할게요.

2 -어/아/여 달라고 하다, 을/를 달라고 하다

- 식당 직원에게 금연석을 달라고 부탁했어요.
- 한국 친구에게 온돌방을 예약해 달라고 했어요.
- 지나가던 사람에게 길을 가르쳐 달라고 부탁했습니다.
- 어제 결석해서 유리에게 공책을 좀 보여 달라고 했어.

샤오밍 씨가 음식 동호회 게시판에 올린 글입니다. 알맞은 말을 넣으십시오.

저는 오늘 여자 친구 생일을 위해서 유명한 이탈리아 식당 '오페라'에 한 달 전에 예약했어요. 꼭 창가 자리를을/를 달라고 했는데 직원의 실수로 창가 자리가 예약이 안 돼 있었어요. 흡연석 밖에 없어서 거기에 앉았는데 담배 냄새가 너무 많이 났어요. 매니저에게 자리가 나면 1)__________어/아/여 달라고 했어요. 매니저가 알았다고 했지만 믿을 수 없었어요. 음식을 시키려고 했는데 손님이 많아서인지 아무리 기다려도 종업원이 오지 않았어요. 멀리 있는 종업원에게 큰 소리로 2)__________을/를 달라고 했어요. 물과 메뉴판을 받은 후 음식을 골랐어요. 종업원에게 3)__________을/를 달라고 했는데 이 집에서 제일 맛있는 음식은 벌써 다 팔렸다고 했어요. 여자 친구가 배가 고프다고 해서 제일 빨리 되는 음식으로 시켰어요. 음식이 나왔는데 다 식어 있었고 너무 짰어요. 종업원에게 4)__________어/아/여 달라고 했어요. 종업원은 진짜 이탈리아 음식은 짜다고 하면서 다시 만들어 줄 수 없다고 했어요. 저는 화가 나서 5)__________어/아/여 달라고 했지만 종업원은 매니저가 바빠서 올 수 없다고 했어요. 너무 화가 난 저는 식당 사장을 불러 달라고 했는데 식당 사장은 출근하지 않았다고 했어요. 저는 이제 '오페라'에는 가지 않으려고 해요. 여러분도 그 식당을 이용하실 때는 주의하세요!!

과제 1 말하기

예약을 해 봅시다.

호텔 도착일 / 호텔 출발일	2012년 12월 30일 / 2013년 1월 2일
사람 수	2인
방	1인용 침대 2개가 있는 방
전망	한강 전망
아침식사	있음

보기

직　원: 서울 남산 호텔입니다. 무엇을 도와 드릴까요?
유　리: 12월 30일에 가서 3박 하려고 하는데요.
직　원: 몇 분이세요?
유　리: 2명이에요.
직　원: 어떤 방으로 드릴까요?
유　리: 1인용 침대 2개가 있는 방으로 주세요. 한강이 보였으면 좋겠어요.
직　원: 알겠습니다. 아침 식사는 어떻게 할까요?
유　리: 아침 식사도 예약해 주세요.
직　원: 성함과 연락처를 말씀해 주세요.
유　리: 저는 다나카 유리입니다. 전화번호는 010-1234-5678입니다.
직　원: 확인해 드리겠습니다. 12월 30일부터 1월 2일까지 1인용 침대 2개가 있는 한강 전망의 방이 예약되었습니다. 체크인 시간은 오후 2시입니다. 예약하신 내용이 바뀔 때는 언제든지 전화해 주십시오.
유　리: 네, 감사합니다.

호텔	
도착	
출발	
사람 수	어른 □명 / 아이 □명
방	□ 산전망 □ 바다전망 □ 금연 □ 흡연
아침식사	

식당	
날짜와 시간	
사람 수	어른 □명 / 아이 □명
자리	□ 금연 □ 흡연 □ 창가 □ 안쪽
예약자	
휴대전화	
하고싶은말	

항공권	
표	□ 왕복 / □ 편도
출발 도시	
도착 도시	
가는 일시	
오는 일시	
사람 수	어른 □명 / 아이 □명
좌석	□ 일반석 / □비즈니스석 □ 1등석

문화

명절 때의 기차 예약

설날이나 추석 같은 명절에는 많은 한국인들이 고향에 가기 때문에 기차표를 사기가 무척 어렵습니다. 보통 명절 40일쯤 전에 예약 일정이 나오고 실제로 예약, 예매는 30일쯤 전에 할 수 있습니다. 명절 때는 열차를 더 많이 운행합니다. 그러나 많은 사람들이 사고 싶어하는 좋은 시간대의 표는 예약이 시작되면 금방 매진됩니다. 또 인터넷 예약이 시작되면 많은 사람들이 인터넷 사이트로 몰려 연결이 잘 안 될 수도 있습니다. 외국인들은 이때를 피하여 기차표를 예매하는 것이 좋겠습니다.

과제 2 듣고 말하기

듣고 질문에 대답하십시오.

CD 14-3

01

1) 영주는 어디에 왜 전화했습니까?

____________________ 에 □ 예약하기 위해서
□ 예약을 확인하기 위해서

2) 맞는 것에 ✓ 하십시오.

□ 영주는 내일 3시에 원장에게 머리를 할 것이다.
□ 영주는 파마를 하고 염색을 할 것이다.

CD 14-4

02

1) 샤오밍은 어디에 왜 전화했습니까?

____________________ 에 □ 예약하기 위해서
□ 예약을 확인하기 위해서

2) 맞는 것에 ✓ 하십시오.

□ 내일 6시에 열한 명이 예약한 곳에 갈 것이다.
□ 내일 샤오밍과 친구들은 전망 좋은 자리에 앉을 것이다.
□ 샤오밍이 부탁한 음식을 다 준비하기가 어렵다.

CD 14-5

03

1) 남자는 어디에 왜 전화했습니까?

____________________ 에 □ 날짜를 변경하기 위해서
□ 예매를 취소하기 위해서

2) 맞는 것에 ✓ 하십시오.

□ 남자는 9월 15일 8시에 뮤지컬을 보러 갈 것이다.
□ 남자는 수수료를 내야 한다.
□ 수수료 없이 계속 바꿀 수 있다.
□ 공연 이틀 전에 취소하면 환불 받을 수 있다.

여러분은 예약을 한 후 다시 전화한 적이 있습니까? 왜 전화를 했습니까?

성함 EN name(an honorific) JP お名前 CH 姓名(敬语)
빼다 EN to take out / to draw out JP 抜く CH 减去、除去
채식 EN vegetable diet JP 菜食 CH 素食

과제 3 읽고 쓰기

호텔 이용 후기 글입니다. 읽고 질문에 대답하십시오.

안녕하세요? 저는 이번 여름 휴가 때 가족과 같이 제주도에 여행을 다녀왔습니다. H 호텔에서 3박을 하고 S 리조트에서 3박을 했습니다. H 호텔은 여행사에서 예약했고 S 리조트는 인터넷으로 직접 예약했습니다.

H 호텔은 새로 만들어진 호텔이어서 아주 깨끗하고 멋있었습니다. 직원들도 친절했고 저희를 보면 늘 따뜻하게 웃어 줬습니다. 서비스도 좋아서 아이들 침대를 달라고 했는데 아이들 잠옷과 곰 인형, 실내용 슬리퍼까지 가져다 줬습니다. 하지만 수영장은 작고 가족들과 함께 쉴 곳이 별로 없었습니다. 또 수영장이 높은 층에 있어서 바람도 많이 부는 데다가 물도 좀 차가워서 아이들이 놀기가 어려웠습니다. 밤에는 밑에 있는 클럽의 음악소리가 크게 들려서 무척 시끄러웠습니다. 우리 가족들은 잠을 깊게 잘 수가 없었습니다.

S 리조트는 수영장이 참 좋았습니다. 아이들 수영장도 따로 있었고 수영장에서 계단으로 내려가면 바로 바다로 나갈 수 있었습니다. 그리고 이 리조트는 음식이 무척 맛있었습니다. 특히 수영장에서 먹었던 볶음 국수와 아침 식사 때 먹었던 계란 요리는 잊을 수가 없습니다. 하지만 호텔에 사람이 너무 많아서 그런지 직원들이 아주 친절하지는 않았습니다. 차에서 내렸을 때 여행 가방도 받아주지 않았고 질문을 해도 빨리 대답해 주지 않았습니다. 또 리조트 주변에 식당도 없고 가게도 없어서 조금 불편했습니다. 리조트 안에만 있어야 해서 조금 심심했습니다.

H 호텔은 신혼부부나 연인들이 가면 더 좋을 것 같습니다. S 리조트는 어린 아이들이 있는 가족들에게 추천해 주고 싶습니다.

01 위 글에서 H 호텔과 S 리조트에 대해 말하고 있지 않은 것은 무엇입니까? (   )

❶ 어디에서 예약했는가?
❷ 누가 이용하면 좋은가?
❸ 비용이 얼마나 드는가?
❹ 각각의 좋은 점과 나쁜 점은 무엇인가?

욕실 EN bathroom JP 浴室 CH 浴室
연인 EN one's love / sweetheart JP 恋人 CH 恋人
주변 EN surrounding JP 周辺 CH 周围

02 H 호텔과 S 리조트의 좋은 점과 나쁜 점을 연결하십시오.

좋은 점

H 호텔 •	• 호텔이 깨끗하고 멋있다
	• 수영장이 좋다
S 리조트 •	• 음식이 맛있다
	• 직원들이 친절하고 서비스가 좋다

나쁜 점

H 호텔 •	• 직원들이 친절하지 않다
	• 수영장이 작고 불편하다
S 리조트 •	• 시끄럽다
	• 주변에 편의시설이 없다

03 H 호텔과 S 리조트를 누구에게 추천하고 있습니까? 왜 그럴까요? 이유를 말해봅시다.

여러분도 호텔이나 식당의 이용 후기를 써 봅시다.

어디에 갔습니까?	
언제 갔습니까?	
누구와 같이 갔습니까?	
무엇이 좋았습니까?	
무엇이 나빴습니까?	
누구에게 추천하고 싶습니까?	

이용 후기

읽어 봅시다

흐름 소리 2 /ㄹ/의 앞이나 뒤에서 [ㄴ] ➡ [ㄹ]	
• 실내[실래]	아이들 잠옷과 **실내**용 슬리퍼를 가져다 줬습니다.
• 물놀이[물로리]	여름에 강이나 바다에서 **물놀이** 사고가 많이 납니다.
• 설날[설랄]	추석과 **설날**은 한국의 대표적인 명절입니다.
• 일년[일련]	**일년** 전에 한국에 왔어요.

제 15과

일 년 더 있게 됐어요

- **학습 목표** 송별회에서 미래 계획에 대해서 이야기할 수 있다.
- **어휘** 연구소, 언젠가는, 회장을 맡다
  직업 관련 어휘
- **문법** -게 되다, -어야겠다
- **과제** 송별회 모임에서 미래 계획 말하기
  송별회 대화 듣고 말하기
  미래 계획에 대한 글 읽고 자신의 미래 계획 써 보기

1 오랫동안 만난 친구들과 헤어질 때 어떻게 합니까?

2 여러분은 어떤 미래를 꿈꾸고 있습니까?

CD 15-1,2

연구소

EN research center
JP 研究所
CH 研究所

언젠가는

EN sometime
JP いつかは
CH 有一天

회장을 맡다

EN to take the role of president
JP 会長を担当する
CH 当会长

유 리　샤오밍 씨는 언제까지 한국에 계세요?

샤오밍　회사일 때문에 일 년 더 있게 됐어요. 유리 씨는요?

유 리　저는 한국에서 대학원을 마치고 연구소에서 일하고 싶어요.

슈테판　저도 언젠가는 한국에서 제 사업을 해 보고 싶어요.

마이클　저도 오래 오래 한국에 있어야겠는데요.

유 리　우리 모임을 만들어서 자주 만나요.

우리 모임의 회장은 샤오밍 씨가 맡는 게 어때요?

어휘

연구원
EN researcher
JP 研究員
CH 研究员

공무원
EN government employee
JP 公務員
CH 公务员

연예인
EN entertainer
JP 芸能人
CH 艺人

언론인
EN person of the press
JP 言論人
CH 新闻工作者

사업가
EN businessperson
JP 事業家
CH 事业家

정치가
EN politician
JP 政治家
CH 政治家

작가
EN writer
JP 作家
CH 作家

건축가
EN architect
JP 建築家
CH 建筑家

다음과 같은 말을 하는 사람은 어떤 직업이 어울릴까요?

보기 "멋있는 빌딩을 지어보고 싶어." 건축가

1) "나는 춤추고 노래할 때 행복해." ________

2) "내 회사를 가지는 게 꿈이야." ________

3) "안정된 직업이 최고야." ________

4) "기자가 되어 사람들에게 진실을 알리고 싶어." ________

5) "평생 글을 쓰면서 살고 싶어." ________

6) "대통령이 되어 많은 일을 하고 싶어." ________

7) "수학과 과학이 재미있어." ________

문법

1 -게 되다

- 회사 일로 출장을 가게 되었어요.
- 열심히 연습해서 한국말을 잘 하게 되었어요.
- 교통사고가 난 다음부터 운전을 싫어하게 되었어요.
- 급한 일이 생겨서 송별회에 참석을 할 수 없게 되었어요.

링링 씨와 흐엉 씨가 이야기합니다. 대화를 완성하십시오.

링 링: 저는 부모님 사업 때문에 한국에 오게 되었어요.
흐엉 씨는 왜 한국말을 배워요?

흐 엉: 저는 남편이 한국 사람이라서 1)＿＿＿＿＿＿＿＿게 되었어요.

링 링: 그러셨군요. 두 분이 2)＿＿＿＿＿＿＿＿게 되었어요?

흐 엉: 베트남에서 제가 남편에게 한국말로 통역을 해 주다가 3)＿＿＿＿＿＿＿＿게 되었어요.

흐 엉: 링링 씨는 학기가 끝나면 중국에 돌아가나요?

링 링: 아니요, 몇 년 더 있을 거예요. 여기에서 4)＿＿＿＿＿＿＿＿게 되었거든요.

흐 엉: 잘 됐네요. 저는 자원봉사 센터에서 5)＿＿＿＿＿＿＿＿게 되었어요. 우리 가끔 만나서 차도 마시고 얘기해요.

링 링: 좋아요. 제가 거기로 자주 놀러 갈게요.

2 -어야겠다/아야겠다/여야겠다

- 기차 시간에 늦지 않으려면 서둘러야겠어요.
- 날씨가 너무 나빠서 등산 약속을 취소해야겠어요.
- 송별회 때 친구들에게 줄 선물을 준비해야겠어요.
- 현금이 하나도 없어서 수업이 끝나는 대로 돈을 찾아야겠어요.

유리의 일기입니다. 알맞은 말을 넣으십시오.

12월 16일 바람이 불고 눈이 옴

날씨가 갑자기 추워졌다. 눈도 오고 바람도 분다. 우리 고향은 이렇게 춥지 않아서 두꺼운 겨울 코트가 필요 없었는데 서울은 너무 춥다. 내일 두꺼운 겨울 코트와 부츠를 사야겠다 ~~어/아/여야겠다~~. 추운 날씨 때문인지 콧물도 나고 기침도 난다. 비타민 C를 먹고 쉬었는데도 낫지 않는다. 내일 약국에서 1) __________ 어/아/여야겠다. 마리아도 감기 때문에 학교에 못 왔나? 자기 전에 마리아에게 2) __________ 어/아/여야겠다. 이번 주말에 마리아와 청계천에 예쁜 크리스마스트리를 보러 가기로 했는데 감기 때문에 걱정이다. 감기가 심해지면 3) __________ 어/아/여야겠다. 오늘 눈이 많이 와서 세상이 하얗게 변했다. 눈이 녹기 전에 4) __________ 어/아/여야겠다. 이제 서울을 떠날 날도 얼마 남지 않았다. 돌아가기 전에 5) __________ 어/아/여야겠다.

과제 1 말하기

송별회에서 어떤 이야기를 합니까? 친구와 이야기해 봅시다.

질문	유카	친구1
떠나는 날짜	이번 주 토요일	
한국 생활 이야기	학교 친구, 하숙집 식구들이 좋았다.	
앞으로의 계획	항공사 승무원이 되는 것	
연락처	이메일 주소	

보기

마이클: 유카 씨, 언제 떠나요?

유 카: 이번 주 토요일에 떠나요.
학교 친구들과 하숙집 친구들 모두 좋았는데 헤어지게 돼서 섭섭해요.

마이클: 일본에 돌아가서 뭘 할 거예요?

유 카: 졸업하고 항공사에 취직하려고 해요. 어렸을 때부터 승무원이 되고 싶었어요.

마이클: 승무원요? 예쁘고 친절한 유카 씨에게 잘 어울리네요.

유 카: 마이클 씨는 어떤 계획이 있어요?

마이클: 저는 한국에 대해서 더 공부해야겠어요. 아시아 지역 전문가가 되고 싶거든요.

유 카: 아, 그럼 일본에도 올 수 있겠군요. 일본에 오게 되면 연락하세요. 제 이메일 주소 아시죠?

섭섭하다 EN to be sad / to be sorry JP 寂しい、名残惜しい CH 可惜、遗憾
지역 전문가 EN regional specialist JP 地域専門家 CH 地域专家
항공사 EN airline company JP 航空会社 CH 航空公司
승무원 EN flight attendant JP 乗務員 CH 乘务员

과제 2 듣고 말하기

송별회 대화입니다. 듣고 질문에 대답하십시오.

CD 15-3

01

1) 이 사람들은 왜 송별회를 합니까?

____

2) 떠나는 사람은 무엇을 부탁합니까? (　　)

❶ 건배하자고 말한다. ❷ 군대에 같이 가 달라고 말한다.
❸ 자주 만나러 와 달라고 말한다. ❹ 훈련소에 같이 가 달라고 말한다.

CD 15-4

02

1) 이 사람들은 왜 송별회를 합니까?

____

2) 맞는 것에 모두 ✓ 하십시오.

□ 김 부장은 오래 전부터 사람들에게 회사를 그만 둔다고 말했다.
□ 떠나는 사람과 남는 사람 모두 섭섭해하고 있다.
□ 김 부장은 아내와 함께 농장을 만들었다.
□ 김 부장이 말하는 농장은 TV에 소개된 적이 있다.

CD 15-5

03

1) 이 사람들은 왜 송별회를 합니까?

____

2) 맞는 것에 모두 ✓ 하십시오.

□ 선배는 외국에서 5년쯤 공부할 것이다.
□ 선배는 유학 가기 전에 결혼을 할 것이다.
□ 선배의 남자 친구도 이번에 같이 유학을 떠난다.
□ 두 사람은 연락을 자주 할 것 같다.

깎다 EN to shave / to cut JP (髪を)刈る CH 剃(头)、剪(发)
훈련소 EN training center JP 訓練所 CH 训练所
군대 EN army JP 軍隊 CH 军队
농사를 짓다 EN to farm JP 農業をする CH 做农事、种田
면회 EN interview / meeting JP 面会 CH 会面
농장 EN farm / plantation JP 農場 CH 农场

CD 15-6

04

1) 두 사람은 어떤 사이일까요?

____

2) 맞는 것에 모두 ✓ 하십시오.

□ 두 사람은 서울 시내 구경을 아주 좋아한다.
□ 여자는 요리책을 샀다.
□ 두 사람은 다 고향에 돌아가서 한국 음식을 만들 것 같다.
□ 남자의 가족들은 캐나다에 있다.

여러분은 한국 생활에서 무엇이 좋았습니까? 이야기해 봅시다.

과제 3 읽고 쓰기

읽고 대답하십시오.

저는 중국에서 온 팡팡입니다. 한국 대학에서 한국어와 문화를 공부하고 있습니다. 어렸을 때의 꿈은 어머니처럼 공무원이 되는 것이었습니다. 그런데 중학교 때 우연히 한국 드라마를 보고 한국에 대한 관심이 생겼습니다. 그리고 드라마에 나오는 한국말을 자막 없이 이해하고 싶어서 한국말을 배우게 되었습니다. 지금은 한국에서 대학원을 졸업하고 중국으로 돌아가서 대학에서 한국어를 가르치고 싶습니다.

처음 한국에 왔을 때는 한국 사람들 말을 알아듣기 힘들었고, 한국말로 이야기하는 것도 무서웠습니다. 한국 생활에 빨리 익숙해지기 위해서 한국 드라마를 좋아하는 사람들의 모임에 나가기 시작했습니다. 모임에서는 저처럼 한국 드라마를 좋아해서 한국말을 배우게 된 여러 나라 친구들을 만날 수 있었습니다. 그 친구들과 이야기하면서 한국말로 이야기하는 것이 무섭지 않게 되었습니다. 한국말을 잘 하는 친구들이 많아서 한국말 공부에 도움도 받을 수 있습니다. 요즘은 외국 친구들과 함께 드라마 대사를 외워서 배우처럼 말하는 연습을 하고 있습니다. 한국말 실력이 좋지 않아서 시간이 많이 걸리지만, 내가 드라마 속의 주인공이 된 것 같아 정말 재미있습니다. 학교 친구들과도 많이 친해져서 한국말 공부가 재미있고 한국 문화도 더 잘 이해하게 되었습니다. 아직은 많이 부족하지만 열심히 하면 언젠가 학생들을 잘 가르칠 수 있는 선생님이 될 거라고 생각합니다. 그 꿈을 이루기 위해 하루하루 열심히 노력하고 있습니다.

01 팡팡 씨는 어렸을 때 꿈이 무엇이었습니까? 지금의 꿈은 무엇입니까?

____

02 팡팡 씨는 어떻게 한국말을 배우게 되었습니까?

____

03 팡팡 씨는 꿈을 이루기 위해서 요즘 무엇을 하고 있습니까? (　　)

❶ 드라마를 만들고 있다.
❷ 연기를 열심히 배우고 있다.
❸ 공무원 시험 준비를 하고 있다.
❹ 한국말을 열심히 공부하고 있다.

자막 EN subtitles / credits JP 字幕 CH 字幕

꿈을 이루다 EN to fulfill a dream JP 夢をかなえる CH 梦想成真

표를 채우고 여러분도 자신의 꿈에 대해서 글을 써 봅시다.

여러분의 꿈은 무엇입니까?	
왜 그 꿈을 갖게 되었습니까?	
꿈을 이루기 위해서 무엇을 하고 있습니까?	

내 꿈은...

읽어 봅시다

흐름소리 이음 /ㄹㄹ/	
• 걸려요[걸려요]	대화를 외울 때 시간이 많이 **걸려요.**
• 별로[별로]	겨울인데도 **별로** 춥지 않아요.
• 몰라서[몰라서]	여행사 직원이 뭐라고 물었는데 잘 **몰라서** 답답했다.
• 빨래[빨래], 말려서[말려서]	**빨래**를 잘 **말려서** 아래 서랍에 넣으세요.

3주완성
연세 한국어

연세대학교 한국어학당 편

5 부록

1. 번역 (영어 · 일본어 · 중국어)
2. 문법 활용연습
3. 듣기 지문
4. 모범 답안
5. 색인

연세대학교 대학출판문화원

3주완성
연세 한국어

연세대학교 한국어학당 편

5 부록

1. **번역** (영어 · 일본어 · 중국어)
2. **문법 활용연습**
3. **듣기 지문**
4. **모범 답안**
5. **색인**

연세대학교 대학출판문화원

Preface

Having the highest reputation in Korean language education for more than 50 years, the Korean Language Institute of the Yonsei University Language Research and Education Center has compiled a large quantity of textbooks to enhance the quality of the Korean Language Education.

With the recent rise of the 'Korean Wave', the Korean culture is now spreading beyond the region of Asia to America and Europe and all over the world. As a result, the interest and demand to learn the Korean language is increasing. In the past, the students of Korean language education were mostly overseas Koreans and some foreigners, but now there is a growing tide of Korean language learners with different objectives and requests. For this reason, the demands of the learners for textbooks have also become diverse.

Over the years, the Yonsei University Language Research and Education Center Korean Language Institute has continuously developed and published textbooks that met the objectives and demands of many different learners such as those with goals for employment or further studies as well as the children of overseas Koreans. This textbook 'Yonsei Korean in 3 Weeks 5' was published for the learners who desire to learn the Korean language through a 60 hour course. It introduces essential vocabulary, grammar, and Korean culture and ways of thinking with interesting topics for foreigners to expand their understanding of Korea and the Korean language. It also includes a variety of tasks in order to develop balanced skills in vocabulary, grammar, listening, speaking, writing, and reading

The objective of learning a language is to increase communication skills as well as understand the society and culture of the targeted language. We are confident that this textbook will be very helpful to learners who seek to learn the Korean language and culture in a short amount of time. We believe it will also play a large role in the overall development of Korean language textbooks.

We hope that this textbook 'Yonsei Korean in 3 Weeks 5' will be a great help to not only the learners studying at the Korean Language Institute of the Yonsei University Language Research and Education Center, but to all learners in Korea and around the world who want to learn the Korean language and culture within a short period of time. The Textbook Compilation Committee at the Yonsei University Language Research and Education Center Korean Language Institute will continue to do our best to meet the requests and expectations of learners in the future.

Yonsei University Language Research and Education Center
Korean Language Institute Textbook Compilation Committee

はじめに

50年以上を韓国語教育に邁進してきた延世大学校韓国語学堂は、韓国内最高の歴史と名声にふさわしくこれまでに多くの韓国語教材の編纂と関連研究をしてきたことで韓国語教育を先導してきた。

特に最近では停滞していた韓流がアジア地域だけにとどまらず、アメリカ地域やヨーロッパ至るまで全世界に拡散されながら韓国と韓国文化が世界に伝わり、これによって韓国語に対する関心と需要も増えている。以前は海外同胞や一部の外国人を中心に行われてきた韓国語教育が、今では多様な目的と要求を持つ学習者を対象に拡大の傾向にあり教材に対する需要もこれとともに多様になってきている。

延世大学校韓国語学堂はこれまで一般の目的の韓国語学習者だけではなく職業目的の学習者、学問目的の学習者、海外同胞の子女など多様な対象の目的と需要に合わせた教材を持続的に開発、出版してきた。今回出版する'3週完成延世韓国語5'は60時間用教材で短期間で韓国語を学ぼうとする学習者を対象に作った教材だ。よって外国人が興味を持っているテーマを中心に必須語彙や文法、文化や考え方を紹介することで韓国語と韓国についての理解を広げることに努めた。特にこの教材は語彙力や文法理解力および話す、聞く、書く、読むの領域をバランス良く向上させることができるように多様な課題を含むことによって学習効果を高めようと構成した。

言語教育は目標語を通じたコミュニケーション能力の向上とともに目標言語の社会や文化を理解させるのにその目的がある。この教材は短い期間に韓国語を学び韓国文化を知ろうとする学習者に大いに役に立つと確信し、韓国語教材の発展にも大きな役割を担うだろうと思う。

'3週完成延世韓国語5'が延世大学校言語研究教育院韓国語学堂で学習する学習者たちだけではなく韓国内、国内で短期間で韓国語と韓国文化を学びたい多くの学習者たちに役立つことを願い、延世大学校言語研究教育院韓国語学堂教材編纂委員会は今後も学習者の要求と期待に応える教材開発のために最善を尽くしたい。

延世大学校言語研究教育院
韓国語学堂教材編纂委員会

前言

有着50年以上韩国语教育历史的延世大学韩国语学堂，与其悠久的历史及盛名相符，曾编写了各类韩国语教材并做了不少相关研究，引领着韩国语教育的发展。

最近，曾停滞一时的韩流风潮开始逐渐超出亚洲范围，扩散到了美洲、欧洲等世界各地，韩国及韩国文化在世界范围内得到了广泛传播，与之相连的，大家对韩语的兴趣和需求也在慢慢的增加。以前主要以海外同胞和一部分外国人为中心的韩国语教育，现在逐渐有了以持有各种目的和要求的学习者为对象的扩大化趋势，因此对教材的需求也开始变得多样化起来。

延世大学韩国语学堂在此期间不仅针对一般的韩国语学习者，还针对有求职需求的学习者，有升学目的的学习者，海外同胞的子女等有着各种各样目的及需求的学习对象，持续不断地开发、出版了各类教材。本次出版的'3周速成延世韩国语5'作为60学时用教材，是针对短期韩国语学习者而编写的教材。主要以外国人感兴趣的主题为中心，介绍了必要的词汇、语法、文化和思维方式，以便加深学习者对韩国语及韩国的理解。尤其是本教材为了使学习者的词汇能力、语法理解力和听说读写各能力得到均衡的发展，加入了多样化的练习，以确保学习效果的提高。

语言教育的目标是为了通过目的语来提高交际能力，并理解使用这种目的语的社会和文化。本教材能够对短时间内学习韩国语并想了解韩国文化的学习者提供很多的帮助，并为韩国语教材的发展承担起自己的一份责任。

'3周速成延世韩国语5'不仅适用于延世大学语言研究教育院韩国语学堂的学习者，也适用于国内、国外短期内学习韩国语和韩国文化的所有学习者，希望为他们提供很大的帮助。延世大学语言研究教育院韩国语学堂教材编写委员会今后将不负学习者的要求和希望，为教材的开发贡献自己最大的力量。

延世大学语言研究教育院
韩国语学堂教材编写委员会

Introduction

- The 'Yonsei Korean in 3 Weeks 5' was written for the foreigner and overseas Korean students who seek to learn the Korean language within a short amount of time. As a textbook for intermediate learners, this was written to help the learner have a wider understanding of Korea with the necessary lessons in vocabulary, grammar, culture, and way of thinking.

- 5 characters appear in the 'Yonsei Korean in 3 Weeks 5' and the 15 lessons consist of dialogues about the everyday life of these characters.

- Each chapter of this textbook includes a chapter title, objective, illustration and introductory questions, dialogue, vocabulary words, grammar, tasks, pronunciation and culture.

- The chapter title for each lesson is an important sentence taken from the chapter dialogue.

- The objective for each chapter presents a communication skill and task necessary to learn in order to motivate the learner and help promote a clearer understanding of the chapter.

- The main dialogue of each chapter was created with the intention to make it the most typical and representative type of dialogue concerning a targeted theme. Each dialogue is made up of 6-11 sentences with 3 turns of dialogue. An illustration and a couple of questions come before the dialogue to help the learner become interested in the content of the conversation.

- Words from the reading task that need special attention with pronunciation are presented separately to help the learner practice the words with accurate pronunciation.

- The main chapter dialogues are presented in English, Japanese, and Chinese to help the learner easily understand the context and content of the dialogue.

- The selected vocabulary words for the theme of each chapter that the learner must know are presented with illustrations to help with understanding meaning. There are 369 words presented in 'Yonsei Korean in 3 Weeks 5.'

- The grammar and sentence pattern lessons that come from each chapter's main dialogue are explained in the learner's native language. Following that, the example sentences are in Korean and are translated into the native language of the learner. After the grammar presentation, practice questions are included to help the learner check what he or she has learned.

- There are 3 tasks for each chapter which are consistent with the communication skill presented in the chapter objective. The tasks adequately address the four skills of speaking, listening, reading, and writing, and for the beginner stage, a greater emphasis is made on speaking and listening.

- The culture section that pertains to the theme of the chapter and helps in understanding the Korean language includes an explanation and photograph or drawing.

- The sample answers present the answers to the vocabulary and grammar practice. When needed, sample answers to the tasks are also illustrated.

- In the index of vocabulary and grammar, the new vocabulary, including the vocabulary related to themes, and grammar lessons are organized in Korean alphabetical order.

- As a supplement, translation, grammar practice, listening script, sample answers and index are provided for the learner's confirmation of the chapter's contents and self-study of the targeted grammar lessons.

凡例

- '3週完成延世韓国語5'は短期間に韓国語を学ぼうとする外国人および在外同胞の学習者のための中級段階の教科書で、中級段階で必ず知らなくてはてはいけないテーマを中心に扱い、これといっしょに必須の語彙や文法、考え方を紹介しながら韓国についての理解を広げようとしている。

- '3週完成延世韓国語5'は5名の主要人物が登場し、登場人物の日常生活を中心に本文の会話内容を15の課で構成した。

- 本教材は課名、学習目標、イラストと導入質問、会話、語彙、文法、課題、発音、文化で構成されている。

- 各課のタイトルは本文の会話内容の中の主要な文章で示した。

- 各課の目標は該当の課で学習しなくてはならないコミュニケーション機能や課題を中心に示し、学習者たちの学習動機を誘発し、課に対する理解を促進させるのに役立つようにした。

- 本文の会話は各課のテーマに関連した一番典型的で代表的な会話の状況を設定しようと努力し、6~11つの文章、3組の会話で構成した。会話の前にはテーマに関連したイラストと質問を入れ学習者たちが会話内容に興味をもって接することができるよう誘導した。

- 読解課題で注意しなくてはならない発音は別に示し、正確な発音を練習できるようにした。

- 本文の会話内容を英語、日本語、中国語で示し、学習者が会話の脈絡や状況および内容を易しく理解できるようにした。

- 語彙は各課のテーマ別に必ず知らなくてはならない語彙を選定して示し、関連イラストとをいっしょに示して意味を簡単に理解できるようにした。'3週完成延世韓国語5'で示した単語は369語である。

- 文法は各課に示した重要な文法や文型の意味や用法を学習者の母国語で説明するとともに、韓国語と学習者の母国語で翻訳された例文を示した。文法提示のあとには練習問題を付け加え勉強した内容を学習者が点検できるようにした。

- 課題は学習目標で示したコミュニケーション機能に一致するもので各課ごとに３つずつ示した。課題は話す、聞く、読む、書くの4機能を適切に行えるように提示し、中級課程で要求される話す、聴くの比重を高く構成した。

- 文化は課のテーマに関連し韓国語を理解するのに役に立つ場合に文化コンテンツを説明、写真、絵などを通じて示した。

- 模範答案は語彙や文法練習の模範答案を示し、必要な場合、課題の模範答案も例示した。

- 語彙と文法索引では各課で扱われた本文の新出単語、テーマに関連した語彙や主要文法をそれぞれカナタ順で整理して示した。

- 付録で翻訳、文法活用練習、聞取りスクリプト,模範答案と索引をもうけ、学習者が該当の課の内容が確認できるようにするとともに目標文法を自習することができるようにした。

凡例

- ‘3周速成延世韩国语5’是为了给在短时间内学习韩语的外国人及侨胞学习者而编写的中级阶段教材。教材以中级阶段必须掌握的主题为中心，包括了该阶段必须的词汇和语法，并通过对文化和思维方式的介绍来加深学生对韩国的了解。

- ‘3周速成延世韩国语5’中有5名主要人物登场，对话内容皆以这5名人物的日常生活为中心而展开，来组成15篇课文。

- 本教材以题目、学习目标、插话及导入问题、对话、词汇、语法、课堂练习、发音，还有文化构成。

- 每课的题目是课文对话内容中的一个重要句子。

- 每课的目标展示的是学习者在该课所应该掌握的交际技能以及课堂练习，来诱发学习者的学习动机，帮助促进对课文的理解。

- 课文对话致力于设定与每课主题相关的最为典型、最具代表性的对话情景，一般由6~11个句子，即3组对话构成。在对话前面加入题目及相关的插话和提问，可以使学习者对对话内容产生兴趣。

- 将阅读练习中应该注意的发音另外加以展示，可以使学习者练习正确的发音。

- 将课文对话的内容加入英语、日语、汉语翻译，可以帮助学习者更容易地掌握对话的脉络、情况及内容。

- 词汇部分的设定，一般是各课的主题下所必须掌握的词汇，配上相关的插话，可以帮助学习者更容易地理解其意思。‘3周速成延世韩国语5’中共有369个单词。

- 语法部分，将各课对话中所包含的重要语法或句型的意思及用法，用学习者的母语进行说明，并同时给出韩语例子及学习者的母语翻译。在语法说明之后加上相应的练习，可以帮助学习者对所学内容进行检验。

- 课堂练习部分，与学习目标中所提出的交际技能想呼应，每课共有3项练习。练习部分注重听、说、读、写四种技能的训练，并与中级课程的要求相配合，侧重于听和说的练习。

- 文化部分主要是与各课主题相关的，能帮助理解韩语的内容，包括文化内容的说明、照片、图片等。

- 标准答案部分主要是给出了词汇及语法练习的答案，必要时也包括了课堂练习标准答案。

- 词汇与语法索引部分，对每课出现的课文新词汇、与主题相关的词汇及主要语法项目以‘가나다’的顺序进行整理展示。

- 附录包括翻译、语法练习、听力原文、标准答案和索引，以便学习者能够确认相应单元的内容，同时也能够对目标语法进行自学。

Contents Map

Chapter	Title	Task	Vocabulary	Grammar
1	I am learning Korean in order to study at a Korean university	Task 1 Interview on motives for studies Task 2 Choosing a friend for language exchange Task 3 Writing a written self introduction to post up on the school bulletin	Vocabulary related to motives for studying	-기 위해서 이라서
2	I do my homework while listening to Korean music	Task 1 Inquiring about our classmates' hobbies Task 2 Listen to the hobby activities and make a riddle about a hobby Task 3 Read a club advertising poster and make your own club poster	Vocabulary related to hobbies	-으면 -을수록 -으면서
3	I don't think it's open on the weekends	Task 1 Talking about using school facilities Task 2 Listen to the public announcement about the school and dormitories Task 3 Read the dormitory guidelines and write an inquiry	Vocabulary related to school facilities	-거든요 -을걸요
4	They give a big discount compared to the banks in the city	Task 1 Listen to voice guidance for the ATM and talk about your experience with using the ATM Task 2 Listen to a conversation about using the bank and talk about it Task 3 Read an article about credit cards and write your suggestions	Vocabulary related to using the bank	에 비해서 -는 편이다
5	They say that it'll rain all weekend	Task 1 Look at the weather forecast and talk about scheduling details for a trip Task 2 Listen to a weather forecast Task 3 Read a weather forecast blog and write your own forecast	Vocabulary related to the weather	-는다고 하다/ -냐고 하다 -더군요
6	My aunt told me to take a ride on this bus	Task 1 Recommend a tour course Task 2 Listen to a conversation about an inquiry for a tour and listen to an advertisement about a tour Task 3 Read about an introduction to a walking tour course and make reservations on the website	Vocabulary related to tours	-어지다 -으라고 하다/ -자고 하다
7	I thought we couldn't stay the night here	Task 1 Choosing a cultural experience and making plans Task 2 Listen to a story about a trip and talk about it Task 3 Read the results of a survey and write your thoughts	Vocabulary about a cultural experience	-는 줄 알다 -었던

Chapter	Title	Task	Vocabulary	Grammar
8	My throats hurts and I keep coughing on top of that	Task 1 Read about medication you can buy at a pharmacy and talk about it Task 2 Talk about your symptoms at the pharmacy and buy medicine Task 3 Listen to a story about a folk remedy and write about it	Vocabulary related to symptoms	-는 데다가 -나 보다
9	It's not getting any better even after taking medicine	Task 1 Talk about your symptoms at the hospital and write about your experience using the hospital Task 2 Using health insurance, the emergency room, and a herb clinic Task 3 Read some information about an international medical office and talk about it	Vocabulary related to the hospital	-는데도 -네요
10	You can lose weight in a healthy way only when you exercise	Task 1 Talk about common sense concerning health Task 2 Listen to a public announcement about health information and talk about it Task 3 Read an article on health and dieting and write your thoughts	Vocabulary related to health	-어야 -을래요?
11	We were invited so we can't go empty-handed	Task 1 Making invitation plans Task 2 Listen to a conversation about invitations and presents Task 3 Read an invitation card and write your own invitation card	Vocabulary related to invitations	-잖아요 -지 그래요?
12	What was in the shopping bag?	Task 1 Read an article about the Subway Station Lost Items Center and talk about it Task 2 Listen to a public announcement about lost items and missing children and talk about it Task 3 Read an advertisement about a lost item and write one about finding a lost item	Vocabulary related to how objects are shaped or formed	-어 있다 -는 대로
13	You have no idea how much I wanted to meet all of you	Task 1 Listen to a conversation about etiquette during visitations and talk about it Task 2 Learn different greetings for visitations and participate in a situational role play Task 3 Read a letter written after a homestay and write your own letter	Vocabulary related to visitations	얼마나 -는지 모르다 -던
14	Ask for window seating	Task 1 Making reservations by phone Task 2 Listen to a reservation situation and talk about it Task 3 Read a review about a hotel and write your own review about a hotel or restaurant	Vocabulary related to reservations	-을 테니까 -어 달라고 하다
15	I'm going to stay another year	Task 1 Talk about future plans at a farewell gathering Task 2 Listen to a conversation at a farewell party and talk about it Task 3 Write about your own future plans	Vocabulary related to occupations	-게 되다 -어야겠다

内容構成

単元	タイトル	課題	語彙	文法
1	韓国で勉強するために韓国語を学びます	課題1 学習動機をインタビューする 課題2 言語交換(ランゲージエクスチェンジ)友達を選択する 課題3 学校の掲示板に掲示する自己紹介書を書く	学習動機に関連する語彙	-기 위해서 이라서
2	韓国の歌を聴きながら宿題をします	課題1 クラスメートの趣味を調査する 課題2 趣味を聞いて趣味に関するなぞなぞを出す 課題3 サークルのポスターを読んでサークルのポスターを作る	趣味に関連する語彙	-으면 -을수록 -으면서
3	週末は門が開いてないと思います	課題1 学校の施設利用に対して話す 課題2 学校と寄宿舎の案内放送を聴く 課題3 寄宿舎の案内文を読んで問い合わせの文を書く	学校の施設に関連する語彙	-거든요 -을걸요
4	市内の銀行に比べて割引をたくさんしてくれるんですね	課題1 現金自動引き出し機の音声案内を聴いて使用経験を話す 課題2 銀行を利用する会話を聞いて話す 課題3 カードに関連した記事を読んで望む点を書く	銀行利用に関連する語彙	에 비해서 -는 편이다
5	週末の間ずっと雨が降るそうです	課題1 天気予報を見て旅行の細部日程を話す 課題2 天気予報を聞く 課題3 ブログの日記を読んで日記を書く	博物館に関連する語彙彙	-는다고 하다 -냐고 하다 -더군요
6	おばがこのバスに乗ってみろといいました	課題1 観光コースを推薦する 課題2 観光の問い合わせに関連した会話と広告を聞く 課題3 徒歩観光コース紹介を読んでウェブページで予約する	観光に関連する語彙	-어지다 -으라고 하다/ -자고 하다
7	民泊はできないのかと思っていました	課題1 文化体験選択と日程作り 課題2 旅行関連の話を聞いて話す 課題3 アンケート結果を読んで考えを書く	文化体験に関連する語彙	-는 줄 알다 -었던

単元	タイトル	課題	語彙	文法
8	のどが痛いうえに何度も咳が出ます	課題1 薬局で買うことができる薬に関する文を読んで話す 課題2 薬局で症状を話し薬を買う 課題3 民間療法に関する話を聞いて文を書く	症状に関連する語彙	-는 데다가 -나 보다
9	薬を飲んだのに治りません	課題1 病院で医師に症状を話し、病院利用経験を書く 課題2 医療保険、救急治療室、漢方医院を利用する 課題3 国際診療所の案内文を読んで話す	病院に関連する語彙	-는데도 -네요
10	運動をしてこそ健康に体重を減らすことができます	課題1 健康の常識について話す 課題2 健康情報番組を聞いて話す 課題3 健康・ダイエットについての文を読んで考えを書く	健康に関連する語彙	-어야 -을래요?
11	招待を受けたのに手ぶらで行けないじゃないですか	課題1 招待の計画を立てる 課題2 招待とプレゼントに関する会話を聞く 課題3 結婚式の招待状を読んで招待状を書く	招待に関連する語彙	-잖아요 -지 그래요?
12	ショッピングバックの中に何が入っていますか	課題1 地下鉄の遺失物センターに対する文を読んで話す 課題2 遺失物と迷子に対する案内放送を聞いて話す 課題3 紛失物の広告を読んで紛失物を探す文を書く	物の形、形態に関連する語彙	-어 있다 -는 대로
13	みんなどんなに会いたかったかわかりません	課題1 訪問のマナーに関連した会話を聞いて話す 課題2 訪問関連の挨拶を練習し状況に合った役割を演じる 課題3 ホームステイの後の手紙を読んで手紙を書く	訪問に関連する語彙	얼마나 -는지 모르다 -던
14	窓際の席にしてくれといってください	課題1 電話で予約する 課題2 予約関連の状況を聞いて話す 課題3 ホテルの感想などを読んでホテルや食堂の感想を書く	予約に関連する語彙	-을 테니까 -어 달라고 하다
15	もう一年いることになりました	課題1 送別会で未来の計画を話す 課題2 送別会の会話を聞いて話す 課題3 未来の計画に対する文を読み、自分の未来の計画を書いてみる	職業に関連する語彙	-게 되다 -어야겠다

内容构成

课	题目	课堂练习	词汇	语法
1	为了在韩国大学学习，我学习韩语	课堂练习1 询问学习动机 课堂练习2 选择语言交流的朋友 课堂练习3 写作上传到学校公告栏的自我介绍书	有关学习动机的词汇	-기 위해서 이라서
2	我一边听韩国歌，一边做作业	课堂练习1 调查同班同学的爱好 课堂练习2 听兴趣活动的说明并说说有关爱好的谜语 课堂练习3 阅读并制作社团宣传海报	有关爱好的词汇	-으면 -을수록 -으면서
3	周末可能不开门	课堂练习1 对学校设施使用进行对话 课堂练习2 听介绍学校以及宿舍的广播 课堂练习3 阅读宿舍指南并练习询问的写作	有关学校设施的词汇	-거든요 -을걸요
4	与市内银行相比，折扣很多呢！	课堂练习1 听自动取款机语音指南并说说使用经历 课堂练习2 听关于利用银行的对话并说一说 课堂练习3 阅读有关银行卡的报道并写出你对银行卡的建议	有关利用银行的词语	에 비해서 -는 편이다
5	听说周末一直下雨	课堂练习1 看天气预报并谈谈旅行的详细计划 课堂练习2 听天气预报 课堂练习3 阅读博客日记并进行日记写作	有关天气的词语	-는다고 하다/ -냐고 하다 -더군요
6	姨妈让我坐这班巴士	课堂练习1 推荐观光路线 课堂练习2 听有关观光咨询的对话以及广告 课堂练习3 阅读介绍徒步观光路线的网页并在网页上预约	有关观光的词汇	-어지다 -으라고 하다/ -자고 하다
7	我以为不能住民宿呢	课堂练习1 选择文化体验项目并制定日程 课堂练习2 听有关旅行的谈话并进行口语练习 课堂练习3 阅读问卷调查的结果并写下自己的看法	有关文化体验的词汇	-는 줄 알다 -었던

课	题目	课堂练习	词汇	语法
8	嗓子疼加上经常咳嗽	课堂练习1 阅读药店里所卖药的相关信息并说一说 课堂练习2 在药店里叙述症状及买药 课堂练习3 听有关民间疗法的故事并写作	有关症状的词汇	-는 데다가 -나 보다
9	尽管吃了药还是没有好	课堂练习1 在医院对医生描述症状并写去医院看病的经历 课堂练习2 使用医疗保险、急诊室、韩医院 课堂练习3 阅读介绍国际诊所的指南并说一说	有关医院的词汇	-는데도 -네요
10	只有运动才能健康地减轻体重	课堂练习1 谈谈关于健康的常识 课堂练习2 听听健康信息广播并说一说 课堂练习3 阅读关于健康、减肥的文章并写出看法	有关健康的词汇	-어야 -을래요?
11	接到了邀请总不能空手去吧	课堂练习1 制定邀请计划 课堂练习2 听有关邀请和礼物的对话 课堂练习3 阅读喜帖并写邀请函	有关邀请的词汇	-잖아요 -지 그래요?
12	购物袋里面有什么?	课堂练习1 阅读关于地铁失物中心的文章并谈一谈 课堂练习2 听关于失物和迷路儿童的广播通知并说一说 课堂练习3 阅读失物广告并写作寻物启事	有关物品模样、形态的词汇	-어 있다 -는 대로
13	都不知道我有多想你们呢	课堂练习1 听有关到访礼节的对话并进行口语练习 课堂练习2 练习有关到访的问候语并进行角色扮演 课堂练习3 阅读关于外国家庭寄宿生活的信件并写信	有关到访的词汇	얼마나 -는지 모르다 -던
14	要一个靠窗的位置	课堂练习1 用电话预约 课堂练习2 听听有关预约的情况并说一说 课堂练习3 阅读评论酒店的文章并写作酒店或餐厅的评论	有关预约的词汇	-을 테니까 -어 달라고 하다
15	还会在这里一年	课堂练习1 在欢送会上说说将来的计划 课堂练习2 听欢送会上的对话并说一说 课堂练习3 阅读关于未来计划的文章并试写自己将来的计划	有关职业的词汇	-게 되다 -어야겠다

Table of Contents

目次

目录

부록

제 1 과

한국 대학교에서 공부하기 위해서 한국말을 배워요

I am learning Korean in order to study at a Korean university

韓国の大学で勉強するために韓国語を学びます

为了在韩国大学学习，我学习韩语

- **Objectives** to be able to express your motive for studying
- **Vocabulary** business trip, accent, to be natural
  Vocabulary related to motives for studying
- **Grammar** -기 위해서, 이라서
- **Task** Interview on motives for studies
  Choosing a friend for language exchange
  Writing a written self introduction to post up on the school bulletin

- 学習目標 学習動機について表現できる
- 語彙 出張、イントネーション 、自然だ
  学習動機に関連する語彙
- 文法 -기 위해서, 이라서
- 課題 学習動機をインタビューする
  言語交換(ランゲージエクスチェンジ)友達を選択する
  学校の掲示板に掲示する自己紹介書を書く

- 学习目标 能够表述学习动机
- 词汇 出差，语调，自然
  有关学习动机的词汇
- 语法 -기 위해서, 이라서
- 课堂练习 询问学习动机
  选择语言交换的朋友
  写作上传到学校公告栏的自我介绍书

EN

Yuri	Stefan, why are you learning Korean?
Stefan	I'm learning Korean because my business trips to Korea have become more frequent. What about you, Yuri?
Yuri	I'm learning Korean in order to study at a Korean university. Stefan, your pronunciation and accent sound so natural.
Stefan	Thanks. I think it's because my mother is Korean.
Yuri	Then do you speak in Korean at home?
Stefan	My mom speaks in Korean but I speak in German.

JP

ユリ	シュテファンさんは何故韓国語を学びますか。
シュテファン	韓国出張が多くなったので学びに来ました。ユリさんは？
ユリ	私は韓国の大学で勉強するために韓国語を学びます。ところでシュテファンさんは発音とイントネーションが本当に自然ですね。
シュテファン	ありがとうございます。母が韓国人なのでそうだと思います。
ユリ	それでは家で韓国語で話しますか。
シュテファン	母は韓国語ですが、私はドイツ語で話します。

CH

有 莉	史蒂芬，你为什么学习韩语呢？
史蒂芬	因为韩国出差越来越多，所以我来学习韩语。有莉，你呢？
有 莉	为了在韩国大学学习，我学习韩语。不过，你的发音和语调真的很自然。
史蒂芬	谢谢。可能是因为我的妈妈是韩国人吧。
有 莉	那么，在家用韩语说话吗？
史蒂芬	妈妈用韩语，而我说德语。

문법

1 -기 위해서

- This is placed after an action verb stem and is used to show the purpose or intention of doing something.

  - I am saving my money in order to start my own business.
  - I am learning French in order to study abroad in France.
  - I practice the piano for 6 hours a day in order to be a pianist.
  - I normally watch the same drama two or three times in order to understand the content well.

- 動詞の語幹の後に付き、しようとすることの目的や意図を表す。

  - 自分の事業をするためにお金を集めています。
  - フランスに留学するためにフランス語を学びます。
  - ピアニストになるために一日に6時間ずつ練習しました。
  - ドラマの内容をよく理解するために同じドラマを普通2、3回見ます。

- 用于动词词干后，表示做某事的目的或意图。

  - 为了经商，我正在筹集资金。
  - 为了去法国留学，我学习法语。
  - 为了成为钢琴家，我每天练习6个小时。
  - 为了好好儿理解电视剧的内容，相同的电视剧我一般看两、三遍。

2 이라서/라서

- This is placed after a noun and is used to show how the situation mentioned first is the cause for a behavior or situation mentioned second.
- If the noun ends with a consonant, use '이라서.' If the noun ends with a vowel, use '라서.'

- There will be many people at the amusement park because it is the weekend.
- There are many students at the library because it's exam period these days.
- I memorized all the lyrics because this is a song that I really like.
- I came to learn Korean because my girlfriend is Korean.

- 名詞の後に付き、前の状況が後ろの行動や状況の原因であることを表す。口語体で使われる。
- 名詞が子音で終わるときは'이라서'が、母音で終わるときは'라서'が使われる。

- 週末なので遊園地に人が多いでしょう。
- このごろ試験期間なので図書館に学生たちが多いです。
- この歌は私が好きな歌なので歌詞を全部覚えます。
- 彼女が韓国人なので韓国語を学びに来ました。

- 用于名词后，表示前面的情况是后面的动作或情况的原因。主要用于口语中。
- 以辅音结尾的名词后加'이라서'，以元音结尾的名词后加'라서'。

- 因为是周末，所以游乐园里人会很多。
- 最近因为是考试期间，所以图书馆的学生很多。
- 这首歌因为是我喜欢的，所以歌词我都记得。
- 因为我的女朋友是韩国人，所以我来学习韩语。

제2과

한국 노래를 들으면서 숙제를 해요

I do my homework while listening to Korean music

韓国の歌を聴きながら宿題をします

我一边听韩国歌，一边做作业

- **Objectives** to be able to talk about your hobby activities
- **Vocabulary** to enjoy, to be of help, theme song
  Vocabulary related to hobbies
- **Grammar** -으면 -을수록, -으면서
- **Task** Inquiring about our classmates' hobbies
  Listen to the hobby activities and make a riddle about a hobby
  Read a club advertising poster and make your own club poster

- 学習目標 趣味の活動について説明できる
- 語彙 楽しむ、役に立つ、主題歌
  趣味に関連する語彙
- 文法 -으면 -을수록, -으면서
- 課題 クラスメートの趣味を調査する
  趣味を聞いて趣味に関するなぞなぞを出す
  サークルのポスターを読んでサークルのポスターを作る

- 学习目标 能够说明爱好
- 词汇 喜欢，有帮助，主题歌
  有关爱好的词汇
- 语法 -으면 -을수록, -으면서
- 课堂练习 调查同班同学的爱好
  听兴趣活动的说明并说说有关爱好的谜语
  阅读并制作社团宣传海报

EN

Michael	Yuri, what do you do when you have free time?
Yuri	I enjoy watching Korean dramas.
Michael	Can you understand everything when you watch the Korean dramas?
Yuri	No, but the more I watch it, I have a lot of fun and it helps me with my Korean studies.
Michael	I listen to a lot of Korean music. I do my homework while listening to Korean music.
Yuri	Really? I enjoy listening to the theme songs of dramas.

JP

マイケル	ユリさんは時間があるとき何をしますか。
ユリ	私は韓国ドラマを楽しんで見ます。
マイケル	韓国ドラマを見たらすべて理解できますか。
ユリ	いいえ、でも見れば見るほど面白くて韓国語の勉強の役にも立ちます。
マイケル	私は韓国の歌をたくさん聴きます。韓国の歌を聴きながら宿題をします。
ユリ	そうですか。私もドラマの主題歌を楽しんで聴きます。

CH

麦克	有莉，你有时间的时候做什么？
有莉	我喜欢看韩国电视剧。
麦克	你看韩国电视剧的话，都能理解吗？
有莉	不能，但是越看越有意思，而且对学习韩语有帮助。
麦克	我听了很多韩国歌。我一边听韩国歌，一边做作业。
有莉	是吗？ 我也喜欢听电视剧的主题歌。

문법

1 -으면/면 -을수록/ㄹ수록

- This is placed after an action verb or descriptive verb stem and is used to express the increase in intensity of a certain situation or degree.
- If the stem ends with a consonant, use '-으면 -을수록,' but if the stem ends with a vowel, use '-면 -ㄹ수록.' The same action verb or descriptive verb is used twice.

- The more I see that girl, the more beautiful she is.
- The more friends you have, the better.
- The more I listen to Korean music, the more I want to listen to it.
- I feel like the more I learn a foreign language, the harder it gets.

- 動詞や形容詞の語幹の後に付き、ある状況や程度がだんだんより強くなっていくことを表す。
- 語幹が子音で終るときは '-으면 -을수록'が、母音で終るときは'-면 -ㄹ수록'が使われる。同じ動詞や形容詞が反復される。

- その女性は見れば見るほど美しいです。
- 友達は多ければ多いほど良いです。
- 韓国の歌謡は聴けば聴くほどもっと聴きたくなります。
- 外国語は学べば学ぶほど難しくなると思います。

- 用于动词或形容词词干后，表示某种情况或程度加深。
- 以辅音结尾的词干后加'-으면 -을수록'，以元音结尾的词干后加'-면 -ㄹ수록'。相同的动词或形容词重复使用。

- 那个女人越看越漂亮。
- 朋友越多越好。
- 韩国歌越听越想听。
- 学习外语，好像越学越难。

2 -으면서/면서

- This is placed after an action verb stem and is used to indicate two different actions that are happening at the same time. The subject in the first clause is the same subject in the second clause.
- If the stem ends with a consonant, use '-으면서,' and if the stem ends with a vowel, use '-면서.'

- I drink tea while reading a book.
- I sing while playing the piano.
- I ride a bike while listening to music.
- I had a part time job while attending college.

- 動詞の語幹の後に付き、ある動作をするのと同時に他の動作をすることを表す。前の文章と後ろの文章の主語は同じだ。
- 語幹が子音で終るときは'-으면서'が、母音で終るときは '-면서'が使われる。

- 本を読みながらお茶を飲みます。
- ピアノを弾きながら歌を歌います。
- 音楽を聴きながら自転車に乗ります。
- 私は大学に通いながらアルバイトをしました。

- 用于动词词干后，表示做某个动作的同时，也做另一个动作。前后小句的主语一致。
- 以辅音结尾的词干后加'-으면서'，以元音结尾的词干后加'-면서'。

- 一边看书，一边喝茶。
- 一边弹钢琴，一边唱歌。
- 一边听音乐，一边骑自行车。
- 我一边上大学，一边打工。

EN

Internet Club

A 'club' is a gathering of people with the same hobby or interest. With the increase of internet use, there has been a growth of online clubs. These are called 'internet clubs' or 'cyber clubs.' People join clubs to enjoy their hobbies as well as to meet other people. People in internet clubs have online conversations and even meet offline in person. There is a variety of different clubs such as photography clubs, travel clubs, dance clubs, etc.

JP

インターネット同好会

'同好会'は同じ趣味や関心を持った人たちの集まりです。インターネットを使用する人たちが多くなって、インターネットには多くの同好会ができました。これを'インターネット同好会'または'サイバー同好会'といいます。人々は趣味生活のために、人々に会うために同好会に入ります。インターネット同好会の人たちはオンラインで会話をすることもあり、オフラインで直接会うこともあります。写真同好会、旅行同好会、ダンス同好会など多様な同好会があります。

CH

网络爱好者协会

"爱好者协会"是由有相同爱好的人聚集在一起组成的。随着使用网络的人越来越多，在网上也出现了很多爱好者协会。这种协会又叫做"인터넷 동호회"或"사이버 동호회"。为了自己的爱好以及跟有相同爱好的人见面，人们加入"网络爱好者协会"。他们进行网络对话，也会直接见面交流。现在，已经出现了很多这样的爱好者协会，比如"摄影爱好者协会"、"旅行爱好者协会"、"舞蹈爱好者协会"等等。

제3과

주말에는 문을 안 열걸요

I don't think it's open on the weekends

週末は門が開いてないと思います

周末可能不开门

- **Objectives** to be able to inquire and explain about using school facilities
- **Vocabulary** ticket for use, ticket or pass with a fixed amount, soap
  Vocabulary related to school facilities
- **Grammar** -거든요, -을걸요
- **Task** Talking about using school facilities
  Listen to the public announcement about the school and dormitories
  Read the dormitory guidelines and write an inquiry

- 学習目標 学校施設の利用に対して問い合わせ、説明できる
- 語彙 利用券、定額券、石けん
  学校の施設に関連する語彙
- 文法 -거든요, -을걸요
- 課題 学校の施設利用に対して話す
  学校と寄宿舎の案内放送を聴く
  寄宿舎の案内文を読んで問い合わせの文を書く

- 学习目标 能够询问并说明有关学校设施使用的情况
- 词汇 使用券，定额券，肥皂
  有关学校设施的词汇
- 语法 -거든요, -을걸요
- 课堂练习 对学校设施使用进行对话
  听介绍学校以及宿舍的广播
  阅读宿舍指南并练习询问的写作

EN

Michael	Can students use the school swimming pool for free?
Youngju	You need to buy a daily ticket or a pass.
Michael	Do I only need to bring my swimming suit?
Youngju	You need to take your soap and towel. There is none there.
Michael	Is it open on Saturday afternoons, too?
Youngju	I don't think it's open on the weekends.

JP

マイケル	学生たちは学校のプールを無料で利用できますか。
ヨンジュ	1日利用券や定額券を買わなくてはいけません。
マイケル	水着だけ持って行けばいいですか。
ヨンジュ	石けんとタオルは持っていかなくてはいけません。そこにはないんですよ。
マイケル	土曜日の午後は門が開いていますか。
ヨンジュ	週末には門が開いてないと思います。

CH

麦 克	学生们可以免费使用学校游泳场吗?
英 珠	需要买一日使用券或定额券。
麦 克	只带游泳服去就可以吗?
英 珠	需要带肥皂和毛巾。因为那儿没有。
麦 克	星期六下午也开门吗?
英 珠	周末可能不开门。

1 -거든요

- This is placed after an action verb or descriptive verb stem and is used to add a reason for a statement given by another person or to include the speaker's thoughts concerning a question.

  - A: You look tired.
    B: I only slept 2 hours last night.
  - You don't need to go to the pharmacy to buy pain killers. There are some at the school office.
  - I like going to the school museum. There's a lot to see and it's free.
  - When you go hiking, you need to prepare well what you will wear. It gets colder the higher up you go.

- 動詞や形容詞の語幹の後に付き前で言った内容や相手の質問に対してその理由や話者の考えなどを重ねて話すときに使われる。

  - A: 疲れて見えます。
    B: 昨日2時間しか寝られなかったんですよ。
  - 頭痛薬を買いに薬局に行く必要はありません。学校の事務室にあるんですよ。
  - 私は学校の博物館に行くのが好きです。見るものが多くて無料なんですよ。
  - 登山に行くときは服をちゃんと準備しなくてはなりません。高く上るほど寒くなるんですよ。

- 用于动词或形容词词干后，表示说话人对前面提到的内容或是对对方的提问阐述原因或补充说明自己的想法。

  - 甲：你看起来很累。
    乙：因为我昨天晚上只睡了两个小时。
  - 不需要去药店买头疼药。因为学校办公室有。
  - 我喜欢去学校博物馆。因为看的东西很多，而且免费。
  - 爬山的时候应该准备好衣服，因为越爬得高越冷。

문법

2 -을걸요/ㄹ걸요

- This is placed after an action verb or descriptive verb stem and is used when you are talking about what has not happened yet, or when you are guessing about something you are not sure about. It is usually used in verbal conversations as a reply to another person's statement.
- When the stem ends with a consonant, with the exception of 'ㄹ', use '-을걸요'. When the stem ends with 'ㄹ' or a vowel, use '-ㄹ걸요'.

- Because the bank closes at 4 o'clock, I feel like we need to hurry.
- Since it's so sunny, I think it'll be good to wear a hat.
- During exam period, even if you get to the library at 7 in the morning, there will probably be no seats.
- A: What do you think Yoojin is doing right now?
  B: He said his flight was at 2 o'clock, so he's probably in the airplane right about now.

- 動詞や形容詞の語幹の後ろに付きまだ起こっていないことやよくわからない事実に対して推測するとき使われる。主に対話の状況で相手の言葉を聞いて答えるときに使われる。
- 語幹が 'ㄹ' 以外の子音で終るときは'-을걸요'を、語幹が 'ㄹ' や母音で終るときは '-ㄹ걸요' が使われる。

- 銀行は4時に閉まるから急いだほうがいいだろう。
- 日差しが強いから帽子をかぶって出かけるのがいいと思いますよ。
- 試験の期間には朝7時に来ても図書館に席がないと思いますよ。
- A:ユジンさんは今何をしていますか。　B:2時の飛行機だといったから今頃飛行機の中にいるだろう。

- 用于动词或形容词词干后，表示对还没发生的事情或是不知道的事情进行猜测。主要用于对话中，在听到对方的问话之后做出回答时。
- 有收音的词干，除了以'ㄹ'结尾的以外，要用'-을걸요'。词干以'ㄹ'结尾或元音结尾的用'-ㄹ걸요'。

- 银行4点关门，你可能得快一点儿才行。
- 阳光太强了，最好戴帽子出去。
- 考试期间，早上7点来，图书馆可能也没有位置。
- 甲：惟进现在做什么呢？
  乙：她说是2点的飞机，现在可能还在飞机上。

제4과

시내 은행에 비해서 할인을 많이 해 주는군요

They give a big discount compared to the banks in the city

市内の銀行に比べて割引をたくさんしてくれるんですね

与市内银行相比，折扣很多呢！

- **Objectives** to be able to use the bank
- **Vocabulary** to exchange money, study abroad student, commission, to be discounted
  Vocabulary related to using the bank
- **Grammar** 에 비해서, -는 편이다
- **Task** Listen to voice guidance for the ATM and talk about your experience with using the ATM
  Listen to a conversation about using the bank and talk about it
  Read an article about credit cards and write your suggestions

- 学習目標 銀行を利用できる
- 語彙 両替する、留学生、手数料、割引になる
  銀行利用に関連する語彙
- 文法 에 비해서, -는 편이다
- 課題 現金自動引き出し機の音声案内を聴いて使用経験を話す
  銀行を利用する会話を聞いて話す
  カード関連した記事を読んで望む点を書く

- 学习目标 能够利用银行
- 词汇 换钱，留学生，手续费，打折
  有关利用银行的词语
- 语法 에 비해서, -는 편이다
- 课堂练习 听自动取款机语音指南并说说使用经历
  听关于利用银行的对话并说一说
  阅读有关银行卡的报道并写出你对银行卡的建议

EN

Shaoming	Where are you going?
Michael	I'm going to the bank in the student union to exchange some money.
Shaoming	I have something to do at the bank, too. Let's go together.
Michael	The exchange commission for study abroad students is cheap, isn't it?
Shaoming	Yes, it's quite cheap because it's discounted about 60%.
Michael	Really? They give a big discount compared to the banks in the city.

JP

シャオミン	どこに行かれるんですか。
マイケル	両替しに学生会館にある銀行に行きます。
シャオミン	私も銀行に行く用事があるので一緒に行きましょう。
マイケル	留学生は両替手数料が安いでしょう。
シャオミン	はい、60%くらい割引になるので安いほうでしょう。
マイケル	そうですか。市内の銀行に比べて割引をたくさんしてくれるんですね。

CH

小　明	你去哪儿?
麦　克	我想换钱，去学生会馆那儿的银行。
小　明	我也正要去银行，一起去吧。
麦　克	留学生换钱的手续费便宜吧?
小　明	是啊，打四折，算是便宜的。
麦　克	是吗?与市内银行相比，折扣很多呢!

문법

1 에 비해서

- This is placed after a noun and is used to indicate subjects of comparison. You can also use '에 비하여.'

  - There are many prettier clothes in this store compared to the clothes in the other store.
  - The exchange rate went up a little this month compared to last month.
  - Many more people move homes in the spring or fall compared to the summer or winter.
  - The exchange commission at the banks in the airport is more expensive compared to the rate at the banks in the city.

- 名詞の後に付き比較の対象を表す。'에 비하여'に変えて使うことができる。

  - この店があの店に比べてきれいな服が多いです。
  - 今月のレートが先月に比べて少し上がりました。
  - 夏と冬に比べて春と秋に引っ越しをたくさんします。
  - 市内にある銀行に比べて空港にある銀行が両替手数料が高いです。

- 用于名词后表示比较的对象。与'에 비하여'可以互换使用。

  - 这家商店与那家商店相比，漂亮衣服更多。
  - 这个月的汇率与上个月的相比上升了一点儿。
  - 与夏天和冬天相比，春天和秋天搬家的(情况)更多。
  - 与市内银行相比，机场银行的换钱手续费更贵。

2 -는 편이다, -은/ㄴ 편이다

- This is placed after an action verb or descriptive verb stem and is used when you want to describe a fact as being more on the side of something, rather than making an assertive statement. When using an action verb, adverbs of degree like 'often', 'rather', or 'quite' are also used.
- With an action verb stem, use '-는 편이다'. For a descriptive verb stem that ends with a consonant, use '-은 편이다'. When the descriptive verb stem ends with a vowel, use '-ㄴ 편이다'.

- The transportation costs in Korea are quite cheap.
- The listening test is rather easy compared to other tests.
- Since I save 40% of my salary, I save quite a lot.
- Because I call my parents about 3-4 times a week, I call them quite often.

- 動詞や形容詞の語幹の後に付きある事実に対して断定的に言うというよりは、どちらかの方に近いということを表す。動詞の場合、'자주'、'잘'、'많이'のような程度の副詞と一緒に使う。
- 動詞の語幹の後ろには'-는 편이다'が、形容詞の場合、語幹が子音で終わるときは'-은 편이다'が、母音で終わるときは'-ㄴ 편이다'が付く。

- 韓国は交通費が安いほうです。
- 聴解試験が他の試験に比べてやさしいほうでした。
- 月給の40%を貯蓄するので貯蓄をたくさんするほうです。
- 両親に一週間3, 4回電話をするので電話をよくするほうです。

- 用于动词或形容词词干后，表示某一事实相较于断定而言其实更倾向于某一方面。词干为动词时，常与'자주'、'잘'、'많이'等程度副词连用。
- 动词词干后用'-는 편이다'。形容词词干后以辅音结尾的用'-은 편이다'，以元音结尾的用'-ㄴ 편이다'。

- 韩国交通费算是便宜的。
- 听力考试与其他考试相比算是容易的。
- 工资的40%都存起来了，所以储蓄存款算是很多的。
- 一个星期给父母打三、四次电话，所以算是经常打电话的。

EN

A place to exchange money outside of the bank

What would you do if you needed to exchange money after bank hours on a weekday, or when you are shopping at a store on the weekend?

Places to exchange money outside of the bank in Seoul are growing in number. In Seoul alone, there were 429 registered money exchange locations outside the bank in July of 2011. Compared to the 265 places in 2004, that's a 60% increase. Exchange locations at hotels and department stores started from 1970. These days, there are exchange locations opening up in places where many foreigners go, such as large markets, cosmetic stores, restaurants, etc. It looks like there will be many more stores that offer money exchange services in the future.

JP

銀行の外の両替所

平日、銀行が閉まった後や週末に店でショッピングをするとき、両替が必要だったらどうしますか？

ソウルに銀行の外の両替所が多くなってきています。2011年7月に登録されている銀行の外の両替所はソウルだけでも429個です。2004年の265個に比べて60％増えました。ホテルとデパートには1970年代から両替所がありました。このごろでは外国人が多く行く大きなマートや化粧品売り場、食堂などにも両替所ができています。今後両替サービスをする売り場がだんだん多くなると見られます。

CH

银行以外的换钱所

平日银行关门以后或是周末在商店买东西时，如果需要换钱的话，怎么办呢？

在首尔，除了银行以外，换钱所越来越多。截止到2011年7月，只是在首尔，注册的换钱所已经有429个。与2004年的265个相比，增加了60%。从1970年起，宾馆和百货商店开始设立换钱所。最近，外国人常去的大型超市、化妆品店、餐厅等处也开始出现换钱所。相信在将来，提供换钱服务的卖场应该会越来越多。

제5과

주말 내내 비가 온다고 해요

They say that it'll rain all weekend

週末の間ずっと雨が降るそうです

听说周末一直下雨

- **Objectives** to be able to listen to the weather forecast and make plans
- **Vocabulary** all along, thunder, lightning, exhibition
  Vocabulary related to the weather
- **Grammar** -는다고 하다/-냐고 하다, -더군요
- **Task** Look at the weather forecast and talk about scheduling details for a trip
  Listen to a weather forecast
  Read a weather forecast blog and write your own forecast

- 学習目標 天気予報を聴いて計画を立てることができる
- 語彙 (ある期間中)ずっと、雷、稲妻、展示会
  天気に関連する語彙
- 文法 -는다고 하다/-냐고 하다, -더군요
- 課題 天気予報を見て旅行の細部日程を話す
  天気予報を聞く
  ブログの日記を読んで日記を書く

- 学习目标 能够听懂天气预报并制定计划
- 词汇 一直，雷，闪电，展览会
  有关天气的词语
- 语法 -는다고 하다/-냐고 하다, -더군요
- 课堂练习 看天气预报并谈谈旅行的详细计划
  听天气预报
  阅读博客日记并进行日记写作

EN

Youngju	I don't think we can go hiking this weekend.
Yuri	Why not? Is something wrong?
Youngju	They say that it'll rain all weekend. And there will be thunder and lightning, too.
Yuri	Really? Then what shall we do?
Youngju	Last time Michael asked if we wanted to see the photo exhibition. Shall we go there?
Yuri	Okay. I saw many people going to that exhibition.

JP

ヨンジュ	私たち週末に登山に行けなさそうです。
ユリ	どうしてですか。なにかありますか。
ヨンジュ	週末の間ずっと雨が降るそうです。雷と稲妻もおこるそうです。
ユリ	そうなんですか。では何をしましょうか。
ヨンジュ	この間、マイケルさんが写真の展示会を見に行きますかといいました。そこにいきましょうか。
ユリ	いいですよ。たくさんの人がその展示会に行きましたよ。

CH

英　珠	我们周末可能不能去爬山了。
有　莉	为什么？有什么事吗？
英　珠	听说周末一直下雨，听说还会打雷、闪电。
有　莉	是吗？那么，我们做什么好呢？
英　珠	上次麦克问我要不要去摄影展览会呢。我们去那儿怎么样？
有　莉	好啊。去那个展览会的人真多啊！

문법

1 -는다고/ㄴ다고 하다, -다고 하다, 이라고/라고 하다

- This is placed after an action verb or descriptive verb stem or after a noun. It is an expression of indirect speech used when you take someone else's declarative sentence.
- Use '-는다고 하다' when the action verb stem ends with a consonant; use '-ㄴ다고 하다' when the action verb stem ends with a vowel. After a descriptive verb stem, use '-다고 하다'. If the noun ends with a consonant, use '이라고 하다'. If the noun ends with a vowel, use '라고 하다'.

- They say that the rainy season starts next weekend.
- They say that spicy and salty foods are unhealthy for you.
- They say that Wei went back to China last week.
- Since they say that it will rain on Sunday, I think it's better that we go on our picnic on Friday or Saturday.

- 動詞や形容詞の語幹の後に付き、他の人が平叙文で表現した内容を自分の言葉に置き換えて話すときに使われる間接話法の表現である。
- 子音で終わる動詞の語幹の後には'-는다고 하다'が、母音で終わる動詞の語幹の後には'-ㄴ다고 하다'が、形容詞の語幹の後には'-다고 하다'が、子音で終わる名詞の後には'이라고 하다'が、母音で終わる名詞の後には'라고 하다'が使われる。

- 来週から梅雨だそうです。
- 辛くて塩辛い料理は健康に悪いそうです。
- ウェイさんが先週中国に帰ったそうです。
- 日曜日に雨が降るそうなのでピクニックは金曜日や土曜日に行くのがよいでしょう。

- 用于动词或形容词词干、名词后，表示用自己的话转述别人陈述的内容。属于间接引语的表现形式。
- 以辅音结尾的动词词干后加'-는다고 하다'，以元音结尾的动词词干后加'-ㄴ다고 하다'。形容词词干后加'-다고 하다'。以辅音结尾的名词后加'이라고 하다'，以元音结尾的名词后加'라고 하다'。

- 听说从下周开始就是梅雨季了。
- 听说辣的、咸的饮食对健康不好。
- 听说王伟上个星期回中国了。
- 听说星期天会下雨，所以最好星期五或是星期六去郊游。

-냐고 하다

- This is placed after an action verb or descriptive verb stem or after a noun. It is an expression of indirect speech used when you take someone else's question.

  - Let's call 131 and ask them if it will rain tomorrow.
  - Korean people often ask me what country I'm from.
  - The restaurant lady asked us if the food was too spicy since we drank so much water.
  - He asked me if I was going to go hiking even though it's so snowy, and so I said yes.

- 動詞や形容詞の語幹の後に、名詞の後に付き他の人が疑問文で表現した内容を自分の言葉に置き換えて話すときに使われる間接話法の表現だ。

  - 131番に電話して明日雨が降るのかと聞いてみましょう。
  - 韓国の人たちは私にどこの国の人なのかとよく尋ねます。
  - 水をたくさん飲んだら食堂のおばさんが食事が辛いのかといいました。
  - 雪がたくさん降っているのに山に登るのかと聞くのでそうだといいました。

- 用于动词或形容词词干、名词后，表示用自己的话转述别人的疑问内容。属于间接引语的表现形式。

  - 我们打131问问明天下不下雨吧。
  - 韩国人经常问我是哪国人。(韩国人经常问我说：“你是哪国人?”)
  - 因为我喝了很多水，所以餐厅的大妈问我菜辣不辣。
  - 他问我下大雪了我还要不要去爬山，我说还要去的。(他说:“下大雪了，你还要不要去爬山?” 我说:“还要去。”)

2 -더군요

- This is placed after an action verb or descriptive verb stem and is used when you are telling someone about a personal experience in the past or about a new realization in an exclamatory way.

  - I found Hanoi being very hot in August.
  - I found that there are so many dishes made with fish in Japan.
  - I found that there had been so much snowfall when I woke up in the morning.
  - I found Michael from our class singing very well.

- 動詞や形容詞の語幹の後に付き、過去に直接経験して新しくわかった事実を今、相手に感嘆するように話すときに使われる。

  - 8月のハノイはとっても暑かったですよ。
  - 日本には魚で作った食べ物が多かったですよ。
  - 朝起きてみたら雪がたくさん積もっていましたよ。
  - うちのクラスのマイケルさんは歌が本当に上手だったですよ。

- 用于动词或形容词词干后，表示对过去直接经历过的事情有了新的了解后，对对方发表感叹。

  - (上次我去过河内)8月的河内真热啊！
  - (上次我去过日本)在日本，用海鲜做的菜真多啊！
  - 早上起床一看，积了好多雪啊！
  - 我们班的麦克唱歌唱得真好啊！

제 6 과

이모가 이 버스를 타 보라고 하셨어요

My aunt told me to take a ride on this bus

おばがこのバスに乗ってみろといいました

姨妈让我坐这班巴士

- **Objectives** to be able to inquire about a tour and give a recommendation
- **Vocabulary** course, to go around, aunt
  Vocabulary related to tours
- **Grammar** -어지다, -으라고 하다/-자고 하다
- **Task** Recommend a tour course
  Listen to a conversation about an inquiry for a tour and listen to an advertisement about a tour
  Read about an introduction to a walking tour course and make reservations on the website

- 学習目標 観光に関する問い合わせをして推薦することができる
- 語彙 コース、回る、(母方の)おば
  観光に関連する語彙
- 文法 -어지다, -으라고 하다/-자고 하다
- 課題 観光コースを推薦する
  観光の問い合わせに関連した会話と広告を聞く
  徒歩観光コース紹介を読んでウェブページで予約する

- 学习目标 能够对有关观光的事项进行询问并介绍推荐
- 词汇 路线，巡游，姨妈
  有关观光的词汇
- 语法 -어지다, -으라고 하다/-자고 하다
- 课堂练习 推荐观光路线
  听有关观光咨询的对话以及广告
  阅读介绍徒步观光路线的网页并在网页上预约

EN

Stefan	What are the courses for the Seoul City Tour Bus?
Staff Worker	There is a course that takes you around the city, and there is also a course where you can see the night view of the Han River.
Stefan	When was this course created?
Staff Worker	It has been about 10 years since it was formed. How did you know about this bus tour?
Stefan	My aunt told me to take a ride on this bus. And my friends also said they wanted to go on the tour together.
Staff Worker	If you ride this bus, you can comfortably see the city of Seoul.

JP

シュテファン	ソウルシティーツアーバスはコースがどうなっていますか。
職員	市内を回るコースもありますし、漢江の夜景を見物するコースもあります。
シュテファン	このコースはいつ作られましたか。
職員	作られてから10年くらいになりました。このバスツアーをどうやって知ったんですか。
シュテファン	おばが乗ってみろといいました。そして友達たちも一緒に乗ってみようといいました。
職員	このバスに乗ればソウル市内を楽に見物することができますよ。

CH

史蒂芬	首尔市内观光巴士的路线怎么样？
职　员	有巡游市内的路线，也有游览汉江夜景的路线。
史蒂芬	什么时候制定的这些路线？
职　员	制定10年左右了，您怎么知道这班观光巴士的呢？
史蒂芬	姨妈说让我坐这班巴士。还有朋友们也说想一起坐。
职　员	如果坐这班观光巴士，可以很方便地游览首尔市内。

문법

1 -어지다/아지다/여지다

- This is placed after an action verb stem and is used to show a completed action by the subject after being influenced by someone or something else.
- If the stem ends with a vowel (with the exception of '아, 야, 오'), use '-어지다'. If the stem ends with a vowel of '아, 야, or 오,' use '-아지다'. In the case where the word ends with '하다,' use '-여지다'.

- The cup is broken.
- The 63 Building was established in 1985.
- The songpyeon (half-moon-shaped rice cakes) was deliciously made.
- When it becomes wintertime, the lights on the Christmas tree in front of City Hall are brightly lit.

- 動詞の語幹の後に付き主語が他の人の行動や他のものの影響を受けその行為が起こることを表す。
- 語幹が'아,야,오'以外の母音で終わるときは'-어지다'が、'아,야,오'の母音で終わるときは'아지다'が、'하다'で終わる場合は'-여지다'が使われる。

- カップが割れました。
- 63ビルは1985年に建てられました。
- 松の餅がとても美味しくよく出来上がりましたね。
- 冬になると市庁の前のクリスマスツリーの電灯が明るく灯されます。

- 用于动词词干后，表示主语受到其他人或事物的影响而产生某种行为。
- 除了以元音'아、야、오'结尾的动词词干后用'-어지다'。以元音'아、야、오'结尾的动词词干后用'-아지다'。以'하다'结尾的动词词干后用'-여지다'。

- 杯子被打碎了。
- 63大厦修建于1985年。
- 松饼做得真好吃啊！
- 到了冬天，市厅前面圣诞树上的灯就会被打亮。

2 -으라고/라고 하다

- This is placed after an action verb. It is an expression of indirect speech used when you take someone else's imperative sentence.
- If the stem ends with a consonant, use '-으라고 하다.' If it ends with a vowel, use '-라고 하다.'

- My teacher said to read a book loudly.
- My friend says to try walnut cookies in Cheonan.
- My wife says not to smoke for my health.
- Mom, tell her not to wear a short skirt because the weather is cold today.

- 動詞の語幹の後に付き他の人が命令文で表現した内容を自分の言葉に置き換えて話すとき使われる間接話法の表現だ。
- 語幹が子音で終わるときは'-으라고 하다'が、母音で終わるときは'-라고 하다'が使われる。

- 先生が本を大きな声で読めといいました。
- 友達が天安では胡桃菓子を食べてみろといいます。
- 妻が健康のためにタバコを吸うなといいます。
- 母が今日は寒いので短いスカートをはくなと言います。

- 用于动词词干后，表示用自己的话转述其他人的命令。属于间接引语的表现形式。
- 词干以辅音结尾的加'-으라고 하다'，以元音结尾的加'-라고 하다'。

- 老师说要大声读书。
- 朋友对我说在天安尝尝核桃果子。
- 妻子说为了健康，不要抽烟了。
- 妈妈说今天天气很冷，不要穿短裙子了。

-자고 하다

- It is placed after an action verb stem. It is an expression of indirect speech used when you take someone else's suggestive sentence.

  - My friends say let's go on a trip next week.
  - My Korean friend says let's eat galbi for dinner tonight.
  - My aunt says let's go on a Seoul city tour on the weekend.
  - My younger sister said let's not take the bus, and so we came here by subway.

- 動詞の語幹の後に付き他の人が頼みや誘いを表現した内容を自分の言葉に置き換えて話すとき使われる間接話法の表現だ。

  - 友達が来週旅行に行こうといいます。
  - 韓国の友達が今日夕食にカルビを食べようといいます。
  - おばが週末にソウル市内ツアーをしようといいました。
  - 弟がバスに乗らないでいこうといったので地下鉄に乗ってきました。

- 用于动词词干后，表示用自己的话转述别人的请求。属于间接引语的表现形式。

  - 朋友们说下周去旅行吧。
  - 韩国朋友说今天晚上吃排骨吧。
  - 姑姑说周末想在首尔市内观光。(姑姑说："周末我们在首尔市内观光吧。")
  - 弟弟说不坐巴士，所以我们坐地铁来的。(弟弟说："我们别坐巴士了。"所以我们是坐地铁来的。)

EN

The Moving Tourist Information Desk

'The Moving Tourist Information Desk' is a tourist guide that walks around. These guides wear red uniforms with an 'ⓘ' mark and as they walk around the city of Seoul with booklets and maps, they offer assistance with interpretation, giving directions, shopping, or sightseeing. This 'Moving Tourist Information Desk' started in 2009 in Myung-dong with 7 people and has grown to 74 people in 8 popular tourist sites in Seoul like Namdaemun, Dongdamun, Insa-dong, Kwanghwamun, Bukchon, Itaewon, etc. The city of Seoul says it plans to increase this number in the future.

JP

動く観光案内所

'動く観光案内所'は歩き回る観光案内員です。彼らは'ⓘ'の字が書かれた赤い服のユニフォームを着て案内パンフレットや地図を持ってソウル市内を歩き回り通訳、道探し、ショッピング、観光を手伝ってくれます。2009年に明洞で7人から始まった'動く観光案内所'は2011年現在南大門、東大門、新村、仁寺洞、光化門、北村、梨泰院などソウルの主要観光名所8か所、74名に増えました。ソウル市は今後、彼らをもっと増やす計画だといいます。

CH

移动观光指南所

"移动观光指南所"指的是提供观光指南服务的工作人员。他们穿着印有'ⓘ'标记的红色制服、带着旅游指南小册子和地图在首尔市内的各旅游点，为游客提供翻译、指路、购物咨询以及旅游咨询等帮助。从2009年在明洞开始出现的7名"移动的观光指南所"到现在，南大门、东大门、新村、仁寺洞、光化门、北村、梨泰院等8个首尔主要观光地，已经出现了74名这样的观光服务人员。首尔市计划将来安排更多的这种"移动观光指南所"。

제 7 과

민박은 안 되는 줄 알았어요
I thought we couldn't stay the night here
民泊はできないのかと思っていました
我以为不能住民宿呢

- **Objectives** to be able to suggest a travel course and location
- **Vocabulary** wow, whole, traditional village, experience, steamed chicken dish
  Vocabulary about a cultural experience
- **Grammar** -는 줄 알다, -었던
- **Task** Choosing a cultural experience and making plans
  Listen to a story about a trip and talk about it
  Read the results of a survey and write your thoughts

- 学習目標 旅行コースや旅行地を提案できる
- 語彙 わあ、全体、民族村、体験、蒸し鶏
  文化体験に関連する語彙
- 文法 -는 줄 알다, -었던
- 課題 文化体験選択と日程作り
  旅行関連の話を聞いて話す
  アンケート結果を読んで考えを書く

- 学习目标 能够提出旅行路线以及旅行地等相关建议
- 词汇 哇，全体，民俗村，体验，蒸鸡
  有关文化体验的词汇
- 语法 -는 줄 알다, -었던
- 课堂练习 选择文化体验项目并制定日程
  听有关旅行的谈话并进行口语练习
  阅读调查问卷的结果并写下自己的看法

EN

Yuri Wow, the whole village is full of Korean-style houses.

Youngju We are going to stay the night here.

Yuri I thought we could only see these homes and not stay the night.

Youngju This place is different from the traditional village Minsokchon we visited last week.

Yuri I see. So what's next on our schedule?

Youngju We are going to experience ceramics and then go eat some steamed chicken.

JP

ユリ わあ、村全体が韓屋なんですね。

ヨンジュ 私たち今日はここで民泊しますよ。

ユリ 私は見物だけできて民泊はできないのかと思っていました。

ヨンジュ ここは先週行った民族村とは違います。

ユリ そうなんですね。次の日程は何ですか。

ヨンジュ 陶磁器体験をして蒸し鶏を食べに行きます。

CH

有 莉 哇！村子全部是韩屋呢！

英 珠 我们今天要在这儿住民宿。

有 莉 我以为只是游览，不能住民宿呢。

英 珠 这跟上周去过的民俗村不一样。

有 莉 是这样啊。下一个日程是什么？

英 珠 制陶体验，然后要去吃蒸鸡。

1 -는 줄 알다, -은/ㄴ 줄 알다, -을/ㄹ 줄 알다

- This is placed after an action verb or descriptive verb stem and is used to show that what you had previously guessed would happen actually resulted in a different way.
- When used with an action verb, use '-는 줄 알다'. When the descriptive verb stem ends with a consonant, use'-은 줄 알다'. When the descriptive verb stem ends with a vowel, use '-ㄴ 줄 알다'. In a situation where you are making a guess on an event in the past, and the action verb stem ends with a consonant, use '-은 줄 알다', and with a vowel ending, use '-ㄴ 줄 알다'. In a situation where you are making a guess about an event that hasn't happened yet, and the action verb or descriptive verb stem ends with a consonant, use '-을 줄 알다'. If the stem ends with a vowel, use '-ㄹ 줄 알다'.

- I'm sorry. I thought you were my friend.
- I thought that people lived in Minsokchon (traditional Korean village).
- I thought you went on a trip since you didn't come to school and you didn't answer the phone.
- I didn't think James could eat spicy food, but he eats it very well.

- 動詞や形容詞の語幹の後に付き、ある事実の結果が現れる前に推し量って予測した内容が実際の内容と違うことを表す。
- 動詞には'-는 줄 알다'が、形容詞の場合には語幹が子音で終わるときは'-은 줄 알다'が、母音で終わるときは'-ㄴ 줄 알다'が使わわる。すでに終ったことに対しての予測には 動詞の語幹が子音で終わるときは'-은 줄 알다'が、動詞が母音で終わるときは'-ㄴ 줄 알다'が使われる。まだ起こってないことに対しての予測には動詞や形容詞の語幹が子音で終わるときは'-을 줄 알다'が、母音で終わるときは'-ㄹ 줄 알다'が使われる。

- すみません。私の友達かと思いました。
- 民族村に人が住んでいるのかと思っていました。
- 学校にも来なくて電話にも出ないので旅行に行ったのかと思いました。
- ジェームスさんは辛い料理を食べられないと思っていましたが、よく召し上がるんですね。

- 用于动词或形容词词干后，表示在结果发生之前推测得出的内容跟实际的事实不同的情况。
- 动词词干后加'-는 줄 알다'。形容词词干以辅音结尾的加'-은 줄 알다'，以元音结尾的加'-ㄴ 줄 알다'。对已经发生的事情进行推测时，动词词干以辅音结尾的加'-은 줄 알다',以元音结尾的加'-ㄴ 줄 알다'。对还没有发生的事情进行推测时，动词或形容词词干以辅音结尾的加'-을 줄 알다'，以元音结尾的加'-ㄹ 줄 알다'。

- 对不起，我以为是我的朋友。
- 我以为民俗村住着人。
- 你没来学校，电话也不接，我以为你去旅行了。
- 我以为詹姆斯不能吃辣的菜，然而他很喜欢呢！

2 -었던/았던/였던

- This is placed after an action verb or descriptive verb stem and is used to reflect on a completed action or condition in the past. It is used together with a word that expresses a time in the past. A noun comes after '-었던.'
- If the action verb or descriptive verb ends with a vowel (with exception of '아, 야, 오'), use '-었던'. If the action verb or descriptive verb ends with a vowel of '아, 야, or 오,' use '-았던'. If the word ends with '하다,' use '-였던'.

- This room is bigger than the room of the house we lodged at before.
- How was the coffee shop you visited last week? Shall we have our class meeting there?
- This dress is the wedding dress that my mother wore for her wedding.
- Today, I met the owner of the homestay I lived at 2 years ago in the streets.

- 動詞や形容詞の語幹の後に付き過去に完了した動作や状態の回想を表す。過去の時間を表す表現と一緒に使われる。'-었던'の後には名詞が来る。
- 動詞や形容詞が'아, 야, 오'を除いた母音で終わる時は'-었던'が、'아, 야, 오'の母音で終わるときは'-았던'が、'하다'で終わる場合は'-였던'が使われる。

- ここは前に民泊してた家より部屋が広いです。
- 先週行ったコーヒーショップはどうですか。そこでクラスの集まりをしましょうか。
- このドレスは私の母が結婚式の時着てたウェディングドレスです。
- 今日道で2年前にホームステイしてた家の主人のおばさんに会いました。

- 用于动词或形容词词干后，表示回忆过去完了的动作或状态。可以跟表示过去时间的形式一起使用。'-었던'的后面接名词。
- 除了以元音'아、야、오'结尾的动词或形容词词干后加'-었던'。以元音'아、야、오'结尾的加'-았던'，以'하다'结尾的用'-였던'。

- 这里的房间比上次住过的民宿的房间大。
- 上周去过的咖啡店怎么样？我们在那儿举办班级聚会怎么样？
- 这条裙子是妈妈结婚时穿过的婚纱。
- 今天在来的路上，我遇到了2年前寄宿过的那家主人阿姨。

제 8 과

목이 아픈 데다가 자꾸 기침이 나요

My throats hurts and I keep coughing on top of that

のどが痛いうえに何度も咳が出ます

嗓子疼加上经常咳嗽

- **Objectives** to be able to briefly explain your symptoms
- **Vocabulary** symptom, tablet/pill, after meals, completely/thoroughly
  Vocabulary related to symptoms
- **Grammar** -는 데다가, -나 보다
- **Task** Read about medication you can buy at a pharmacy and talk about it
  Talk about your symptoms at the pharmacy and buy medicine
  Listen to a story about a folk remedy and write about it

- 学習目標 簡単な症状を説明できる
- 語彙 症状、錠剤（丸薬）、食後、充分に（休む）
  症状に関連する語彙
- 文法 -는 데다가, -나 보다
- 課題 薬局で買うことができる薬に関する文を読んで話す
  薬局で症状を話し薬を買う
  民間療法に関する話を聞いて文を書く

- 学习目标 能够说明简单的症状
- 词汇 症状，药片，饭后，好好地
  有关症状的词汇
- 语法 -는 데다가, -나 보다
- 课堂练习 阅读药店里所卖药的相关信息并说一说
  在药店里叙述症状及买药
  听有关民间疗法的故事并写作

EN

Yuri	It looks like I have caught a cold. I have not been feeling well since a few days ago.
Pharmacist	What are your symptoms?
Yuri	My throat hurts and I keep coughing on top of that.
Pharmacist	Take 2 tablets of this medicine after meals.
Yuri	What can I do to get better quickly?
Pharmacist	Drink a lot of warm water and rest completely.

JP

ユリ	風邪にかかったようです。何日か前から体がよくないです。
薬剤師	症状はいかがですか。
ユリ	のどが痛い上に何度も咳が出ます。
薬剤師	この錠剤を食後に2つずつ飲んでください。
ユリ	どうすれば早く治りますか。
薬剤師	温かい水をたくさん飲んで充分に休んでください。

CH

有　莉	我好像感冒了。几天前开始身体就不舒服。
药剂师	有什么症状呢?
有　莉	嗓子疼加上经常咳嗽。
药剂师	这种药请饭后服用两片。
有　莉	怎样才能恢复得快呢?
药剂师	多喝热水，好好地休息吧。

1 -는 데다가, -은/ㄴ 데다가

- This is placed after an action verb or descriptive verb stem and is used to express an increase of intensity when one action or condition is followed by another action or condition.
- When using an action verb stem, use '-는 데다가'. When a descriptive verb stem ends with a consonant, use '-은 데다가'. When a descriptive verb stem ends with a vowel, use '-ㄴ 데다가'.

- I have a fever and my headache is really severe on top of that.
- I caught a cold and, on top of that, I have an upset stomach.
- That notebook computer is so popular because it's very light and the design is pretty on top of that.
- That restaurant always has a lot of customers because the food is good, and the atmosphere is pleasant on top of that.

- 動詞や形容詞の語幹の後に付き前の文章の動作や状態に他の動作や状態が付け加えられてその程度が大きくなることを表す。
- 動詞の語幹の後に'-는 데다가'が、形容詞の語幹が子音で終わるときは'-은 데다가'が、形容詞の語幹が母音で終わるときは'-ㄴ 데다가'が使われる。

- 熱が出る上に頭痛もひどいです。
- かぜにかかった上にお腹をこわしました。
- そのノートパソコンは軽い上にデザインもかわいくてとても人気です。
- その食堂は食べ物が美味しい上に雰囲気もいいのでいつも客が多いです。

- 用于动词或形容词的词干后，通过把前一句中的动作或状态加上其他的动作或状态，来表示程度加深。
- 动词词干后加'-는 데다가'，形容词词干以辅音结尾的加'-은 데다가'，以元音结尾的加'-ㄴ 데다가'。

- 发烧再加上头也痛得厉害。
- 感冒加上闹肚子。
- 那台笔记本电脑很轻而且设计得很漂亮，所以人气很高。
- 那个餐厅的菜很好吃，再加上氛围也不错，所以总是有很多客人。

문법

2 -나 보다, -은가/ㄴ가 보다

- This is placed after an action verb or descriptive verb stem to make a guess about a certain state or fact.
- When using an action verb stem, use '-나 보다'. When a descriptive verb stem ends with a consonant, use '-은가 보다'. When a descriptive verb stem ends with a vowel, use '-ㄴ가 보다'.

- It looks like no one is in the office since no one is answering the phone.
- It looks like James is really sick since he didn't come to school today.
- It looks like you really love the soft tofu stew since you eat it every day.
- It looks like Director Kim has a serious disease since he took a leave of absence and was admitted to the hospital.

- 動詞や形容詞の語幹の後に付きある状態や事実で推し量ってみてそのようだと推測するとき使われる。
- 動詞の語幹の後には'-나 보다'が、形容詞の語幹が子音で終わるときは '-은가 보다'が、形容詞の語幹が母音で終わるときは'-ㄴ가 보다'が使われる。

- 電話に出ないところをみると事務室に誰もいないようです。
- ジェームスさんが今日学校に来ないところを見るととても痛いようです。
- 毎日スンドゥブチゲを食べているのを見るとスンドゥブチゲが大変好きなようです。
- 金課長が休職して病院に入院したところを見ると大きな病気にかかったようです。

- 用于动词或形容词的词干后，表示从某种状态或事实中进行推测。
- 动词词干后加'-나 보다'，形容词词干以辅音结尾的加'-은가 보다'，以元音结尾的加'-ㄴ가 보다'。

- 从没有人接电话来看，好像办公室里没有人。
- 詹姆斯今天没有来学校，应该病得很严重。
- 从他每天都吃豆腐汤来看，应该是很喜欢豆腐汤吧。
- 金科长休假住院了，似乎得了很严重的病。

EN

The Supermarket? The Pharmacy?

In Korea, you can purchase medications like cold medicine, fever reducing medicine, and indigestion medicine at pharmacies or 24 hour convenience stores without a doctor's presciption. However, medications such as antibiotics require a doctor's prescription because there can be serious side effects and some medications can be habit-forming. Things such as PAS (para-amino salicylic acid), disinfectant, or mosquito repellents that reduce or prevent symptoms can also be bought at a supermarket.

JP

スーパーマーケット？ 薬局？

韓国で風邪薬や解熱剤、消化剤のような薬は薬剤師の処方せんなしに薬局や24時間のコンビニで買うことができます。しかし抗生剤のような薬は副作用が強く、習慣性ができやすいため医師の処方せんが必ずなくてはなりません。症状を弱くしたり予防のために使うパス、消毒剤、殺虫剤のようなものはスーパーマーケットなどでも買うことができます。

CH

超市？ 药店？

在韩国，像感冒药、退烧药、助消化药一类的药是不需要医生的处方，能够在药店或24小时便利店买到的。但是像抗生素这样副作用大且容易产生依赖性的药，就一定要有医生的处方。症状不怎么严重或是为了预防而用的药膏、消毒剂、防蚊水等，还可以在超市里买到。

제9과

약을 먹었는데도 낫지 않아요

It's not getting any better even after taking medicine

薬を飲んだのに治りません

尽管吃了药还是没有好

- **Objectives** to be able to use the hospital
- **Vocabulary** health insurance card, medical office, nurse
  Vocabulary related to the hospital
- **Grammar** -는데도, -네요
- **Task** Talk about your symptoms at the hospital and write about your experience using the hospital
  Using health insurance, the emergency room, and a herb clinic
  Read some information about an international medical office and talk about it

- 学習目標 病院を利用できる
- 語彙 医療保険証、診療室、看護師
  病院に関連する語彙
- 文法 -는데도, -네요
- 課題 病院で医師に症状を話し、病院利用経験を書く
  医療保険、救急治療室、漢方医院を利用する
  国際診療所の案内文を読んで話す

- 学习目标 可以在医院看病
- 词汇 医疗保险证，诊疗室，护士
  有关医院的词汇
- 语法 -는데도, -네요
- 课堂练习 在医院对医生描述症状并写去医院看病的经历
  使用医疗保险、急诊室、韩医院
  阅读介绍国际诊所的指南并说一说

EN

Staff Worker	Your cough sounds bad.
Yuri	(coughing) It's not getting any better even after taking medicine.
Staff Worker	Please show me your ID card or health insurance card.
Yuri	Here is my passport.
Staff Worker	Okay, please wait in front of medical office 5. When the nurse calls your name, you may go in.
Yuri	Okay, thank you.

JP

職員	咳をひどくなさいますね。
ユリ	(ゴホンゴホン)薬を飲んだのに治りません。
職員	身分証か医療保険証を見せてください。
ユリ	ここにパスポートがあります。
職員	では、あちらの5番診療室の前でお待ちください。看護師が名前を呼んだらお入りください。
ユリ	はい、わかりました。

CH

职　员	咳嗽咳得挺严重的啊。
有　莉	(吭吭的咳嗽声)尽管吃了药还是没有好。
职　员	请出示一下你的身份证或者医疗保险证。
有　莉	这是我的护照。
职　员	好的。请在那边的5号诊疗室门口等一下。护士叫你名字的时候再进去。
有　莉	好，知道了。

문법

1 -는데도, -은데도/ㄴ데도

- This is placed after an action verb or descriptive verb stem and is used when the result of the second clause happened to be completely unexpected from the situation of the first clause. It is also used when the action or condition of the second clause occurs with no relation to the situation of the first clause.
- After an action verb stem, use '-는데도'. In the case of a descriptive verb, use '-은데도' when the stem ends with a consonant, and use '-ㄴ데도' when it ends with a vowel.

- I don't gain weight even though I eat a lot.
- He doesn't go to the hospital even though he is very sick.
- My grades don't get better even though I study hard.
- My little sister loves going to the Noraebang even though she can't sing well.

- 動詞や形容詞の語幹の後に付き、後ろの文章の結果が前の文章の状況では全く予想できない結果だったとき、すなわち前の状況と関係なく後ろの動作や状態が起こった時に使われる。
- 動詞の語幹の後には '-는데도'が、形容詞の場合語幹が子音で終わるときは'-은데도'が、母音で終わるときは'-ㄴ데도'が使われる。

- たくさん食べたのに太りません。
- ひどく痛いのに病院に行きません。
- 熱心に勉強したのに成績が上がりません。
- 私の弟は歌が下手なのにカラオケに行くのが好きです。

- 用于动词或形容词词干后，表示后一句的结果是前一句的情况所预想不到的，即后面的动作或状态的发生与前面的情况没有关联。
- 动词词干后加'-는데도'，形容词词干以辅音结尾的加'-은데도'，以元音结尾的加'-ㄴ데도'。

- 尽管吃得很多，可还是没有长胖。
- 尽管病得很严重也没有去医院。
- 尽管很认真地学习了，成绩也没有上升。
- 我的弟弟尽管歌唱得不好，但很喜欢去KTV。

2 -네요

- This is placed after an action verb or descriptive verb stem and is used to state the new information you have learned after you have heard or seen something.

  - Wow, there are many students in the university even though it's vacation time.
  - Wow, Nicole! You can really draw.
  - Wow, the facilities of this hospital are nice and the doctors are so kind.
  - Wow, look at this report. A new medication for cancer treatment has come out in our country.

- 動詞や形容詞の語幹の後に付き、聞いたり見たりして新しくわかった事実を話すとき使われる。

  - 休みなのに学校に学生たちが多いですね。
  - ニコルさん、本当に絵を上手に描きますね。
  - この病院は施設がよくて医者たちが親切ですね。
  - この記事をちょっと見てください。わが国で新しい癌治療薬が出たんですね。

- 用于动词或形容词词干后，表示听到或看到某些新的事情。

  - 尽管是放假，学校里的学生还是很多啊。
  - 妮可，你画儿画得真好啊。
  - 这家医院的设施很好，医生也好亲切啊。
  - 看看这则报道，我们国家研究出治疗癌症的新药了。

제 10 과

운동을 해야 건강하게 체중을 줄일 수 있어요

You can lose weight in a healthy way only when you exercise

運動をしてこそ健康に体重を減らすことができます

只有运动才能健康地减轻体重

- **Objectives** to be able to express your opinions about health
- **Vocabulary** to gain weight, to starve, to lose weight
  Vocabulary related to health
- **Grammar** -어야, -을래요?
- **Task** Talk about common sense concerning health
  Listen to a public announcement about health information and talk about it
  Read an article on health and dieting and write your thoughts

- 学習目標 健康に対する意見を表現することができる
- 語彙 太る、食事を抜く、体重を減らす
  健康に関連する語彙
- 文法 -어야, -을래요?
- 課題 健康の常識について話す
  健康情報番組を聞いて話す
  健康・ダイエットについての文を読んで考えを書く

- 学习目标 表达关于健康的看法
- 词汇 长胖，饿，减轻体重
  有关健康的词汇
- 语法 -어야, -을래요?
- 课堂练习 谈谈关于健康的常识
  听听健康信息广播并说一说
  阅读关于健康、减肥的文章并写出看法

EN

Yuri	Do you want to go eat dinner?
Youngju	I'm not eating dinner these days because I keep gaining weight.
Yuri	It's not good to starve yourself. You can lose weight in a healthy way only when you exercise.
Youngju	But it's hard to exercise by myself.
Yuri	Then do you want to exercise together starting tomorrow?
Youngju	Okay, what kind of exercise shall we do?

JP

ユリ	夕食を食べに行きませんか。
ヨンジュ	太ってきたのでこの頃夕食は食べません。
ユリ	食事を抜いたら健康に良くないですよ。運動をしてこそ健康に体重を減らすことができます。
ヨンジュ	そうですが、一人で運動するのは簡単ではありません。
ユリ	じゃあ、私たちあしたからいっしょに運動しませんか。
ヨンジュ	いいですよ、どんな運動をしましょうか。

CH

有 莉	要一起吃晚饭吗？
英 珠	我总是在长胖，最近不吃晚饭了。
有 莉	挨饿的话对身体不好。只有运动才能健康地减轻体重。
英 珠	但是自己一个人运动很难啊。
有 莉	那么从明天开始我们一起运动好吗？
英 珠	好啊，做什么运动好呢？

문법

1 -어야/아야/여야

- This is placed after an action verb or descriptive verb stem and is used to show that the fact or situation in the first clause is a necessary condition for the situation of the second clause.
- If the action verb or descriptive verb stem ends with a vowel (with the exception of '아, 야, 오'), use '-어야'. If the stem ends with the vowel '아, 야, or 오', use '-아야'. When the stem ends with '하다,' use '-여야'.

- We can depart only after it stops raining.
- You need to exercise during the day so you can fall asleep easily.
- You can speak Korean well only if you study hard.
- They say you need to eat a good breakfast so you can have good brain activity.

- 動詞、形容詞の語幹の後に付き、前の事実や状況が後ろの状況に必ず必要な条件であることを表す。
- 動詞や形容詞の語幹が'아, 야, 오'以外の母音で終わるときは'-어야'が、'아, 야, 오'の母音で終わるときは'-아야'が、'하다'で終わる場合は'-여야'が使われる。

- 雨が止んでこそ出発できます。
- 昼に運動をしてこそ夜によく眠れます。
- 熱心に勉強をしてこそ韓国語を上手にできます。
- 朝御飯をよくたべてこそ脳が活発に動くといいます。

- 用于动词或形容词词干后，表示前一句的事实或情况是后一句的必要条件。
- 动词或形容词词干后除了以元音'아、야、오'结尾的加'-어야'，以元音'아、야、오'结尾的加'-아야'，以'하다'结尾的加'-여야'。

- 只有雨停了才能出发。
- 只有白天做了运动晚上才能睡眠好。
- 只有认真学习才能学好韩语。
- 听说只有好好地吃早饭大脑才能充分地运作。

2 -을래요/ㄹ래요?

- This is placed after an action verb stem and is used to ask another person their intention or opinion about something. It is usually used when speaking with someone you are close to.
- If the action verb stem ends with a consonant, use '-을래요'. If it ends with a vowel, use '-ㄹ래요'.

  - What do you want to eat?
  - I made this rice drink. Do you want to drink some?
  - We are going to go bowling. Do you want to come with us?
  - I am going to sign up for membership at the health club. Do you want to sign up, too?

- 動詞の語幹の後に付き、あることに対して相手の意向を聞くときに使用される。主に近い間柄で使われる。
- 動詞の語幹が子音で終わるときは '-을래요'が、母音で終わるときは '-ㄹ래요'が使われる。

  - 何食べようか。
  - 私が作ったシッケなんだけどちょっと飲んでみる？
  - 今ボウリングしに行くのですがいっしょに行きませんか。
  - ヘルスクラブに登録しようと思うのだけどあなたもいっしょに通う？

- 用于动词词干后，表示就某件事情询问对方的意见。主要用于关系较近的人之间。
- 动词词干以辅音结尾的加'-을래요'，以元音结尾的加'-ㄹ래요'。

  - 想要吃什么？
  - 这是我做的甜酒，要尝一下吗？
  - 我现在要去打保龄球，你要一起去吗？
  - 我想要去健身俱乐部报名，你也要一起去吗？

EN

Korean food that is healthy for you

In Korean food, there are many dishes made with vegetables. You don't gain weight easily because these dishes are rich in vitamins and fiber, as well as low in calorie. In addition, there are many fermented dishes in Korean food such as fermented soybean paste, fermented red pepper paste, and kimchi. Fermented foods reduce cholesterol and is known to aid in fighting cancer. And when eating meat in Korean food, it is eaten with vegetables and so they say that you do not get fat easily.

JP

健康に良い韓食

韓食には野菜で作った食べ物が多いです。そのためビタミンや繊維質が多く、カロリーが低くてあまり太りません。そして韓食には味噌、唐辛子味噌、キムチのような醗酵食品が多いです。醗酵食品はコレステロールを減らしてくれ癌に勝つのに役に立つといいます。肉を食べるときも野菜といっしょに食べるため体の中に脂肪があまりたまらないといいます。

CH

有利健康的韩食

在韩食中有很多用蔬菜制作的食物，它们含有较多的维生素和纤维物质，卡路里也比较低所以不会发胖。同时在韩食中有许多类似于大酱、辣椒酱、泡菜的发酵食品，这些发酵食品能帮助降低胆固醇，抑制癌症的发生。就是在吃肉的时候也会配上蔬菜一起吃，因此不会使脂肪在身体内过度堆积。

제 11 과

초대를 받았는데 빈손으로 갈 수는 없잖아요

We were invited so we can't go empty-handed

招待を受けたのに手ぶらで行けないじゃないですか

接到了邀请总不能空手去吧

- **Objectives** to be able to plan a meeting and invite people
- **Vocabulary** empty-handed, basket, each one/individually
  Vocabulary related to invitations
- **Grammar** -잖아요, -지 그래요?
- **Task** Making invitation plans
  Listen to a conversation about invitations and presents
  Read an invitation card and write your own invitation card

- 学習目標 集まりを計画して招待できる
- 語彙 手ぶら、かご、各自
  招待に関連する語彙
- 文法 -잖아요, -지 그래요?
- 課題 招待の計画を立てる
  招待とプレゼントに関する会話を聞く
  結婚式の招待状を読んで招待状を書く

- 学习目标 能够策划聚会并进行邀请
- 词汇 空手，篮子，各自
  有关邀请的词汇
- 语法 -잖아요, -지 그래요?
- 课堂练习 制定邀请计划
  听有关邀请和礼物的对话
  阅读喜帖并写邀请函

EN

Yuri	Stefan, your aunt invited our whole class to her home, so what should we buy to take to her?
Stefan	She said that since we are all students, we should just come.
Yuri	But we were invited so we can't go empty-handed.
Youngju	Why don't you buy a fruit basket?
Yuri	Well, a fruit basket is pretty, but isn't it too expensive?
Michael	Then let's have everyone bring a souvenir from his or her own country.

JP

ユ リ	シュテファンさんのおばさんがうちのクラスメートをご招待なさったんだけど何を買っていきましょうか。
シュテファン	みんな学生だからただ来なさいとおっしゃってましたよ。
ユ リ	でも招待を受けたのに手ぶらでいけないじゃないですか。
ヨンジュ	果物のかごを買っていったらどうですか。
ユ リ	さあ、物のかごはきれいですがとても高くありませんか。
マイケル	じゃあ、各自自分の国の記念品をひとつずつ持っていきましょう。

CH

有 莉	史蒂芬的姨妈邀请了我们班的同学，我们买些什么东西去呢？
史蒂芬	她说我们都是学生，直接去就行了。
有 莉	再怎么说接到了邀请总不能空手去吧。
英 珠	买一个果篮怎么样？
有 莉	可是，果篮虽然漂亮可是太贵了吧？
麦 克	那么我们各自带上自己国家的一个纪念品过去吧。

문법

1 -잖아요

- This is placed after an action verb or descriptive verb stem and is used to repeat something already spoken or when confirming a fact that the other person is already aware of.

  - A: They say that Michael has become the class president.
    B: He's pretty popular with his classmates.
  - A: Youngsu received a scholarship this semester.
    B: He studied really hard last semester.
  - A: I heard that Junghee is getting married in Hawaii.
    B: The man she will marry is an American.
  - A: Manager Kim, do you want to have dinner after work today?
    B: We are having a house-warming party at our supervisor's home tonight.

- 動詞や形容詞の語幹の後に付き、すでに言ったことや相手が知っている事実を確認するときに使われる。

  - 가: マイケルさんが級長になったそうです。
    나: クラスメートにとても人気じゃないですか。
  - 가: ヨンスさんが今学期に奨学金をもらいました。
    나: 前の学期で勉強を一所懸命したじゃないですか。
  - 가: ジョンヒさんがハワイで結婚したそうです。
    나: 結婚相手がアメリカ人ではないですか。
  - 가: キム代理、今日仕事が終わってから晩御飯を一緒に食べようか。
    나: 今日の夜は部長のお宅で引っ越し祝いをするじゃないか。

- 用于动词或形容词词干后，表示确认已经说过的或对方已经知道的事情。

  - 甲：听说麦克成为班长了。
    乙：他在同学之间人气不是很高么。
  - 甲：听说政喜在夏威夷结婚了。
    乙：和她结婚的不是美国人嘛。
  - 甲：英秀这个学期获得奖学金了。
    乙：他上个学期不是很认真地学习了嘛。
  - 甲：金代理，今天下班后一起吃晚饭好吗?
    乙：今天晚上部长家不是要办乔迁宴么。

2 -지 그래요?

- This is placed after an action verb or descriptive verb stem and is used to offer a suggestion or recommendation to someone.

  - Since it's your first birthday to celebrate in Korea, why don't you invite your classmates?
  - The weather is cold so why don't you put on some thicker clothes?
  - A: I can't study well.
    B: Why don't you go outside and get some fresh air.
  - A: Where do you think we should have this year's new students' welcoming party?
    B: Why not have it at the Seyeon Restaurant in front of school? They have a large room that fits a lot of people.

- 動詞や形容詞の語幹の後に付き、相手に提案したり推薦するときに使われる。

  - 韓国に来てはじめて向かえる誕生日だからクラスメートたちを招待したらどうですか。
  - 天気が寒いのだから厚い服を着て出ていったらどうですか。
  - A: 勉強がうまくいかないんですよ。
    B: 外に出て風にでも当たってきたらどうですか。
  - A: 今回の新入生歓迎会はどこでしましょうか。
    B: 学校の前のセヨン食堂でしたらどうですか。大勢で座れる大きな部屋があります。

- 用于动词或形容词词干后，表示向对方做提议或推荐。

  - 来韩国后的第一个生日，你邀请班里的同学一起怎么样？
  - 天气很冷，你穿上厚点的衣服再出去怎么样？
  - 甲：我的学习状态不太好啊。
    乙：你出去吹吹风再回来怎么样？
  - 甲：这次迎新会在哪里举办好呢？
    乙：在学校前面的世延饭店怎么样？那里有能坐下很多人的大房间。

제 12 과

쇼핑백 안에 뭐가 들어 있습니까?
What was in the shopping bag?
ショッピングバックの中に何が入っていますか
购物袋里面有什么？

- **Objectives** to be able to describe a lost item and use a Lost Items Center
- **Vocabulary** to be round, gold color, wrapping paper
  Vocabulary related to how objects are shaped or formed
- **Grammar** -어 있다, -는 대로
- **Task** Read an article about the Subway Station Lost Items Center and talk about it
  Listen to a public announcement about lost items and missing children and talk about it
  Read an advertisement about a lost item and write one about finding a lost item

- 学習目標 なくした物を描写し、遺失物センターを利用できる
- 語彙 丸い、金色、包装紙
  物の形、形態に関連する語彙
- 文法 -어 있다, -는 대로
- 課題 地下鉄の遺失物センターに対する文を読んで話す
  遺失物と迷子に対する案内放送を聞いて話す
  紛失物の広告を読んで紛失物を探す文を書く

- 学习目标 能够描述遗失物，并使用失物中心
- 词汇 圆的，金色，包装纸
  有关物品模样、形态的词汇
- 语法 -어 있다, -는 대로
- 课堂练习 阅读关于地铁失物中心的文章并谈一谈
  听关于失物和迷路儿童的广播通知并说一说
  阅读失物广告并写作寻物启事

EN

Staff Worker	Welcome. How can I help you?
Yuri	I lost my shopping bag.
Staff Worker	What was in the shopping bag?
Yuri	There was a round gift box and gold wrapping paper.
Staff Worker	(after confirming) Nothing has been returned yet. If you leave your phone number, we will contact you as soon as it comes in.
Yuri	Yes, please.

JP

職員	いらっしゃいませ。ご用件は何ですか。
ユリ	ショッピングバックをなくしたんです。
職員	ショッピングバックの中に何が入っていますか。
ユリ	丸いプレゼントの箱と、金色の包装紙が入っています。
職員	(確認後) まだ入ってきたものはないんですけど。 電話番号を教えて下されば入ってきたらすぐに連絡を差し上げます。
ユリ	はい、おねがいします。

CH

职员	请进。有什么可以帮助您的吗？
有莉	我的购物袋丢了。
职员	购物袋里面有什么？
有莉	有一个圆形的礼物盒子和金色包装纸。
职员	(确认后)目前还没有收到。 请留下电话号码，一收到就联络您。
有莉	好，拜托了。

문법

1 -어/아/여 있다

- This is placed after an action verb stem and is used to show the continuation of a state after an action is completed. It is used with an action verb without an object.
- If the action verb stem ends with a vowel (with the exception of '아, 야, or 오'), use '-어 있다'. If it ends with '아, 야, or 오,' use '-아 있다'. If the word ends with '하다,' use '-여 있다'.

- There is a clock and a drawing hanging in our classroom.
- Was there a lot of money in the wallet that was lost?
- I came back from my trip and found the lights in my room still on.
- I feel comfortable only when everything is back it belongs.

- 動詞の語幹の後に付きある動作が終わったあとその状態が持続していることを表すとき使われる。目的語を持たない動詞と一緒に使われる。
- 動詞の語幹が'아, 야, 오' 以外の母音で終わるときは'-어 있다'が、'아, 야, 오'の母音で終わるときは'-아 있다'が、'하다'で終わる場合は'-여 있다'が使われる。

- 教室に時計と絵が掛っています。
- なくした財布にお金がたくさん入っていましたか。
- 旅行から帰ってきてみたら私の部屋に明かりがついていました。
- 私はすべての物が元の場所においてあってこそ落ち着きます。

- 用于动词词干后，表示某个动作结束后它的状态还持续着。一般用于不及物动词后。
- 动词词干后除以元音'아、야、오'结尾的都加'-어 있다'，以元音'아, 야, 오'结尾的加'-아 있다'，以'하다'结尾的加'-여 있다'。

- 教室里挂着钟和图画。
- 丢掉的钱包里有很多钱吗？
- 旅行回来发现我房间里的灯是开着的。
- 我只有在所有的东西都放在它们原来该放的地方的时候，心里才是舒服的。

문법

2 -는 대로

- This is placed after an action verb stem and is used to show how something occurs immediately after a certain action or condition. It cannot be used for things in the past.

  - I'll be there as soon as class is over.
  - I'll leave as soon as I find my car keys.
  - Give me a call as soon as you read this message.
  - What's going to happen if you use up all your allowance money as soon as it's given?

- 動詞の語幹の後に付き'前のある動作や状態が表れたら即時、その後にすぐ'の意味を表すとき使われる。過去のことに対しては使うことができない。

  - 授業が終わったらすぐに行きます。
  - 車の鍵を見つけたらすぐに出発するよ。
  - このメッセージをみたらすぐに電話してください。
  - おこづかいをもらってすぐに全部使ってしまったらどうするの？

- 用于动词词干后，表示"前面的动作或状态发生后马上、那之后马上"的意思。不能用于表示过去的事情。

  - 一下课就要走。
  - 一找到车钥匙就出发。
  - 看到这个短信就给我打电话。
  - 一收到零用钱就马上花光那怎么行？

문화

EN

Dasan Call Center

When you lose your passport or possessions, don't know the bus routes, or want to know the time of the last subway train, call the Dasan Call Center. The Dasan Call Center is a information telephone service in Seoul. You can use this service by dialing 120 without an area code on a cell phone or regular phone. It is open 24 hours a day, 365 days a year and you can receive assistance in English, Chinese, Japanese, Vietnamese, or Mongolian. If you ask any question about transportation, deliveries, emergency healthcare, or cultural events, they will answer you kindly.

JP

ダサンコールセンター

パスポートや物をなくしてしまったとき、バスの路線がわからないとき、地下鉄の終電の時間を知りたいとき、'ダサンコールセンター'に電話してみてください。ダサンコールセンターはソウル市で運営する案内電話サービスです。携帯電話や一般電話で局番なしで120番を押せばサービスを利用できます。365日24時間運営していて、英語、中国語、日本語、ベトナム語、モンゴル語でも案内を受けられます。交通、水道、救急医療、文化行事などソウル市で起こるすべてのことについて質問すると親切に答えてくれます。

CH

茶山呼叫中心

当你丢了护照或物品的时候，当你不知道公车路线的时候，当你想知道地铁末班车时间的时候，请拨打"茶山呼叫中心"。茶山呼叫中心是首尔市运营的热线电话服务。无论是用手机还是座机，不需要加拨任何区号，直接拨打120就可以使用该服务。365天全天24小时运作，提供包括英语、汉语、日语、越南语、蒙古语等的语言服务。当您对交通、应急治疗、文化活动等首尔市内发生的一切事情有疑问时，都会给您带来亲切的回答。

제 13 과

다들 얼마나 만나고 싶었는지 몰라요

You have no idea how much I wanted to meet all of you

みんなどんなに会いたかったかわかりません

都不知道我有多想你们呢

- **Objectives** to be able to greet one another according to visitation etiquette
- **Vocabulary** referring to more than one person, all, neighborhood
  Vocabulary related to visitations
- **Grammar** 얼마나 -는지 모르다, -던
- **Task** Listen to a conversation about etiquette during visitations and talk about it
  Learn different greetings for visitations and participate in a situational role play
  Read a letter written after a homestay and write your own letter

- 学習目標 訪問のマナーに合う挨拶をかわすことができる
- 語彙 (語尾や副詞について)みんなそれぞれ、みんな、町(近所)
  訪問に関連する語彙
- 文法 얼마나 -는지 모르다, -던
- 課題 訪問のマナーに関連した会話を聞いて話す
  訪問関連の挨拶を練習し状況に合った役割を演じる
  ホームステイの後の手紙を読んで手紙を書く

- 学习目标 能够符合到访礼节打招呼
- 词汇 -们，还，小区
  有关到访的词汇
- 语法 얼마나 -는지 모르다, -던
- 课堂练习 听有关到访礼节的对话并进行口语练习
  练习有关到访的问候语并进行角色扮演
  阅读关于外国家庭寄宿生活的信件并写信

EN

Aunt	Come in. You have no idea how much I wanted to meet all of you.
Michael	Thank you for inviting us. Please receive this.
Aunt	Oh, you shouldn't have! It wasn't too difficult finding my house, was it?
Michael	This is the neighborhood where I used to live so it was easy to find.
Aunt	Oh, I see. You guys are hungry, right? I didn't get to prepare too much, but please have a big helping.
Michael	Wow! Why have you prepared so much food? It really looks delicious.

JP

おばさん	みんないらっしゃい。みんなどんなに会いたかったかわかりません。
マイケル	招待してくださってありがとうございます。これどうぞ。
おばさん	まあ、こんな物を・・・家を探すのが大変じゃなかったですか。
マイケル	私が前に住んでいたまちなので簡単に見つかりました。
おばさん	ああ、そうですか。おなかすいたでしょう。 準備した物はあまりないけれどたくさん召し上がってください。
マイケル	わあ、なにをこんなにたくさん準備なさったんですか。 本当に美味しそうですよ。

CH

姨 妈	你们快请进。都不知道我有多想你们呢。
麦 克	感谢您邀请我们。请收下这个。
姨 妈	还带了这些东西…… 我家很难找吗?
麦 克	因为是我以前住过的小区，所以很容易就找到了。
姨 妈	哦，原来这样。肚子饿了吧? 也没有准备什么东西，多吃点儿。
麦 克	哇，怎么准备了那么多菜? 看起来真的很好吃啊。

문법

1 얼마나 -는지 모르다, 얼마나 -은지/ㄴ지 모르다

- This is used together with an action verb or descriptive verb stem and is used to emphasize the considerableness of an aforementioned situation.
- After an action verb stem, use '-는지'. If a descriptive verb stem ends with a consonant, use '-은지', and if it ends with a vowel, use '-ㄴ지'.

- You don't know how cute my nephew is these days.
- You don't know how good my aunt's cooking is.
- You have no idea how worried I was because you didn't answer the phone.
- I played the Korean stick game 'yut' at my Korean friend's house, and you don't know how much fun I had.

- 動詞や形容詞の語幹と一緒に使われ前の状況が相当なものであることを強調する時使われる。
- 動詞の語幹の後には'-는지'が、形容詞の場合は語幹が子音で終わるときは'-은지'が、母音で終わるときは'-ㄴ지'が使われる。

- この頃うちの甥がどんなにかわいいかわかりません。
- うちのおばがどれほど料理を上手に作るのかわかりません。
- 電話に出ないのでどんなに心配をたくさんしたかわかりません。
- 韓国の友だちの家でユンノリをしたのですが、どんなにおもしろかったのかわかりません。

- 用于动词或形容词词干后，表示强调前面的这个情况很严重。
- 动词词干后加'-는지'，形容词词干以辅音结尾的加'-은지'，以元音结尾的加'-ㄴ지'。

- 都不知道最近我侄子有多可爱。
- 都不知道我姨妈做菜有多好吃呢。
- 你不接电话都不知道我有多担心。
- 在韩国朋友家玩儿翻板子游戏，都不知道有多好玩呢。

2 -던

- This is placed after an action verb or descriptive verb stem and is used to show an uncompleted action or an action that was repeated or continuous in the past.

  - Did you throw out the juice I had been drinking?
  - You can leave the office first. I'll leave when I finish what I was working on.
  - This is the park where I had exercised every morning.
  - This is the coffee shop where my friends and I would visit often in college.

- 動詞、形容詞の語幹の後に付き、過去の完了していない動作や、過去に反復、持続された動作を表す。'-던'の後には名詞が来る。

  - 私が飲んでいたジュース捨てたの？
  - 先に退勤してください。私はしていた仕事を終わらせてから退勤します。
  - ここが私が毎朝運動していた公園だよ。
  - ここが大学の時友だちとよく行っていたコーヒーショップです。

- 用于动词或形容词词干后，表示过去未完成的动作或过去反复、持续进行的动作。'-던'后接名词。

  - 你扔了我刚喝的果汁了吗？
  - 请先下班吧。我把之前的事情做完了再下班。
  - 这里是（以前）我每个早晨做运动的公园。
  - 这里是我大学的时候和朋友经常去的咖啡厅。

제 14 과

창가 자리로 달라고 하세요
Ask for window seat
窓際の席にしてくれといってください
要一个靠窗的位置

- **Objectives** to be able to make a reservation and confirm it
- **Vocabulary** final/last, to be fancy/to be lovely/to be splendid, window seat
  Vocabulary related to reservations
- **Grammar** -을 테니까, -어 달라고 하다
- **Task** Making reservations by phone
  Listen to a reservation situation and talk about it
  Read a review about a hotel and write your own review about a hotel or restaurant

- 学習目標 予約と予約確認ができる
- 語彙 最後、すてきだ、窓際の席
  予約に関連する語彙
- 文法 -을 테니까, -어 달라고 하다
- 課題 電話で予約する
  予約関連の状況を聞いて話す
  ホテルの感想などを読んでホテルや食堂の感想を書く

- 学习目标 学会预约及确认预约
- 词汇 最后，好看，靠窗位置
  有关预约的词汇
- 语法 -을 테니까, -어 달라고 하다
- 课堂练习 用电话预约
  听听有关预约的情况并说一说
  阅读评论酒店的文章并写作酒店或餐厅的评论

EN

Shaoming	Where should we hold our class farewell party?
Yuri	Since it's our last meeting, it would be nice to go somewhere fancy.
Shaoming	The restaurant where we held our company dinner had good food and the atmosphere was nice.
Yuri	Then let's go there.
Shaoming	I'll make the reservations. Can you let all our friends know?
Yuri	Yes. And when you make reservations, you must ask for window seat.

JP

シャオミン	うちのクラスの送別会をどこでしましょうか。
ユリ	最後の集まりだからすてきなところに行けたらいいですね。
シャオミン	会社の会食のときに行った食堂が食べ物も美味しくて雰囲気も良かったです。
ユリ	じゃあ、そこに行きましょう。
シャオミン	私が予約をしますから、ユリさんが友だちに連絡してくれますか。
ユリ	はい。それから予約するとき必ず窓際の席にしてくれといってください。

CH

小　明	我们班的欢送会在什么地方举行好呢？
有　莉	因为是最后一次聚会，要是能找个不错的地方就好了。
小　明	公司会餐的时候去过一个饭店，菜也好吃，氛围也不错。
有　莉	那么就去那里吧。
小　明	我来预约，有莉你就联络朋友们可以吗？
有　莉	好。还有，你预约的时候，一定要请饭店职员安排靠窗的位置啊。

문법

1 -을/ㄹ 테니까

- This is placed after an action verb or descriptive verb stem and is used to connect something that has not yet been completed as a reason for the second part of the sentence. When the subject is in the first person, the first clause refers to the intention or expectation of the speaker. When the subject is in the third person, a guess is being made.
- When the stem ends with a consonant, use '-을 테니까'. When it ends with a vowel, use '-ㄹ 테니까'.

- I'll make all the preparations for the move, so don't worry too much.
- It's going to rain in the afternoon, so you need to go out with an umbrella.
- It's a Saturday. Let's reserve our movie tickets before we go because there will be a lot of people.
- I'll make the reservations for the hotel, so Junghee, please make the car rental reservations.

- 動詞や形容詞の語幹の後に付きまだ完了されてないことを後の文章に理由として連結するとき使われる。主語が一人称のときは前の文章が話している人の意志や予定を表し、主語が三人称のときは推測を表す。
- 語幹が子音で終わるときは '-을 테니까' が、母音で終わるときは'-ㄹ 테니까' が使われる。

- 引っ越しの準備は私が全部やるからあまり心配するな
- 午後に雨が降るだろうから、傘を持って出かけなければなりません。
- 土曜日なので人が多いだろうから映画のチケットを予約していきましょう
- ホテルは私が予約するから、ジョンヒさんはレンタカーを予約してください。

- 用于动词或形容词词干后，表示前面还未完成的事情是后一句的原因。主语是第一人称时，前一句话表示说话者的意志或打算。主语是第三人称时，表示的是推测。
- 词干以辅音结尾的加'-을 테니까'，以元音结尾的加'-ㄹ 테니까'。

- 搬家的准备都由我来做，别太担心了。
- 下午要下雨，带上伞再出去。
- 因为周六人会很多，先预购了电影票再一起去吧。
- 酒店由我来预约，政喜你来租车吧。

2 -어/아/여 달라고 하다, 을/를 달라고 하다

- This is placed after an action verb or noun. It is an expression of indirect speech used when you take subject's request to another person.
- When the action verb stem ends with a vowel (with the exception of '아, 야, and 오'), use '-어 달라고 하다'. When the stem ends with the vowel of '아,야, or 오,' use '-아 달라고 하다'. When the word ends with '하다,' use '-여 달라고 하다'. When a noun ends with a consonant, use '을 달라고 하다'. when a noun ends with a vowel, use '를 달라고 하다'.

- I asked the restaurant employee to give us non-smoking seats.
- I asked my Korean friend to make reservations for the rooms with the floor heater (ondol) for us.
- I asked someone passing by me on the streets for directions.
- I was absent yesterday and so I asked Yuri to show me her notebook.

- 動詞や名詞の後に付き主語が違う人に'―してください', '―をください'とお願いする内容を自分の言葉に置き換えて話すとき使われる間接話法の表現だ。
- 動詞の語幹が '아, 야, 오'を除いた母音で終わるときは '-어 달라고 하다'が、'아,야,오'の母音で終わるときは '-아 달라고 하다'が、'하다'で終わる場合は'-여 달라고 하다'が使われる。名詞が子音で終わるときは'을 달라고 하다'が、母音で終わるときは'를 달라고 하다'が使われる。

- 食堂の職員に禁煙席にしてくれと頼みました。
- 韓国の友だちにオンドル部屋を予約してくれと言いました。
- 通りがかりの人に道を教えてくれと頼みました。
- 昨日欠席したのでユリにノートをみせてくれといった。

- 用于动词或名词后，是一种主语向别人提出"请……"或"请给我……"的请求内容转由自己说出时而使用的间接引语表现形式。
- 动词词干后除元音'아、야、오'结尾的都加'-어 달라고 하다'，以元音'아、야、오'结尾的加'-아 달라고 하다'，以'하다'结尾的加'-여 달라고 하다'，名词以辅音结尾的加'을 달라고 하다'，以元音结尾的加'를 달라고 하다'。

- 我请饭店职员给我禁烟区的位置。
- 我请韩国朋友为我预约了暖炕房。
- 向路过的人问了路。
- 因为昨天缺席了，向有莉要了笔记本来看。

문화

EN

Train reservations during the holidays

It is very difficult to purchase train tickets during the holidays like New Year's and Thanksgiving because many Koreans travel to their hometown. On average, the reservation schedule comes out about 40 days before a holiday, and you can make an actual reservation about 30 days ahead of time. There are more trains running during the holiday season. However, the tickets for the seats at the time that people want to buy are quickly soldout as soon as the reservation period starts. In addition, once the internet reservations begin, the connection can be poor because so many people come onto the website at the same time. It's a good idea for foreigners to avoid this time when purchasing train tickets.

JP

名節（祝祭日）の時の汽車予約

旧正月や秋夕のような祝祭日には多くの韓国人が故郷に行くため汽車の切符を買うのが非常に難しいです。普通祝祭日の40日ほど前に予約の日程が出て実際に予約、前売りは30日ほど前にできます。祝祭日の時は列車がより多く運行します。それでも多くの人たちが買いたい良い時間帯の切符は予約が始まるとすぐに売り切れになります。またインターネット予約が始まると多くの人たちがインターネットサイトに集まり接続がうまくいかないこともあります。外国人はこの時を避けて汽車の切符を予約して買うのがいいでしょう。

CH

过节时的火车票预约

像春节或中秋这样的节日，很多韩国人都要回故乡，所以火车票会非常难买。一般节前40天左右预约日程表会出来，节前30天左右可以开始预购。节日期间列车会加次运行，但一般大家都想买的好时间段的车票一开始预购后马上就会卖完。另外，网上预约开始时，大家都会聚集到网站，这时会出现连接不畅的情况。外国人一般避开这个时间来购票会比较好。

제 15 과

일 년 더 있게 됐어요
I'm going to stay another year
もう一年いることになりました
还会在这里一年

- **Objectives** to be able to talk about your future plans at a farewell party
- **Vocabulary** research center, sometime, to take the role of president
  Vocabulary related to occupations
- **Grammar** –게 되다, –어야겠다
- **Task** Talk about future plans at a farewell gathering
  Listen to a conversation at a farewell party and talk about it
  Write about your own future plans

- 学習目標 送別会で未来の計画について話すことができる
- 語彙 研究所、いつかは、会長を担当する
  職業に関連する語彙
- 文法 –게 되다, –어야겠다
- 課題 送別会で未来の計画を話す
  送別会の会話を聞いて話す
  未来の計画に対する文を読み自身の未来の計画を書いてみる

- 学习目标 能够在欢送会上说说将来的计划。
- 词汇 研究所，有一天，当会长
  有关职业的词汇
- 语法 –게 되다, –어야겠다
- 课堂练习 在欢送会上说说将来的计划
  听欢送会上的对话并说一说
  阅读关于未来计划的文章并试写自己将来的计划

EN

Yuri	Shaoming, how long will you stay in Korea?
Shaoming	Because of my work, I'm going to stay another year. What about you, Yuri?
Yuri	I want to work in a research center after finishing my graduate school studies in Korea.
Stefan	I want to try business in Korea some time in the future.
Michael	I think I need to stay in Korea for a long, long time, too.
Yuri	Let's start a gathering and meet often. How about Shaoming taking the job as the president of our group?

JP

ユリ	シャオミンさんはいつまで韓国にいらっしゃるんですか。
シャオミン	会社の仕事のため、もう一年いることになりました。ユリさんは？
ユリ	私は韓国で大学院を終えてから研究所で働きたいです。
シュテファン	私もいつかは韓国で自分の事業をしてみたいです。
マイケル	私もずっと韓国にいなくてはいけないんですよ。
ユリ	私たち集まりを作ってよく会いましょう。 私たちの集まりの会長はシャオミンさんが担当するのはいかがですか。

CH

有　莉	小明你会在韩国待到什么时候?
小　明	因为公司的事还会在这里一年。有莉你呢?
有　莉	我在韩国的研究生院毕业后想去研究所工作。
史蒂芬	我也想有一天在韩国开展我的事业。
麦　克	我也应该会在韩国待很长很长的时间。
有　莉	我们经常办聚会见面吧。 我们让小明当聚会的会长怎么样?

문법

1 -게 되다

- This is placed after an action verb stem and is used to indicate a situation caused by another person's action or external condition arises. And the situation is different from subject's will or wish.

  - I will go on a business trip because of some company work.
  - I can speak Korean well because I practiced hard.
  - After getting into a car accident, I hate driving.
  - I am not able to attend the farewell party because an urgent matter came up.

- 動詞の語幹の後に付き主語の意志や期待とは違いほかの人の動作やある外部的な条件によってある状況がおこることになったときに使われる。

  - 会社の用事で出張に行くことになりました。
  - 一所懸命練習して韓国語がうまくできるようになりました。
  - 交通事故を起こした後から運転がきらいになりました。
  - 急な用事ができて送別会に出席することができなくなりました。

- 用于动词词干后，表示与说话人的意志或愿望不同，因为别人的动作或某些外部条件形成了某种情况。

  - 因为公司的事儿要出差了。
  - 通过认真地练习，现在韩语已经说得很好了。
  - 出了交通事故后就讨厌开车了。
  - 发生了紧急事情，参加不了欢送会了。

2 -어야겠다/아야겠다/여야겠다

- This is placed after an action verb stem and is used to show the speaker's strong intention or objective to do something.
- If the action verb stem ends with a vowel (with the exception of '아, 야, 오'), use '-어야겠다'. If the stem ends with the vowels 아, 야, or 오, use '-아야겠다.' When the stem ends with '하다,' use '-여야겠다'.

  - If I don't want to miss the train, I need to hurry.
  - Since the weather is so bad, I'll have to cancel the appointment to go mountain hiking.
  - I should prepare a present to give to my friends at the farewell party.
  - I'll have to pull out some money as soon as class is over because I don't have any cash.

- 動詞の語幹の後に付き話者の強い意志またはある目的のためにあることを必ず行わなくてはならないという意味を表すとき使われる。
- 動詞や形容詞の語幹が'아, 야, 오'を除いた母音で終わるときは'-어야겠다'が、'아, 야, 오'の母音で終わるときは'-아야겠다'が、'하다'で終わる場合は'-여야겠다'が使われる。

  - 汽車の時間に遅れないようにするには急がなくてはなりません。
  - 天気がとても悪いので登山の約束を取り消さなくてはなりません。
  - 送別会の時友だちにあげるプレゼントを準備しなくてはなりません。
  - 現金がまったくないので授業がおわったらすぐお金をおろさなくてはなりません。

- 用于动词词干后，表示说话人的强烈意志，或为了某个目的一定要做某件事的意思。
- 动词或形容词词干后除了以元音'아、야、오'结尾的都加'-어야겠다'，以元音'아、야、오'结尾的加'-아야겠다'，以'하다'结尾的加'-여야겠다'。

  - 如果不想错过火车时间的话应该要快点了。
  - 因为天气太差了，登山计划应该要取消了。
  - 应该要准备欢送会时给朋友的礼物了。
  - 因为没有一点现金，所以一下课要马上去取钱。

부록

2. 문법 활용연습

제1과 한국 대학교에서 공부하기 위해서 한국말을 배워요

1 -기 위해서

1. 알맞은 말을 골라 **보기** 와 같이 문장을 완성하십시오.

미래	학생들	부모님	건강해지다	가수가 되다	한국말을 잘하다

보기 학생들을을/를 위해서 새 기숙사를 짓기로 했습니다.

1) ____________________기 위해서 한국 친구와 언어 교환을 해요.

2) ____________________기 위해서 좋은 음식을 먹고 날마다 운동을 해요.

3) 바쁘신 ____________________을/를 위해서 제가 아침 식사를 준비합니다.

4) 저는 저의 ____________________을/를 위해서 열심히 공부하고 아르바이트도 합니다.

5) 한국에서 ____________________기 위해서 날마다 노래 연습과 춤 연습을 하고 있어요.

2. **보기** 와 같이 대화를 완성하십시오.

보기
가: 왜 회사를 그만두셨어요?
나: 유학 준비를 하기 위해서 그만두었습니다.

1) 가: 왜 한옥에서 홈스테이를 해요? 아파트가 편하지 않아요?
나: ______________________________기 위해서 한옥에서 홈스테이를 해요.

2) 가: 왜 한국어를 공부하세요?
나: ______________________________기 위해서 공부합니다.

3) 가: 왜 짐을 싸요? 고향으로 돌아가세요?
나: 아니요, ____.

4) 가: 엠피쓰리(MP3)를 왜 샀어요?
나: ____.

5) 가: 왜 그렇게 열심히 돈을 모아요?
나: ____.

2 이라서/라서

1. 관계있는 것을 연결하고 보기 와 같이 문장을 만드십시오.

보기 시험 때이다	날마다 비가 와요.
1) 장마철이다	학교에 안 갔어요.
2) 1급 학생이다	아직 잘 읽지 못해요.
3) 토요일이다	관광객이 많을 거예요.
4) 유명한 관광지이다	도서관에 사람이 많아요.
5) 내일 어머니 생신이다	가족들이 모여서 식사를 할 거예요.

보기 시험 때라서~~이라서/라서~~ 도서관에 사람이 많아요.

1) ____________ 이라서/라서 ____________.
2) ____________ 이라서/라서 ____________.
3) ____________.
4) ____________.
5) ____________.

2. 보기 와 같이 대화를 완성하십시오.

보기
가: 꽃을 왜 그렇게 많이 샀어요?
나: 여자 친구 생일이라서~~이라서/라서~~ 샀어요.

1) 가: 한복을 입으셨군요. 오늘 무슨 날이에요?
나: ____________ 이라서/라서 ____________.
2) 가: 이 자동차는 왜 이렇게 쌉니까?
나: ____________ 이라서/라서 ____________.
3) 가: 기숙사가 비었네요. 학생들은 모두 어디에 갔어요?
나: ____________.
4) 가: 저 사람은 외국인 같은데 한국말도 잘하고 발음도 좋네요.
나: ____________.
5) 가: 오늘 학교 앞이 왜 이렇게 복잡해요?
나: ____________.

제2과 한국 노래를 들으면서 숙제를 해요

1 -으면/면 -을수록/ㄹ수록

1. 알맞은 말을 골라 보기 와 같이 문장을 완성하십시오.

먹다　보다　만나다　배우다　많다　크다

보기 사과는 크면~~으면/면~~ 클수록~~을수록/ㄹ수록~~ 비싸요.

1) 한국어는 ________으면/면 ________을수록/ㄹ수록 재미있어요.
2) 아름다운 경치는 ________으면/면 ________을수록/ㄹ수록 좋아요.
3) 돈은 ________으면/면 ________을수록/ㄹ수록 편하게 살 수 있어요.
4) 이 과자는 ________으면/면 ________을수록/ㄹ수록 자꾸 먹고 싶어져요.
5) 그 사람은 ________으면/면 ________을수록/ㄹ수록 괜찮은 사람인 것 같아요.

2. 보기 와 같이 대화를 완성하십시오.

보기 가: 그 일을 언제까지 해야 돼요?
나: 빠르면~~으면/면~~ 빠를수록~~을수록/ㄹ수록~~ 좋아요.

1) 가: 부모님께 "사랑해요"라는 말을 그렇게 자주 해요?
나: 네, 좋은 말은 ______으면/면 ______을수록/ㄹ수록 사람의 기분을 더 좋게 만들어요.

2) 가: 저렇게 파도가 높은데 사람들이 서핑을 많이 하는군요.
나: 파도가 ________으면/면 ________을수록/ㄹ수록 서핑이 더 재미있어요.

3) 가: 이제는 고향 생각이 안 나요? 한국 생활을 잘 하는 것 같아요.
나: 아니에요. ________으면/면 ________을수록/ㄹ수록 ____________________.

4) 가: 이게 무슨 맛이에요? 아무 맛도 없어요.
나: 계속 드셔 보세요. ________으면/면 ________을수록/ㄹ수록 ____________________.

5) 가: ________으면/면 ________을수록/ㄹ수록 ____________________?
나: 정답! 걸레요.

2 -으면서/면서

1. 관계있는 것을 연결하고 보기 와 같이 문장을 만드십시오.

보기 슬픈 영화를 봐요.	• ——— •	울었어요.
1) 커피를 마셔요.	• •	책을 읽었어요.
2) 지하철을 타고 와요.	• •	청소해요.
3) 가족 사진을 봤어요.	• •	대학원 공부도 해요.
4) 회사에 다녀요.	• •	이야기를 해요.
5) 음악을 들어요.	• •	고향에 있는 가족 생각을 했어요.

보기 슬픈 영화를 보면서~~으면서/면서~~ 울었어요.

1) ______________________으면서/면서 ______________________.

2) ______________________으면서/면서 ______________________.

3) ____.

4) ____.

5) ____.

2. 관계 있는 것을 골라 보기 와 같이, 같이 할 수 있는 일, 같이 하면 안 되는 일을 써 보십시오.

같이 할 수 있는 일

- 운동하다
- 큰 소리로 따라 하다
- 영화를 보다
- 음악을 듣다
- CD를 듣다
- 팝콘을 먹다

같이 하면 안 되는 일

- 전화하다
- 여자 친구를 사귀다
- 운전하다
- 담배를 피우다
- 길을 걷다
- 다른 여자를 몰래 만나다

보기 운동하면서~~으면서/면서~~
음악을 들으면~~으면/면~~ 좋아요.

1) ______________________
______________________.

2) ______________________
______________________.

3) ______________________으면서/면서
______________________으면/면 안 돼요.

4) ______________________
______________________.

5) ______________________
______________________.

제3과 주말에는 문을 안 열걸요

1 -거든요

1. 관계있는 것을 연결하고 보기 와 같이 문장을 만드십시오.

보기 오늘 밤을 새워야 해요.	선약이 있다.
1) 지하철을 타는 게 좋아요.	친구를 만나기로 했다.
2) 이번 주말에는 푹 쉴 거예요.	제 건 배터리가 나갔다.
3) 2시까지 명동에 가야 해요.	직접 가는 버스가 없다.
4) 휴대전화를 써도 돼요?	이번 주에 일이 너무 많아서 힘들었다.
5) 저는 오늘 반 모임에 못 가요.	내일이 시험인데 공부를 하나도 안 했다.

보기 오늘 밤을 새워야 해요. 내일이 시험인데 공부를 하나도 안 했거든요.

1) ______________________________ 거든요.

2) ______________________________ 거든요.

3) ______________________________.

4) ______________________________.

5) ______________________________.

2. 보기 와 같이 대화를 완성하십시오.

보기
가: 퇴근 안 하세요?
나: 먼저 퇴근 하세요. 저는 일이 남았거든요.

1) 가: 왜 그 회사 화장품만 써요?
나: 싸고 ______________________________ 거든요.

2) 가: 왜 이렇게 조금 드세요?
나: ______________________________ 거든요.

3) 가: 눈이 빨개요.
나: ______________________________.

4) 가: 왜 이사하려고 하세요?
나: ______________________________.

5) 가: 학기가 끝나지 않았는데 왜 고향에 돌아가세요?
나: ______________________________.

2 -을걸요/ㄹ걸요

1. 알맞은 말을 골라 보기 와 같이 대화를 완성하십시오.

문을 닫았다	30분 쯤 걸리다	유리 씨가 알다
세일기간이라서 사람이 많다	눈이 와서 길이 미끄럽다	오늘 저녁에 받을 수 있다

보기
가: 오늘 인터넷으로 주문한 책 언제 받을 수 있을까?
나: 오늘 저녁에 받을 수 있을걸 ~~을걸/ㄹ걸~~.

1) 가: 마이클 씨 전화번호 알아요?
나: 저는 모르는데 ______________________ 을걸요/ㄹ걸요.
2) 가: 지금 백화점에 가려고 해요.
나: ______________________ 을걸요/ㄹ걸요.
3) 가: 여기서 삼성동 코엑스까지 얼마나 걸려요?
나: ______________________.
4) 가: 오늘 운전해도 될까?
나: ______________________.
5) 가: 지금 가도 될까요?
나: ______________________.

2. 보기 와 같이 대화를 완성하십시오.

보기
가: 제임스 씨는 비행기를 탔겠지요?
나: 지금쯤 태평양 바다 위를 날아가고 있을걸요 ~~을걸요/ㄹ걸요~~.

1) 가: 김선생님이 사무실에 계실까요?
나: 퇴근 시간 전이니까 ______________________ 을걸요/ㄹ걸요.
2) 가: 장학금을 꼭 받고 싶어요.
나: ______________________ 을걸요/ㄹ걸요.
3) 가: 내일 가도 그 옷을 살 수 있을까요?
나: ______________________.
4) 가: 유경 씨한테 지금 전화해도 될까요?
나: ______________________.
5) 가: 여행갈 때 현금이 많이 필요할까요?
나: ______________________.

1 -에 비해서

1. 알맞은 말을 골라 **보기** 와 같이 문장을 완성하십시오.

서울	작년	영화	과학	여름옷	남자

보기 서울에 비해서 부산이 더 따뜻해요.

1) ____________에 비해서 겨울옷이 더 비싸요.
2) ____________에 비해서 올해 살이 더 쪘어요.
3) ____________에 비해서 여자가 더 오래 살아요.
4) ____________에 비해서 드라마가 이해하기 쉬워요.
5) 저는 ____________에 비해서 수학이 더 재미있어요.

2. **보기** 와 같이 대화를 완성하십시오.

보기
가: 우유 값이 많이 올랐지요?
나: 네, 다른 음료수 값에 비해서 많이 올랐어요.

1) 가: 말하기가 어려워요? 쓰기가 어려워요?
   나: ____________에 비해서 ____________________.

2) 가: 토요일이 한가해요? 일요일이 한가해요?
   나: ____________에 비해서 ____________________.

3) 가: 버스가 빠릅니까? 지하철이 더 빠릅니까?
   나: ________________________________.

4) 가: 은행원들은 월초에 바빠요? 월말에 바빠요?
   나: ________________________________.

5) 가: 학교 식당 음식이 어때요?
   나: ________________________________.

2 -는 편이다, -은/ㄴ 편이다

1. 다음을 보고 **보기** 와 같이 문장을 완성하십시오.

	우리 반 학생들	영주
잠 자는 시간	6~7시간	8시간
1) 수업 후 하루 공부시간	2~3시간	1시간 30분
2) 하루 운동 시간	30분~1시간	1시간 30분
3) 한 달 용돈	25만원~30만원	40만원
4) 한 달 휴대 전화 요금	4만원~6만원	3만 5천원
5) 하루 아르바이트 시간	날마다 3시간	토요일, 일요일 4시간

보기 영주 씨는 우리 반 학생들에 비해서 잠을 많이 자는 ~~는/은/ㄴ~~ 편이에요.

1) 영주 씨는 우리 반 학생들에 비해서 ______________________ 는/은/ㄴ 편이에요.

2) 영주 씨는 우리 반 학생들에 비해서 ______________________ 는/은/ㄴ 편이에요.

3) 영주 씨는 우리 반 학생들에 비해서 ______________________.

4) 영주 씨는 우리 반 학생들에 비해서 ______________________.

5) 영주 씨는 우리 반 학생들에 비해서 ______________________.

2. **보기** 와 같이 대화를 완성하십시오.

보기
가: 일본어 가르치는 아르바이트가 힘들지 않아요?
나: 괜찮아요. 다른 아르바이트에 비해서 쉬운 ~~는/은/ㄴ~~ 편이에요.

1) 가: 하숙집 음식이 어때요? 입에 맞아요?
   나: 네, 하숙집 아주머니의 음식 솜씨가 ______________ 는/은/ㄴ 편이에요.

2) 가: 외식을 자주 하세요?
   나: 1주일에 세 번쯤 하니까 ______________ 는/은/ㄴ 편이에요.

3) 가: 매운 음식을 잘 드시는 것 같아요. 저는 매워서 자꾸 물을 마시는데……
   나: 저는 ______________________.

4) 가: 지금 사는 집은 교통이 어때요?
   나: ______________________.

5) 가: 이삿짐이 많은데요.
   나: 아니에요, ______________________.

제5과 주말 내내 비가 온다고 해요

1 이라고/라고 하다, -는다고/ㄴ다고/다고 하다, -냐고 하다

1. 보기 와 같이 문장을 바꾸십시오.

> 보기 슈테판 씨 교과서입니다. ➡ 슈테판 씨 교과서라고 이라고/라고 합니다.

1) 그 친구는 영국 사람입니다. ➡ ____________________.

2) 그 사람은 학생이 아닙니다. ➡ ____________________.

3) 내일부터 비가 올 겁니다. ➡ ____________________.

4) 요즘 피곤합니다. ➡ ____________________.

5) 명동에 사람이 많습니다. ➡ ____________________.

6) 그 영화가 재미있습니다. ➡ ____________________.

7) 키가 크지 않습니다. ➡ ____________________.

8) 오후에는 회사에 갑니다. ➡ ____________________.

9) 도서관에서 한국 잡지를 읽습니다. ➡ ____________________.

10) 백화점은 오전 10시 30분에 문을 엽니다. ➡ ____________________.

11) 그 사람은 고기를 먹지 않습니다. ➡ ____________________.

12) 어제 제임스 씨 생일이었습니다. ➡ ____________________.

13) 유리 씨는 어렸을 때 아주 귀여웠습니다. ➡ ____________________.

14) 주말에는 도서관에 가지 않았습니다. ➡ ____________________.

15) 약속을 꼭 지키겠습니다. ➡ ____________________.

보기 마이클 씨가 누구입니까? ➡ <u>마이클 씨가 누구냐고</u> 합니다.

1) 생일이 몇 월 며칠입니까? ➡ ______________________.

2) 주말에 무엇을 할 겁니까? ➡ ______________________.

3) 겨울에 얼마나 춥습니까? ➡ ______________________.

4) 한국말 배우기가 어떻습니까? ➡ ______________________.

5) 오후에는 무엇을 합니까? ➡ ______________________.

6) 어디에서 삽니까? ➡ ______________________.

7) 언제 한국에 왔습니까? ➡ ______________________.

8) 계산은 카드로 하시겠습니까? ➡ ______________________.

2. 제임스 씨가 유리 씨에게 보낸 문자 메시지를 읽고 대화를 완성하십시오.

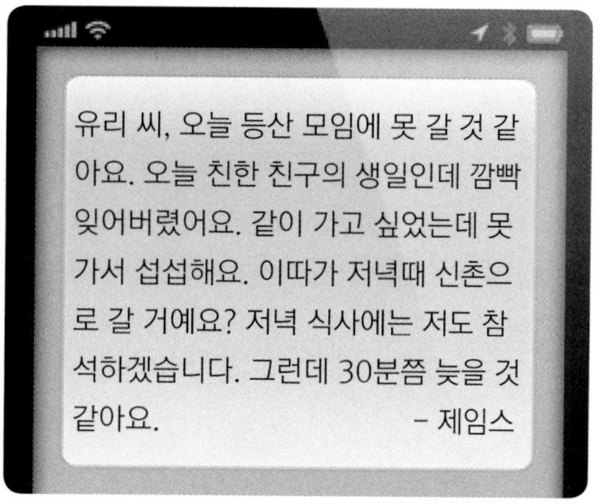

웨이: 제임스 씨는 안 왔어요?

유리: 제임스 씨는 <u>못 올 것 같다고 해요</u>.

오늘이 1) ______________________.

웨이: 제임스 씨가 등산을 꼭 가고 싶어했는데...

유리: 네, 그래서 제임스 씨가

2) ______________________.

그런데 저녁때 3) ______________________.

웨이: 그래요? 저녁때는 올 수 있다고 해요?

유리: 네, 4) ______________________.

그런데 5) ______________________.

2 -더군요

1. 주말에 친구들을 만났습니다. 알맞은 말을 골라 **보기** 와 같이 대화를 완성하십시오.

정말 재미있는 곳이다	춥지 않았는데 바람이 조금 불다
생각보다 싸다	가수처럼 노래를 잘 하다
삼겹살을 먹었는데 정말 맛있다	신촌에 정말 사람이 많다

보기
가: 주말에 신촌에서 친구들을 만났어요?
나: 네, 그런데 신촌에 정말 사람이 많더군요.

1) 가: 춥지 않았어요?
나: ______________________________더군요.

2) 가: 저녁은 뭘 먹었어요?
나: ______________________________더군요.

3) 가: 비싸지 않았어요?
나: ______________________________.

4) 가: 노래방에도 갔어요?
나: 네, ______________________________.

5) 가: 영수 씨가 노래를 잘 해요?
나: 네, ______________________________.

2. 밑줄 친 부분을 '-더군요'로 바꿀 수 있으면 바꾸고, 바꿀 수 없으면 ×표 하십시오.

지난 방학 때 김치 박물관에 (갔어요.) (×) 신촌역에서 지하철로 30분쯤 1)(걸렸어요.) (   ) 평일이라서 관광객이 별로 2) (많지 않았어요.) (   ) 박물관에서는 다양한 종류의 김치를 3)(전시하고 있었어요.) (   ) 그렇게 많은 김치가 4) (있는지 몰랐어요.) (   ) 시식실에서 김치를 먹어 봤어요. 5) (맛있었어요.) (   )

제6과 이모가 이 버스를 타 보라고 하셨어요

1 -어지다/아지다/여지다

1. 보기 와 같이 문장을 바꾸십시오.

보기 불을 켰어요. ➡ 불이~~어/가~~ 켜졌어요~~어졌어요/아졌어요/여졌어요~~.

1) 살을 5kg 뺐어요. ➡ ________이/가 ________어졌어요/아졌어요/여졌어요.

2) 계란을 잘 삶았어요. ➡ ________이/가 ________어졌어요/아졌어요/여졌어요.

3) 커피 얼룩을 지웠어요. ➡ ________________________.

4) 크리스마스를 기다립니다. ➡ ________________________.

5) 세종대왕 때 한글을 만들었어요. ➡ ________________________.

2. 한 소설가의 일기입니다. 둘 중에서 맞는 것을 골라 O표 하십시오.

11월 23일 금요일 날씨 흐리고 비가 옴

요즘 기분이 좋지 않아서 글이 잘 (쓰지, (써지지)) 않는다. 그래서 혼자 여행을 왔다. 처음 산 위에 1) (세운, 세워진) 하얀 펜션을 봤을 때 안 좋은 느낌이 들었지만 예약한 곳이라서 그냥 들어왔다. 긴 생머리의 하얀 얼굴을 한 여자가 앉아 있었다. "이진수 씨지요? 기다리고 있었습니다. 저희 펜션 첫 손님이세요." 여자가 웃지도 않고 말했다. "왜 이렇게 어둡지요? 불을 다 2) (껐나요, 꺼졌나요)?" "전기가 3) (끊었어요, 끊어졌어요)." 여자는 나를 방으로 안내했다. "저희 펜션에서 제일 좋은 방입니다. 편히 쉬세요." 여자는 내 얼굴을 보지도 않고 말한 후 나갔다. 처음에는 어두워서 잘 몰랐는데 방을 자세히 보니 한숨이 나왔다.

커튼도 없는데 4) (깬, 깨진) 창문 사이로 바람이 들어오고 있었고 침대 위에 5) (찢은, 찢어진) 이불이 있었다. 화장실 문은 고장 나서 닫히지도 않았다. 여기에서 잘 지낼 수 있을까? 이때 방문이 갑자기 열리고 여자가 들어왔다. "손님, 요금은 선불입니다."-_- ......

2 -으라고/라고 하다, -자고 하다

1. 보기 와 같이 문장을 바꾸십시오.

> 보기
> 친구: "천천히 많이 먹어."
> 친구가 천천히 많이 먹으라고으라고/라고 합니다.

1) 도서관 직원: "조용히 하십시오."
➡ ______________________________ 으라고/라고 합니다.

2) 선생님: "모르는 게 있으면 질문하세요."
➡ ______________________________ 으라고/라고 합니다.

3) 경찰: "여기에서 담배를 피우지 마십시오."
➡ ______________________________.

4) 어머니: "날씨가 추우니까 옷을 두껍게 입어라."
➡ ______________________________.

5) 의사 선생님: "술을 너무 많이 마시지 마세요."
➡ ______________________________.

> 보기
> 남자친구: "내년에 결혼하자."
> ➡ 남자친구가 내년에 결혼하자고 합니다.

6) 유리: "이번 주에 같이 영화를 봐요."
➡ ______________________________ 자고 합니다.

7) 마이클: "저녁에는 피자를 먹읍시다."
➡ ______________________________ 자고 합니다.

8) 영주: "한국 요리를 배우러 같이 가요."
➡ ______________________________.

9) 동생: "그 옷은 너무 비싸니까 사지 말자."
➡ ______________________________.

10) 마리아: "시험이 끝났으니까 오늘은 공부하지 맙시다."
➡ ______________________________.

2. **보기** 와 같이 대화를 완성하십시오.

> **보기**
> 가: 선생님이 내일 몇 시까지 오라고 하셨어요?
> 나: 9시까지 오라고~~으라고/라고~~ 하셨어요.

1) 가: 하숙집 친구들이 무엇을 사 오라고 했어요?
   나: ____________________ 으라고/라고 했어요.

2) 가: 그 여행 프로그램에서 어디에 가 보라고 했어요?
   나: ____________________ 으라고/라고 했어요.

3) 가: 한국에 올 때 친구들이 뭐라고 했어요?
   나: ____________________.

4) 가: 기숙사에서 무엇을 하지 말라고 해요?
   나: ____________________.

5) 가: 오늘 점심에 뭐 먹을 거예요?
   나: 고깃집에 갈 거예요. ____________________ 자고 해요.

6) 가: 이번 주말에 뭐 하세요?
   나: ____________________ 자고 했어요.

7) 가: 어디로 배낭여행 갈 거예요?
   나: ____________________.

8) 가: 영수 씨한테 그 얘기 했어요?
   나: 아니요, ____________________.

제7과 민박은 안 되는 줄 알았어요

1 -는 줄 알다, -은/ㄴ 줄 알다, -을/ㄹ 줄 알다

1. 보기 와 같이 문장을 바꾸십시오.

> 보기
> 슈테판 씨의 집이 멀다고 생각했는데 가까웠어요.
> ➡ 슈테판 씨의 집이 먼~~은/ㄴ/을/ㄹ~~ 줄 알았어요.

1) 제임스 씨의 부모님이 미국 사람이라고 생각했는데 어머니가 한국 사람이었어요.

➡ ______________________________ 는/은/ㄴ/을/ㄹ 줄 알았어요.

2) 할아버지가 방에서 주무신다고 생각했는데 신문을 보고 계셨어요.

➡ ______________________________ 는/은/ㄴ/을/ㄹ 줄 알았어요.

3) 마이클 씨가 서울에서 오래 살았다고 생각했는데 한국에 온 지 이 주일 됐어요.

➡ ______________________________.

4) 비가 올 거라고 생각했는데 비가 오지 않아요.

➡ ______________________________.

5) 마리아 씨가 화가 났다고 생각했는데 화나지 않았어요.

➡ ______________________________.

2. 보기 와 같이 대화를 완성하십시오.

> 보기
> 가: 이 분이 제 어머니입니다.
> 나: 그래요? 너무 젊으셔서 언니인~~는/은/ㄴ/을/ㄹ~~ 줄 알았어요.

1) 가: 제임스 씨가 출장을 가서 그동안 학교에 못 나왔다고 해요.
   나: 그래요? 저는 ______________________________ 는/은/ㄴ/을/ㄹ 줄 알았어요.

2) 가: 그 방에 들어가지 마. 언니 잔다.
   나: 그래요? 내일 시험이라서 ______________________________ 는/은/ㄴ/을/ㄹ 줄 알았어요.

3) 가: 회사 일이 재미없어서 회사를 그만두었어요.
   나: ______________________________.

4) 가: 여기서 부산까지 케이티엑스(KTX)로 두 시간 반쯤 걸려요.
   나: ______________________________.

5) 가: 왜 명동에서 쇼핑을 해요? 신촌에도 백화점이 있는데요.
   나: ______________________________.

2 -었던/았던/였던

1. 알맞은 말을 골라 보기 와 같이 문장을 완성하십시오.

지난번에 먹었다	초등학생 때 봤다	며칠 전에 버스에서 들었다
어렸을 때 와 봤다	영수 씨의 생일 파티 때 마셨다	작년 여름에 묵었다

보기 지난번에 먹었던~~었던/았던/였던~~ 음식 이름이 뭐예요? 그 음식을 시킵시다.

1) 마실 것은 ______________ 었던/았던/였던 와인과 같은 것으로 준비할게요.

2) 여기 처음 오는 거 아니에요. ______________ 었던/았던/였던 곳이에요.

3) 엄마, 호텔은 ______________ 었던/았던/였던 호텔로 예약할까요?

4) ______________ 었던/았던/였던 노래 CD를 사고 싶은데 무슨 노래인지 모르겠어요.

5) ______________ 었던/았던/였던 만화가 영화로 만들어졌어요.

2. 보기 와 같이 대화를 완성하십시오.

보기 가: 어디에서 반 모임을 하면 좋을까요?
나: 지난 주말에 갔던~~었던/았던/였던~~ 식당 어때요? 큰 방도 있어요.

1) 가: 저 아주머니는 누구예요?
나: ______________ 었던/았던/였던 하숙집 주인 아주머니예요.

2) 가: (노래방에서) 무슨 노래를 찾아요?
나: ______________ 었던/았던/였던 노래요. 몇 번이지?

3) 가: (옷가게에서) 어느 옷이 제일 괜찮아요?
나: ______________________________.

4) 가: 이 사진은 언제 찍은 거예요? 오래전 사진인 것 같아요.
나: ______________________________.

5) 가: 여기 분위기 참 좋은데요. 이 커피숍에 자주 오세요?
나: ______________________________.

제8과 목이 아픈 데다가 자꾸 기침이 나요

1 -는 데다가, 은/ㄴ 데다가

1. 보기 와 같이 두 문장을 연결하십시오.

> **보기** 그 집 떡은 맛있어요. / 모양도 예뻐요.
> ➡ 그 집 떡은 맛있는 데다가~~는/은/ㄴ 데다가~~ 모양도 예뻐요.

1) 영수 씨는 성격이 좋아요. / 공부도 잘 해요.

➡ ______________________ 는/은/ㄴ 데다가 ______________________.

2) 지각을 했어요. / 숙제도 안 가지고 왔어요.

➡ ______________________ 는/은/ㄴ 데다가 ______________________.

3) 오늘은 비가 많이 와요. / 바람도 많이 붑니다.

➡ ____.

4) 아야코 씨는 한국말을 잘 합니다. / 중국어도 잘 합니다.

➡ ____.

5) 퇴근 시간입니다. / 교통사고도 나서 복잡해요.

➡ ____.

2. 보기 와 같이 대화를 완성하십시오.

> **보기** 가: 어디가 아프세요?
> 나: 기침을 심하게 하는 데다가~~는/은/ㄴ 데다가~~ 열도 나요.

1) 가: 담배를 피우면 뭐가 안 좋아요?

나: ______________________ 는/은/ㄴ 데다가 ______________________.

2) 가: 늘 시장에서 물건을 사세요?

나: ______________________ 는/은/ㄴ 데다가 ______________________.

3) 가: 그 가수는 인기가 참 많지요?

나: 네, ____.

4) 가: 작년에 그 자동차가 제일 많이 팔렸다고 해요.

나: ____.

5) 가: 어제는 왜 학교에 안 왔어요?

나: ____.

2 -나 보다, 은가/ㄴ가 보다

1. 그림을 보고 **보기** 와 같이 문장을 만드십시오.

보기 <u>어디에서 불이 났나</u> ~~나/은가/ㄴ가~~ 봐요.

1) ____________________ 나/은가/ㄴ가 봐요.

2) ____________________ 나/은가/ㄴ가 봐요.

3) ____________________ 나/은가/ㄴ가 봐요.

4) ____________________ 나/은가/ㄴ가 봐요.

5) ____________________ 나/은가/ㄴ가 봐요.

2. **보기** 와 같이 대화를 완성하십시오.

보기
가: 평일인데도 영화 보러 온 사람이 정말 많군요.
나: <u>영화가 재미있나</u>~~나/은가/ㄴ가~~ 봐요.

1) 가: 차가 많이 막히네요.
나: ____ 나/은가/ㄴ가 봐요.

2) 가: 미선 씨가 영어를 무척 잘 하는군요.
나: ____ 나/은가/ㄴ가 봐요.

3) 가: 영수 씨 얼굴이 빨개요.
나: ____.

4) 가: 밖에서 무슨 소리가 들려요.
나: ____.

5) 가: 유리 씨 기분이 안 좋아 보여요.
나: ____.

제9과 약을 먹었는데도 낫지 않아요

1 -는데도, -은데도/ㄴ데도

1. 관계있는 것을 연결하고 **보기** 와 같이 문장을 만드십시오.

보기 방학이다.	●	● 살이 안 쪄요.
1) 많이 먹다.	●	● 한국말이 늘지 않아요.
2) 할 일이 많다.	●	● 도서관에 학생들이 많아요.
3) 나이가 어리다.	●	● 생각이 깊어요.
4) 열심히 공부하다.	●	● 수영을 참 잘해요.
5) 배운지 한 달밖에 안 됐다.	●	● 피곤해서 그냥 잤어요.

보기 방학인데도~~는데도/은데도/ㄴ데도~~ 도서관에 학생들이 많아요.

1) ____________________ 는데도/은데도/ㄴ데도 ____________________.

2) ____________________ 는데도/은데도/ㄴ데도 ____________________.

3) ____.

4) ____.

5) ____.

2. **보기** 와 같이 대화를 완성하십시오.

보기
가: 영주 씨 왜 화가 났어요?
나: 친구가 약속 장소에 한 시간이나 늦게 왔는데도 ~~는데도/은데도/ㄴ데도~~ 사과하지 않았어요.

1) 가: 학교 옆에 사니까 날마다 일찍 오지요?
나: 아니요, ____________________ 는데도/은데도/ㄴ데도 ____________________.

2) 가: 주말에 잘 쉬어서 이제 피곤하지 않지요?
나: ____________________ 는데도/은데도/ㄴ데도 ____________________.

3) 가: 기침을 많이 하네요. 병원에 안 갔다 왔어요?
나: ____.

4) 가: 아까 점심 먹지 않았어요? 또 먹어요?
나: ____.

5) 가: 한국에 오래 살았으니까 이제는 한국말을 잘 하지요?
나: ____.

2 -네요

1. 알맞은 말을 골라 보기 와 같이 대화를 완성하십시오.

맛있어 보이다	1급인데도 한국말을 잘하다	그동안 많이 변했다
줄이 길다	외국 사람이 많다	정말 아름답다

보기
가: 제주도에서 찍은 사진이에요.
나: 정말 아름답네요.

1) 가: 제가 만든 떡볶이에요.
나: ______________________네요.
2) 가: 여기가 이태원이에요.
나: ______________________네요.
3) 가: 여기에서 표를 삽시다.
나: ______________________.
4) 가: 오랜만에 한국에 오니까 어때요?
나: ______________________.
5) 가: 저 학생들 한국말 참 잘하지요?
나: ______________________.

2. 보기 와 같이 대화를 완성하십시오.

보기
가: 제 여자친구 사진이에요.
나: 예쁘네요.

1) 가: 저는 날마다 네 시간씩 공부해요.
나: ______________________네요.
2) 가: 오늘 7시에 학교에 왔어요.
나: ______________________네요.
3) 가: 택시 기본 요금이 2400원이에요.
나: ______________________.
4) 가: 어제 새로 산 옷이에요.
나: ______________________.
5) 가: ______________________.
나: 우산이 없는데 어떻게 하지?

제10과 운동을 해야 건강하게 체중을 줄일 수 있어요

1 -어야/아야/여야

1. 관계있는 것을 연결하고 보기 와 같이 문장을 만드십시오.

보기 병원에 가다	•	• 외국에 나갈 수 있어요.
1) 발음이 좋다	•	• 늦지 않을 거예요.
2) 여권이 있다	•	• 피부가 좋아져요.
3) 오늘 숙제를 끝내다	•	• 주말에 편하게 쉴 수 있어요.
4) 잠을 잘 자다	•	• 빨리 나을 거예요.
5) 7시에 집에서 나오다	•	• 아나운서가 될 수 있어요.

보기 병원에 가야~~어야/아야/여야~~ 빨리 나을 거예요.

1) ______________ 어야/아야/여야 ______________.

2) ______________ 어야/아야/여야 ______________.

3) ______________.

4) ______________.

5) ______________.

2. 보기 와 같이 대화를 완성하십시오.

보기
가: 날마다 아침을 드시고 출근하세요?
나: 아침밥을 먹어야~~어야/아야/여야~~ 오전에 일이 잘 돼요.

1) 가: 야구경기가 6시에 시작하지요? 5시 반에 야구장 앞에서 만날까요?
나: ______________ 어야/아야/여야 좋은 자리에 앉을 수 있어요. 4시쯤 만나요.

2) 가: 요리를 잘 하고 싶어요.
나: ______________ 어야/아야/여야 맛있는 음식을 만들 수 있어요.

3) 가: 할머니, 어떻게 이렇게 건강하세요?
나: ______________.

4) 가: 어떻게 하면 그렇게 피아노를 잘 쳐요?
나: ______________.

5) 가: 어떻게 하면 그 회사에 들어갈 수 있을까요?
나: ______________.

2 -을래요/ㄹ래요?

1. 다음 상황에서 할 수 있는 말을 골라 **보기** 와 같이 쓰십시오.

뭐 먹을래?	뭐 볼래?	시원한 거 한 잔 마실래요?
벤치에 앉아서 좀 쉴래?	소리 좀 줄여 줄래?	문 좀 열어줄래요?

보기 뭐 먹을래?

1) ______________________

2) ______________________

3) ______________________

4) ______________________

5) ______________________

2. **보기** 와 같이 대화를 완성하십시오.

보기
가: 벌써 12시네요. 배가 고픈데요.
나: 같이 점심 먹으러 갈래요?~~을래요/ㄹ래요?~~

1) 가: 주말에 뭐 할까요?
나: ______________________을래요/ㄹ래요?

2) 가: 오늘도 운동하러 가세요? 운동을 좋아하시나 봐요.
나: ______________________을래요/ㄹ래요?

3) 가: 어, 필통을 안 가지고 왔어요. 집에 두고 왔나 봐요.
나: ______________________.

4) 가: 다음 주에 노래자랑 대회가 있어서 연습을 해야 해요.
나: ______________________.

5) 가: 어제 왜 학교에 안 오셨어요? 어제 중요한 문법을 배웠어요.
나: ______________________.

제11과 초대를 받았는데 빈손으로 갈 수는 없잖아요

1 -잖아요

1. 알맞은 말을 골라 **보기** 와 같이 이야기를 완성하십시오.

웃으면 복이 온다고 한다	행복은 성적순이 아니다	자꾸 울면 내 마음이 아프다
땅에 떨어진 걸 먹으면 더럽다	시간이 너무 늦었다	선물은 마음이 중요하다

보기 울지 마세요. 자꾸 울면 제 마음이 아프잖아요.

1) 그거 먹지 마. ______________________잖아.
2) 활짝 웃어 봐요. ______________________잖아요.
3) 이만 집에 들어갑시다. ______________________.
4) 꼭 비싼 선물을 살 필요는 없어. ______________________.
5) 아이에게 공부하라고 너무 잔소리하지 마세요. ______________________.

2. **보기** 와 같이 대화를 완성하십시오.

보기
가: 오늘 차가 왜 이렇게 막히지요?
나: 다음 주가 설날이잖아요. 선물을 사러 나온 사람들이 많은 것 같아요.

1) 가: 비빔밥을 좋아하는 외국 사람들이 많은 것 같아요.
나: ______________________잖아요.

2) 가: 그 영화배우를 좋아하는 사람들이 아주 많네요.
나: ______________________잖아요.

3) 가: 길에 사람들이 별로 없네요.
나: ______________________.

4) 가: 요즘 대학생들은 외국어를 무척 열심히 공부하는군요.
나: ______________________.

5) 가: 명동에서 많은 여자들이 줄무늬 치마를 입고 있는 것을 봤어요.
나: ______________________.

2 -지 그래요?

1. 보기 와 같이 친구에게 조언을 하십시오.

> 보기 용돈을 부족해하는 친구 ➡ 아르바이트를 하지 그래?

1) 요즘 피부가 나빠진 친구 ➡ ______________________지 그래요?
2) 공부하면서 졸고 있는 친구 ➡ ______________________지 그래요?
3) 살이 많이 쪄서 고민하는 친구 ➡ ______________________?
4) 가는 곳의 길을 잘 모르는 친구 ➡ ______________________?
5) 한국말 말하기를 어려워하는 친구 ➡ ______________________?

2. 보기 와 같이 대화를 완성하십시오.

> 보기
> 가: 새로 이사 와서 쓰레기를 어디에 버려야 할지 모르겠어.
> 나: 아파트 사무실에 물어 보지 그래?

1) 가: 지금 잠이 잘 안 와요.
   나: ______________________지 그래요?

2) 가: 요즘 휴대전화가 자꾸 고장 나요.
   나: ______________________지 그래요?

3) 가: 옆집이 너무 시끄러워서 공부하기가 힘들어요.
   나: ______________________?

4) 가: 대학교에 들어가서 무슨 전공을 해야 좋을지 모르겠어요.
   나: ______________________?

5) 가: 이번 추석 연휴가 긴데 뭘 하면서 시간을 보내면 좋을까요?
   나: ______________________?

제12과 쇼핑백 안에 뭐가 들어 있습니까?

1 -어/아/여 있다

1. 알맞은 동사를 골라 보기 와 같이 문장을 바꾸십시오.

열리다	걸리다	꺼지다	닫히다	놓이다	켜지다

보기 창문을 엽니다. ➡ 창문이 열려 ~~어/아/여~~ 있습니다.

1) 문을 닫습니다. ➡ ______________________어/아/여 있습니다.
2) 텔레비전을 켭니다. ➡ ______________________어/아/여 있습니다.
3) 컴퓨터를 끕니다. ➡ ______________________________.
4) 지갑을 책상에 놓습니다. ➡ ______________________________.
5) 달력을 벽에 겁니다. ➡ ______________________________.

2. 알맞은 동사를 골라 보기 와 같이 문장을 완성하십시오.

앉다	가다	눕다	붙다	비다
쓰이다	잠기다	깨지다	쌓이다	모이다

보기 냉장고가 비어 ~~어/아/여~~ 있어서 마트에 갔습니다.

1) 영주 씨가 모임 장소에 먼저 ______________________어/아/여 있기로 했습니다.
2) 가격표가 ______________________어/아/여 있지 않아 값을 모르겠습니다.
3) 손님들이 의자에 ______________________________.
4) 학생들이 강당에 ______________________________.
5) 아파서 하루 종일 ______________________________.
6) 칠판에 시험 날짜와 시간이 ______________________________.
7) 소포 상자를 여니까 컵이 ______________________________.
8) 세탁기가 고장 나서 빨래가 ______________________________.
9) 책상 서랍이 ______________________________.

2 -는 대로

1. 관계있는 것을 연결하고 보기 와 같이 문장을 만드십시오.

보기 어학당을 졸업하다.	회사에 다시 나가겠습니다.
1) 문자메시지를 받다.	결혼할 생각입니다.
2) 수업이 끝나다.	답장을 하겠습니다.
3) 고향에 돌아가다.	출발하겠습니다.
4) 제주도에 도착하다.	그동안 못 만난 친구들을 만나고 싶어요.
5) 건강이 좋아지다.	렌터카를 빌릴 거예요.

보기 어학당을 졸업하는 대로 결혼할 생각입니다.

1) ______________________는 대로 ______________________.

2) ______________________는 대로 ______________________.

3) ____.

4) ____.

5) ____.

2. 보기 와 같이 대화를 완성하십시오.

보기
가: 언제쯤 다 끝날 것 같아?
나: 먼저 가 있을래? 일이 끝나는 대로 갈게.

1) 가: 방학 때 같이 여행 갈래요?
나: 미안해요. ______________________는 대로 ______________________.

2) 가: 내가 보낸 소포 받았어?
나: 아니요, 아직 못 받았어요. ______________는 대로 ______________________.

3) 가: 언제 출발할 거예요?
나: ____.

4) 가: 언제 결혼할 거예요?
나: ____.

5) 가: 그동안 고마웠어요. 건강하세요. ______________________________.
나: 네, 연락 기다리겠습니다. 조심해서 가세요.

제13과 다들 얼마나 만나고 싶었는지 몰라요

1 얼마나 -는지 모르다, 얼마나 -은지/ㄴ지 모르다

1. 보기 와 같이 문장을 바꾸십시오.

> 보기
> 가을에 설악산이 아주 아름다워요.
> ➡ 가을에 설악산이 얼마나 아름다운지~~는지/은지/ㄴ지~~ 몰라요.

1) 옆집에서 밤새도록 파티를 해서 너무 시끄러웠어요.

➡ ________________ 얼마나 ________________ 는지/은지/ㄴ지 몰라요.

2) 요즘 물가가 아주 많이 올랐어요. 슈퍼마켓 가기가 무서워요.

➡ ________________ 얼마나 ________________ 는지/은지/ㄴ지 몰라요.

3) 제 남동생이 요리를 아주 잘 해요.

➡ ________________________________.

4) 한 살짜리 조카가 정말 말을 잘 해요.

➡ ________________________________.

5) 갑자기 눈이 와서 교통이 아주 복잡해요.

➡ ________________________________.

2. 보기 와 같이 대화를 완성하십시오.

> 보기
> 가: 슈테판, 반 친구들이 열심히 공부하니?
> 나: 네, 얼마나 열심히 하는지~~는지/은지/ㄴ지~~ 몰라요.

1) 가: 그 케이크 맛있어요? 여기에 오면 항상 그 케이크를 먹네요.

나: 네, ________________________________ 는지/은지/ㄴ지 몰라요.

2) 가: 이번 주말에도 스키 타러 가세요?

나: ________________________________ 는지/은지/ㄴ지 몰라요.

3) 가: 어제 생일 파티에 친구들이 많이 왔어요?

나: ________________________________.

4) 가: 영주 씨, 제주도 여행이 어땠어요?

나: ________________________________.

5) 가: 언어 교환 친구가 어때요?

나: ________________________________.

2 -던

1. 알맞은 말을 골라 보기 와 같이 문장을 완성하십시오.

보다	다니다	사귀다	하다	오다	듣다

보기 이 노래는 제가 대학생 때 자주 듣던 노래예요.

1) 이건 어렸을 때 TV에서 즐겨 _____던 만화예요.
2) 여기는 옛날 남자친구와 자주 _____던 커피숍이에요.
3) 마리아 씨가 요즘 우울한 것 같아요. _____던 사람과 헤어져서 그런가 봐요.
4) 먼저 나가세요. 저는 _____던 일 끝내고 나갈게요.
5) 한국어를 배우기 위해서 _____던 회사를 그만 두고 한국에 왔어요.

2. 보기 와 같이 대화를 완성하십시오.

보기
가: 이 전자사전 누구 거예요?
나: 우리 형이 쓰던 전자사전이에요.

1) 가: 내가 조금 전에 _____던 커피 못 봤어? 누가 가져갔지?
   나: 아, 그 커피 네 거야? 다 식어서 내가 버렸는데.

2) 가: 약도가 없는데 길을 잘 찾아가네요.
   나: 전에 유학 생활 할 때 _____던 하숙집이 이 근처예요.

3) 가: (식사를 하다가) 엄마, 잠깐 나갔다가 올게요. 친구한테서 전화가 와서요.
   나: ____.

4) 가: 피아노 멋있네요. 영주 씨 피아노예요?
   나: 아니요, ____.

5) 가: (옛날 사진을 보면서) 슈테판 씨 옆에 있는 사람 누구예요? 친구예요?
   나: ____.

제14과 창가 자리로 달라고 하세요

1 -을/ㄹ 테니까

1. 관계 있는 것을 연결하고 보기 와 같이 문장을 만드십시오.

보기	커피 한 잔 하면서 기다리겠습니다.	● ———— ●	천천히 오십시오.
1)	손님이 많이 오시겠습니다.	● ●	같이 산책하자.
2)	제가 밥을 사겠습니다.	● ●	다음에 또 오세요.
3)	값을 깎아 드리겠습니다.	● ●	음식을 더 준비합시다.
4)	배가 고프겠습니다.	● ●	영화를 보여 주실래요?
5)	내일은 날씨가 따뜻합니다.	● ●	먼저 먹어.

보기 커피 한 잔 하면서 기다릴을/ㄹ 테니까 천천히 오십시오.

1) ______________ 을/ㄹ 테니까 ______________.

2) ______________ 을/ㄹ 테니까 ______________.

3) ______________.

4) ______________.

5) ______________.

2. 보기 와 같이 대화를 완성하십시오.

보기
가: 다음 주에 동창회를 하는데 내가 연락할까?
나: 아니야, 친구들한테는 내가 연락할을/ㄹ 테니까 너는 장소를 알아봐 줘.

1) 가: ______________ 을/ㄹ 테니까 돈 좀 빌려 주세요.
나: 알겠어요. 그때까지 꼭 갚으세요.

2) 가: 사람들이 많이 안 왔지만 시간이 다 됐으니까 회의를 시작할까요?
나: ______________ 을/ㄹ 테니까 ______________.

3) 가: 영수야, ______________.
나: 싫어. 편한 일은 네가 하고 나는 왜 어려운 일만 시키니?

4) 가: 아빠, ______________.
나: 그래? 일기예보를 못 봤는데 고맙구나.

5) 가: 오늘까지 일을 다 해야 하는데 시간이 없어서 걱정이에요.
나: ______________.

2 -어/아/여 달라고 하다, 을/를 달라고 하다

1. 보기 와 같이 문장을 바꾸십시오.

> **보기** 손님: "물 좀 주세요."
> ➡ <u>손님이 물 좀</u> 달라고 합니다.

1) 아이: "과자를 주세요."

➡ ____________ 을/를 달라고 합니다.

2) 친구: "우산 좀 빌려 주세요."

➡ ________________ 어/아/여 달라고 합니다.

3) 마이클: "한국 친구를 소개해 주세요."

➡ ____.

4) 경찰: "운전 면허증 좀 보여 주세요."

➡ ____.

5) 직원: 통화중이니까 잠깐만 기다려 주세요.

➡ ____.

2. 보기 와 같이 이야기를 완성하십시오.

> **보기** <u>유리 씨가 빨리 전화해</u>~~어/아/여~~ 달라고 했어요.
> 급한 일인가 봐요.

1) ________________________ 어/아/여 달라고 합니다.

자리가 불편하다고 해요.

2) 음식이 싱거운가 봐.

________________________ 을/를 달라고 해.

3) ____.

제 말이 빠르다고 해요.

4) 우리 목소리가 너무 컸나 봐.

____.

5) 조금 전에 입어 본 옷이 마음에 안 드나 봐요.

____.

제15과 일 년 더 있게 됐어요

1 -게 되다

1. 알맞은 말을 골라 보기 와 같이 문장을 완성하십시오.

장학금을 받다	한국 친구들을 많이 사귀다	매운 음식을 잘 먹다
한국말을 배우다	그 아르바이트를 하다	다음 학기에 교환학생으로 독일에 가다

보기 공부를 아주 열심히 했어요. 그래서 장학금을 받게 되었어요.

1) 한국 드라마를 좋아해서 ____________________게 되었어요.

2) 친구 소개로 ____________________게 되었어요.

3) 독일어를 배워야 해요. ____________________.

4) 언어 교환 친구 덕분에 ____________________.

5) 한국에서 살면서 ____________________.

2. 보기 와 같이 대화를 완성하십시오.

보기
가: 어떻게 한국에 오게 되었어요?
나: 회사일 때문에 한국에 오게 되었어요.

1) 가: 그 사람을 어떻게 알게 되었어요?
나: ____________________게 되었어요.

2) 가: 어떻게 그 회사에 취직하게 되었어요?
나: ____________________게 되었어요.

3) 가: 어떻게 이 학교에서 공부하게 되었어요?
나: ____________________.

4) 가: 졸업 후에 뭐 할 거예요?
나: ____________________.

5) 가: 왜 회사를 그만 두세요? 좋은 회사인데...
나: ____________________.

2 -어야겠다/아야겠다/여야겠다

1. 관계있는 것을 연결하고 보기 와 같이 문장을 만드십시오.

보기 방이 너무 더러워요.	•	• 커피를 마시다.
1) 약속을 자꾸 잊어버려요.	•	• 오늘은 꼭 청소를 하다.
2) 내일이 시험인데 너무 졸려요.	•	• 여행 계획을 세우다.
3) 부모님이 한국에 오세요.	•	• 수첩에 적다.
4) 몸무게가 많이 늘었어요.	•	• 선물을 사러 가다.
5) 친구 생일입니다.	•	• 운동을 하다.

보기 방이 너무 더러워요. 오늘은 꼭 청소를 해야겠어요 ~~어야겠어요/아야겠어요/여야겠어요~~.

1) ______________________ 어야겠어요/아야겠어요/여야겠어요.

2) ______________________ 어야겠어요/아야겠어요/여야겠어요.

3) ______________________.

4) ______________________.

5) ______________________.

2. 보기 와 같이 대화를 완성하십시오.

> 가: (반모임 중) 지금 가야 해요?
> **보기** 나: 미안해요. 급한 일이 생겨서 저 먼저 가야겠어요. ~~어야겠어요/아야겠어요/여야겠어요~~.

1) 가: 노트북 컴퓨터가 또 고장 났어요?
   나: 네, ______________________ 어야겠어요/아야겠어요/여야겠어요.

2) 가: 집이 멀어서 학교 다니는 것이 힘들지 않아요?
   나: 네, ______________________ 어야겠어요/아야겠어요/여야겠어요.

3) 가: 슈테판 씨 이모님께서 우리 반 친구들을 초대하셨어요.
   나: ______________________________________.

4) 가: 감기가 심한 것 같은데 괜찮아요?
   나: ______________________________________.

5) 가: 다음 주에 시험이 있어요.
   나: ______________________________________.

부록

3. 듣기 지문

제1과 한국 대학교에서 공부하기 위해서 한국말을 배워요

과제 2

CD 01-3~5

1\.

안녕하십니까? 제 이름은 김윤호입니다. 전공은 경제학입니다. 읽고 쓰는 것은 괜찮은데 말하기를 더 잘 하기 위해서 언어 교환을 하려고 합니다. 저는 음악을 좋아해서 콘서트에 자주 갑니다. 보통 주말에는 영화를 봅니다. 음악과 영화를 좋아하는 학생이면 좋겠습니다. 그런 친구를 만나면 여러 가지 이야기를 재미있게 할 수 있을 것 같습니다.

2\.

안녕하세요? 저는 역사를 전공하고 있는 이민정입니다. 저는 내년에 유학을 가기 위해서 언어 교환을 하려고 해요. 한국 역사와 문화에 관심이 많은 학생과 언어 교환 친구가 되고 싶어요. 두 나라의 역사와 문화에 대해서 이야기를 많이 하고 싶습니다. 주말에는 우리 집에서 홈스테이도 할 수 있어요. 우리 집은 한옥이라서 한국 문화를 쉽게 배울 수 있을 거예요.

3\.

와, 만나서 반갑습니다. 이렇게 많은 외국 친구들을 만난 것이 처음이라서 조금 떨려요. 저는 체육학과 2학년 박재훈입니다. 저는 시간이 있을 때마다 여행을 다니는데 내년엔 처음으로 해외여행을 갈 계획입니다. 그래서 말하기 연습이 필요해요. 저는 그동안 한국의 여러 곳을 여행했어요. 그래서 여행을 좋아하는 친구에게 한국의 아름다운 곳들을 소개해 주고 싶어요. 여행을 좋아하는 친구는 연락해 주세요.

제2과 한국 노래를 들으면서 숙제를 해요

과제 2

CD 02-3~5

1\.

이것은 손이 빠르면 빠를수록 잘 할 수 있습니다. 이것을 하는 사람은 아무 것도 없이 새도 만들 수 있고 꽃도 만들 수 있습니다. 정말로 만드는 것이 아니라 손을 빠르게 움직여 사람들을 속이는 것입니다. 이때 동전이나 카드 같은 특별한 물건을 사용하기도 합니다. 이것은 보면 볼수록 재미있어서 많은 사람들이 좋아합니다. 이것을 공연하는 카페도 있습니다. 이것은 무엇일까요?

2\.

이 운동은 1895년에 미국에서 처음 시작되었습니다. 처음에는 5명이 한 팀이었지만 지금은 보통 6명이 한 팀입니다. 이 운동을 할 때는 발을 전혀 사용하지 않습니다. 가운데 네트가 있고 손으로 공을 쳐서 상대팀 코트 안에 떨어뜨려야 합니다. 자기 팀 안에서 공을 세 번까지 칠 수 있습니다. 이 운동을 할 때 키가 크면 클수록 유리합니다. 이 운동은 무엇일까요?

3\.

이 게임은 긴 역사를 가지고 있습니다. 한국, 일본, 중국 사람들이 많이 하는데 요즘은 이 게임을 즐기는 서양 사람들도 있습니다. 이 게임을 위해서는 검은색 돌, 흰색 돌과 나무판이 필요합니다. 나무판 위에는 가로, 세로 19줄과 361개의 점이 있습니다. 한 사람은 흰색 돌을, 또 한 사람은 검은색 돌을 가지고 한 사람씩 나무판 위에 돌을 놓습니다. 돌을 점 위에 놓으면서 자신의 땅을 만듭니다. 이 땅이 넓으면 넓을수록 점수가 높아집니다. 이 게임은 머리가 좋으면 좋을수록 잘 할 수 있을 것 같습니다. 이 게임은 무엇일까요?

제3과 주말에는 문을 안 열걸요

과제 2

CD 03-3~6

1. 신입생들을 위해 학교 시설을 방문해 보는 두 번째 시간입니다! 학생회관 1층에 있는 학교 기념품 가게를 여러분께 소개합니다. 이곳은 우리 학교의 여러 가지 기념품을 디자인하고 만들어서 파는 곳이죠. 우리 학교 로고가 있는 가방, 티셔츠, 모자, 우산, 수건, 시계, 넥타이, 열쇠고리, 교통 카드, 학교 반지 등을 팝니다. 신입생들에게는 한 달 동안 20% 싸게 드립니다. 많이 이용해 주세요.

2. 학생회관 2층에 있는 글로벌라운지! 많은 외국 학생과 한국 학생들이 함께 모여 영어로 이야기를 하는 곳인데요. 이곳에서는 CNN, NHK 등 세계 14개 나라의 방송과 영화를 볼 수 있고 세미나도 할 수 있습니다. 세계 여러 나라의 책과 잡지를 보면서 쉴 수도 있습니다. 인터넷도 이용할 수 있습니다.

3. 기숙사 엘리베이터가 고장 나서 수리를 해야 합니다. 내일 오전 9시부터 오후 5시까지 8시간 동안 엘리베이터를 이용할 수 없습니다. 조금 불편하시겠지만 복도 끝에 있는 계단을 이용해 주시기 바랍니다. 무거운 물건을 옮겨야 하는 분은 관리실로 전화를 하시면 도와드리겠습니다.

4. 학생 여러분께 알려 드립니다. 학교 전기 공사로 이번 주 토요일 오전 10시부터 오후 5시까지 정전이 됩니다. 이 시간 동안 기숙사 건물 전체에 전기가 들어오지 않습니다. 이 시간에 세탁기나 헤어드라이어, 컴퓨터를 사용하실 분들은 옆 건물을 이용하시기 바랍니다. 밤에 늦게 돌아오시는 분들은 외출 전에 방의 스위치를 꺼 주십시오. 관리실에서 말씀 드렸습니다.

제4과 시내 은행에 비해서 할인을 많이 해 주는군요

과제 1

CD 04-3~4

1. 카드 또는 통장을 넣으십시오.
비밀번호 네 자리를 누르십시오.
원하시는 금액을 누르십시오.
찾으시려고 하는 금액이 맞습니까?
지금 처리 중입니다. 잠시만 기다려 주십시오.
명세표를 받으시겠습니까?
카드(통장)와 명세표를 받으시면 현금이 나옵니다. 감사합니다. 또 이용해 주십시오.

2.

조회하실 카드를 넣으십시오.
비밀번호 네 자리를 누르십시오.
처리 중입니다. 잠시만 기다려 주십시오.
잔액을 확인하십시오.
카드를 받으십시오. 감사합니다.

과제 2

CD 04-5~7

1.

손님: 환전을 하고 싶은데요.
직원: 얼마나 바꾸실 거예요?
손님: 사백오십 달러요.
직원: 여기에 이름하고 여권 번호를 써 주세요.
손님: 이것만 쓰면 돼요?
직원: 네, 여기에 서명하시고요. 돈은 현금으로 드릴까요?
손님: 네, 현금으로 주세요.
직원: 모두 만 원짜리로 드릴까요?
손님: 20만 원은 오만 원짜리로 주시고 나머지는 오천 원짜리로 주세요.
직원: 네, 여기 있습니다. 확인해 보세요.

2.

직원: 131번 손님.
손님: 네. 저, 통장을 하나 만들려고 하는데요.
직원: 여기에 이름과 주소를 쓰세요.
손님: 이렇게 쓰면 돼요?
직원: 네, 신분증 좀 주시겠어요?
손님: 도장은 없어도 돼요?
직원: 서명을 하셔도 됩니다. 여기하고 여기에 모두 서명을 해 주세요.
손님: 그런데 이건 무슨 통장이에요? 이자율이 높나요?
직원: 행복통장인데요, 다른 통장들에 비해서 이자율이 높은 편입니다.
다 됐습니다. 감사합니다. 안녕히 가십시오.

3.

직원: 214번 손님.
손님: 네. 저, 카드를 만들고 싶은데요.
직원: 신용카드 말씀이십니까?
손님: 아니요, 체크카드요. 저도 체크카드를 만들 수 있나요?
직원: 그럼요, 외국인을 위한 체크카드가 따로 있습니다.
손님: 이 체크카드가 다른 카드에 비해서 뭐가 좋아요?
직원: 대형 마트하고 놀이공원 할인율이 큰 편입니다. 그리고 교통 카드도 됩니다.

손님: 그래요? 오늘 카드를 신청하면 언제 받을 수 있어요?
직원: 바로 받으실 수 있습니다.
손님: 그럼, 지금 만들어 주세요.

제5과 주말 내내 비가 온다고 해요

과제 2

CD 05-3~6

1. 오늘 서울의 아침 기온은 13도로 쌀쌀하지만 낮 기온은 23도까지 올라가겠습니다. 지난주부터 일교차가 커졌습니다. 일교차가 크면 감기에 걸리기 쉽다고 하니까 조심하십시오. 주말까지 날씨가 맑아서 빨래와 세차를 하기 좋겠습니다. 이번 주말에는 야외로 나가서 파란 하늘과 맑은 가을 날씨를 즐기시면 좋을 것 같습니다.

2. 날씨를 알려드리겠습니다. 6월 말부터 시작된 장마는 7월 중순까지 계속되겠고, 장마가 끝나면 무더위가 시작되겠습니다. 7월 중순부터 시작된 무더위는 8월 중순까지 계속되겠습니다. 8월 초에는 다른 해에 비해서 열대야가 자주 나타나겠다고 합니다. 8월 말에서 9월 중순까지는 크고 작은 태풍이 지나가겠습니다.

3. 내일도 추운 날씨가 계속되겠습니다. 오늘 전국이 흐렸고 서울에서는 눈이 조금 내렸습니다. 내일 서울의 아침 기온은 영하 8도, 낮 기온은 영하 2도가 되겠습니다. 남부 지방의 낮 기온은 광주 영상 2도, 부산 영하 2도로 오늘과 비슷하겠습니다. 동해안에서는 바람이 강하게 불겠고, 며칠 동안 전국적으로 구름이 끼겠습니다. 오늘의 날씨였습니다.

4. 꽃샘추위가 지나간 후 따뜻한 날씨가 계속되고 있습니다. 오전에는 전국적으로 비가 내리고 낮에는 모두 그치겠습니다. 늦은 오후나 밤에는 전국에서 황사가 나타나겠습니다. 노인이나 어린 아이, 건강이 안 좋으신 분들은 외출하지 말고 집 안에 계시는 것이 좋겠습니다. 집 안에서도 창문을 꼭 닫으시는 게 좋습니다.

제6과 이모가 이 버스를 타 보라고 하셨어요

과제 2

CD 06-3~5

1.
유리: 영주야, 이번 주말에 가까운 곳으로 놀러 가고 싶은데 어디가 좋을까?
영주: 남이섬 어때, 유리야? 유명한 드라마가 만들어진 곳이야.
유리: 아, 맞다. 우리 엄마가 한국 드라마 팬인데 꼭 가 보라고 하셨어. 그런데 멀지 않아?
영주: 아니야. 서울에서 1시간 30분 정도밖에 안 걸려.

유리: 그런데 어떻게 가?
영주: 거기 가는 셔틀버스가 있어. 인사동에서 9시 30분에 출발한다고 해. 그리고 내려서 배를 타면 섬에 들어갈 수 있어.

2.

유리: 자전거를 어디에서 빌릴 수 있을까요?
직원: 두세 시간 동안 무료로 빌릴 수 있는 지하철역이 있습니다.
유리: 한강을 따라 자전거 여행을 하고 싶은데 더 오랫동안 빌릴 수 있을까요?
직원: 그럼 한강 공원 안에 있는 자전거 대여소에서 빌리세요. 하루 종일 빌릴 수 있어요.
유리: 얼마예요?
직원: 1인용 자전거는 1시간에 3,000원이고 2인용 자전거는 1시간에 6,000원입니다. 1인용 자전거를 하루 종일 빌리시면 15,000원이에요.

3.

갑자기 서울에 출장 오는데 여행 준비하실 시간이 없습니까? 걱정하지 마십시오. 아이투어서울서비스(iTourSeoulService)가 여러분들의 여행을 쉽고 편하게 도와 드립니다. 공항에 도착하시면 스마트폰을 무료로 빌리십시오. 중요한 회의를 한 후 어디에서 식사해야 할지 모르십니까? 아이투어서울서비스는 다양한 맛집을 소개해 드립니다. 목적지에 가기 위해서 버스나 지하철을 타시겠습니까? 걸어서 가시겠습니까? 아이투어서울서비스는 가장 빠르고 쉽게 가는 길을 알려드립니다. 아이투어서울서비스는 다양한 정보를 한국어와 외국어로 안내해 드립니다. 아름다운 서울을 경험하시고 서울에서의 즐거운 추억을 오래오래 기억하시기 바랍니다.

제7과 민박은 안 되는 줄 알았어요

과제 2

CD 07-3~5

1.

한국인들이 명절 연휴에 가장 가고 싶어 하는 민속 체험 여행지는 안동 하회마을이라고 합니다. 우리 방송국에서 인터넷 여행 동호회 회원 2,760명에게 명절 연휴 때 가고 싶은 민속 체험 여행지가 어디냐고 물었습니다. 그 결과 24.3%가 안동 하회마을이라고 대답했습니다. 용인에 있는 한국 민속촌이 23.9%로 2위였고, 다음으로 제주도에 있는 성읍 민속마을이 3위, 서울의 남산골 한옥마을이 4위였습니다.

2.

외국인 관광객을 부산에 오게 하기 위해서 '서울-부산 외국인 관광객을 위한 무료버스'가 다닙니다. 화요일부터 일요일까지 주 6일 동안 하루에 한 번 무료버스가 서울과 부산을 오가고 있습니다. 버스에서는 영어 · 일본어 · 중국어로 설명을 들을 수 있습니다. 이 버스 덕분에 부산을 방문하는 외국인 관광객들이 점점 많아지고 있습니다. 버스 이용을 원하는 외국인 관광객은 부산시 홈페이지나 전화 1234-5678로 신청하면 됩니다.

3.

외국인들의 한국 방문이 많아지고 자유 여행도 늘면서 기차를 타고 값싸게 한국 곳곳을 방문할 수 있는 KR패스의 인기가 높아지고 있습니다. KR패스는 외국인이 싸게 철도를 이용할 수 있는 자유이용권입니다. 3일권, 5일권, 7일권, 10일권이 있습니다. KR패스는 한국에 들어오기 5일 전까지 한국철도 홈페이지에서 예약할 수 있고, 한국에 와서 역에서 직접 살 수도 있습니다. 이 패스로 외국인은 모든 기차를 이용할 수 있습니다.

제8과 목이 아픈 데다가 자꾸 기침이 나요

과제 3

CD 08-3~5

1. 피곤하면 눈 밑이 판다곰처럼 어두워지시나요? 어떻게 하면 이 '다크 서클'을 없앨 수 있을까요? 비타민 A와 C가 많이 들어 있는 음식을 먹으면 좋다고 합니다. 당근, 양배추, 브로콜리, 호두, 레몬, 오렌지 등도 좋습니다. 연어도 좋은 음식인데요, 먹어도 좋지만 눈 밑에 올려 놓으면 더 좋습니다. '다크 서클'은 대부분 피곤해서 생기기 때문에 잠을 충분히 자고 푹 쉬어야 합니다.

2. '불면증'은 잠을 잘 자지 못하는 증세입니다. 불면증에 걸리면 늘 피곤하고 공부나 일도 잘 할 수 없지요. 불면증을 없애기 위해서 약을 먹기도 하지만 건강에 좋지 않습니다. 그래서 불면증에 좋은 몇 가지 차를 소개해 드리겠습니다. 대추차는 긴장과 스트레스를 풀어주기 때문에 불면증에 좋습니다. 솔잎차는 불면증에 도움이 되는 데다가 피도 깨끗하게 해 주고 위도 튼튼하게 해 줍니다. 카모마일차와 꿀차도 불면증에 좋습니다.

3. 사람의 머리카락은 약 8만-10만 개인데 봄과 가을에 많이 빠집니다. 그런데 항상 머리카락이 많이 빠지면 그것은 음식 때문일 수도 있습니다. 술, 담배, 파, 생강 같이 맛이 강한 음식을 많이 먹으면 머리카락이 빠진다고 합니다. 특히, 단맛과 쓴맛이 관계가 있습니다. 단맛은 두피를 약하게 만들어서 머리카락이 더 많이 빠집니다. 커피에 설탕을 많이 넣어 마시면 커피의 쓴맛과 설탕의 단맛이 더해져서 머리카락에 가장 좋지 않습니다. 머리카락에 좋은 음식은 검은콩과 검은 참깨입니다. 검은콩을 많이 먹으면 머리카락이 잘 자란다고 합니다. 검은 참깨를 먹으면 머리카락이 잘 빠지지 않는 데다가 흰머리가 까매진다고 합니다.

제9과 약을 먹었는데도 낫지 않아요

과제 2

CD 09-3~5

1.
유 리: 슈테판 씨, 한국에 와서 병원에 간 적이 있어요?
슈테판: 네, 있어요. 그런데 왜요? 어디 아프세요?
유 리: 목이 아파서 약을 먹었는데도 안 나아요. 그래서 병원에 가려고요.
슈테판: 여행자 보험 있지요?
유 리: 네, 있어요.
슈테판: 그럼, 병원에 가서 진료를 받고 영어 진단서를 받으시면 돼요.

유　리: 더 필요한 건 없나요?
슈테판: 영수증도 받으세요.
유　리: 그 다음에는 어떻게 해야 합니까?
슈테판: 보험 회사에 진단서와 영수증을 내면 돼요.
유　리: 생각보다 어렵지 않네요. 고맙습니다.

2.

여자1: 아야!
여자2: 유리야, 왜 그래? 어디 다쳤어?
여자1: 칼에 손가락을 베였어.
여자2: 어디 보자. 피가 많이 나네. 밤 12시가 넘었는데 어떻게 하지? 빨리 응급실에 가자.
(잠시 후)
의사: 어떻게 오셨습니까?
여자1: 손가락을 베였는데 피가 계속 나요.
의사: 어디 봅시다. 상처가 좀 길게 나서 꿰매야 합니다.
여자1: 흉터가 남나요?
의사: 처음에는 보이지만 1-2년쯤 지나면 거의 보이지 않을 겁니다.

3.

한의사: 어디가 불편하십니까?
환자: 조금 전에 축구를 하다가 발목을 삐었습니다.
한의사: 많이 부었네요. 침을 맞아야 합니다.
환자: 침이요? 한 번도 맞아 본 적이 없는데요. 아프지 않나요?
한의사: 생각보다 아프지 않습니다. 그럼, 침을 놓겠습니다.
(잠시 후)
환자: 와! 신기하다. 조금 전까지 아팠던 곳이 하나도 안 아파요. 금방 낫네요.
한의사: 다친 후에 바로 오셔서 그래요. 며칠 동안 뛰지 말고 천천히 걸으세요.
환자: 약을 먹지 않아도 됩니까?
한의사: 네. 약은 필요 없고 며칠 동안 찜질을 하시면 좋습니다.

제10과 운동을 해야 건강하게 체중을 줄일 수 있어요

과제 2

CD 10-3~6

1.

이제 컴퓨터는 사람들에게 꼭 필요한 물건이 되었습니다. 하루 종일 컴퓨터 앞에 앉아서 일하는 사람도 많습니다. 컴퓨터 앞에서 일을 오래 하면 목, 어깨, 손목이 아프기 쉽습니다. 또 모니터를 오래 보고 있으면 눈이 건조해지기 쉽습니다. 컴퓨터 사용을 꼭 해야 할 때는 50분 일하고 10분 쉬는 것이 좋습니다.

2. 요즘 젊은 여성들 사이에 미니스커트가 유행입니다. 그런데 치마의 길이가 2cm 짧아질 때마다 몸이 느끼는 온도는 0.5도씩 낮아진다고 합니다. 그래서 쌀쌀한 날씨에 미니스커트를 입으면 배가 차가워져서 건강에 좋지 않습니다. 여성들은 더운 여름에도 배를 따뜻하게 하는 것이 좋다고 합니다.

3. 자주 미용실에 가십니까? 파마와 염색을 자주 하면 두피와 머리카락이 상하기 쉽습니다. 피부가 약한 사람은 얼굴과 목이 빨갛게 되거나 머리카락이 많이 빠지기도 합니다. 파마나 염색으로 머리 모양을 바꾸고 싶으면 3, 4개월 지나서 하는 것이 좋습니다. 또 머리 모양을 만들어 주는 제품을 사용했을 때는 밤에 잠자기 전에 깨끗하게 씻어내야 합니다.

4. 요즘 여러 가지 물건을 넣을 수 있는 큰 가방이 인기가 있습니다. 그러나 큰 가방은 위험할 수 있습니다. 한쪽 어깨만 무거워지기 때문에 어깨가 딱딱해지고 척추가 휘기도 합니다. 한쪽 어깨로 메는 가방보다 배낭처럼 양쪽 어깨로 메는 것이 좋습니다. 하지만 가방 디자인 때문에 한쪽으로 멜 때는 양쪽 어깨에 번갈아 가면서 메는 것이 좋습니다. 또 짐이 많을 때는 작은 가방에 나누어서 양쪽으로 드는 것이 좋습니다.

제11과 초대를 받았는데 빈손으로 갈 수는 없잖아요

과제 2

CD 11-3~6

1.

샤오밍: 유리 씨, 다음 주 금요일에 저 대학원 졸업식을 하는데 오실래요?
유 리: 어머, 샤오밍 씨, 대학원에 다니셨어요? 회사도 다니고 한국어 공부도 하고 대학원 공부도 하셨어요?
샤오밍: 대학원은 밤에 다녔어요. 한국어학당은 이번 학기부터 다니기 시작했어요.
유 리: 그럼 대학원 수업은 한국어로 들으셨어요?
샤오밍: 아니에요. 모두 다 영어 수업이었어요.
유 리: 그랬군요. 다음 주에 시간이 있으니까 갈게요. 졸업 축하해요.

2.

슈테판: 이모, 한국 친구가 집들이에 초대했는데 선물로 뭐가 좋아요?
이 모: 보통 가루 비누나 물 비누 같은 세제를 많이 선물하지.
슈테판: 그래요? 무슨 특별한 뜻이 있어요?
이 모: 응, "부자 되세요."라는 뜻이 있어.
슈테판: 재미있네요. 그런데 비누 선물에 그런 뜻이 있어요?
이 모: 비누 거품처럼 돈이 많아지기를 바라는 거야.

3.

남자: 이번 주 토요일에 김 과장님 아이의 돌잔치가 있는데 무슨 선물을 가지고 갈지 모르겠어요.
여자: 보통 금반지를 선물로 주잖아요.

남자: 금값이 많이 올랐잖아요. 너무 비싸서 살 수가 없어요.
여자: 그럼 아이 옷을 선물하지 그래요? 아기들은 옷을 자주 갈아입으니까 옷이 좋을 것 같네요.
남자: 다른 직원들이 옷을 사 간다고 했어요.
여자: 그럼 모자나 신발 같은 건 어때요? 귀여운 디자인을 많이 봤어요.
남자: 아, 그거 좋겠네요.

4.

영주: 유리야, 나 내일 영화 시사회에 가는데 같이 갈래?
유리: 영화 시사회가 뭐야?
영주: 영화를 처음 상영할 때 사람들을 초대해서 무료로 보여주는 거야.
유리: 와, 돈 안 내고 영화를 볼 수 있는 좋은 기회네.
그런데 내일 시험 공부해야 하는데...
영주: 영화 시사회에 가면 영화에 나온 배우하고 유명한 연예인도 볼 수 있어.
유리: 정말? 나도 갈게. 공부는 밤에 하지 뭐.

제12과 쇼핑백 안에 뭐가 들어 있습니까?

과제 2

CD 12-3~6

1.

손님 여러분께 안내 말씀 드리겠습니다. 현재 매장이 매우 복잡합니다. 가지고 계신 지갑, 핸드백, 귀중품을 잃어버리지 않게 조심하시기 바랍니다. 저희 백화점을 찾아 주신 손님 여러분, 즐거운 시간 보내시기를 바랍니다. 감사합니다.

2.

손님 여러분께 안내 말씀 드리겠습니다. 조금 전 3층 여성복 매장에서 갈색 목도리와 검정색 장갑이 들어 있는 저희 백화점 쇼핑백을 잃어버리신 분은 9층 고객 센터로 와 주시기 바랍니다. 다시 한 번 말씀 드리겠습니다.

3.

인천 공항 유실물 센터에서 알려 드립니다. 가죽으로 된 녹색 기내용 캐리어를 보관하고 있습니다. 잃어버리신 분은 3층 K카운터 뒤에 있는 유실물 센터로 와 주시기 바랍니다. 다시 한 번 말씀 드리겠습니다.

4.

미아보호소에서 알려 드립니다. 여섯 살 이은별 여자 어린이를 보호하고 있습니다. 보라색 반바지에 분홍색 줄무늬 티셔츠를 입고 있습니다. 파란색 샌들을 신고 있고 머리에는 토끼 모양 머리띠를 하고 있습니다. 이 어린이의 부모님은 방송을 듣는 대로 방송실로 와 주십시오. 공원 안이 복잡하니까 아이들 안전에 주의하시기 바랍니다.

제13과 다들 얼마나 만나고 싶었는지 몰라요

과제 1

CD 13-3~6

1.

다른 사람의 집을 방문할 때는 방문해도 되는지 먼저 물어보아야 합니다. 특별히 식사에 초대받은 것이 아니면, 식사 시간과 아침 일찍, 그리고 밤늦게 방문하는 것은 좋지 않습니다. 보통 약속한 시간보다 너무 일찍 도착하지 않는 것이 좋고, 꽃이나 과자 같은 간단한 선물을 가지고 가는 것이 좋습니다. 코트를 입고 있을 때는 문 밖에서 벗어서 들고 들어가고, 집 안에 들어가서 현관 옆에 둡니다. 그리고 집안 분위기와 대접에 대해서 칭찬과 인사말을 하는 것이 좋습니다. 방문을 끝내고 나올 때도 "고맙습니다", "폐를 끼쳤습니다"처럼 정중하게 인사를 합니다. 하지만 너무 길게 인사를 해서 주인이 오래 서있게 하는 것은 좋지 않습니다.

2.

여자1: 한국에서는 집 안에 들어갈 때 신발을 벗고 들어가야 하지요?
여자2: 그럼요, 그런데 왜요?
여자1: 한국 친구한테서 초대를 받았거든요. 그런데 한국 사람 집에 처음 가는 거라서 조금 걱정이 돼요.
여자2: 걱정하지 마세요.
여자1: 양말을 신지 않아도 돼요? 요즘 더워서 양말을 안 신고 다녀서요.
여자2: 가방 안에 작은 덧신을 준비해 가지고 가세요. 현관에 실내용 슬리퍼가 없으면 덧신을 신고 들어가는 게 좋아요.
여자1: 아, 그러면 되겠네요.

3.

여자1: 친구 집에 가면 제일 처음 뭘 해야 해요?
여자2: 집 안에 들어가면 친구가 권하는 자리에 앉으면 돼요.
여자1: 부모님께 인사는 안 드려요?
여자2: 소파에 앉아 있을 때 부모님이 나오시면 바로 일어서서 인사를 드리세요.
여자1: 할머니 할아버지도 친구 집에서 같이 사신다고 해요.
여자2: 그럼 할머니 방에 들어가서 절을 하고 무릎을 꿇고 앉아요.
여자1: 무릎을 꿇어요? 힘들잖아요.
여자2: 할머니께서 금방 편히 앉으라고 하실 거예요. 그때 편히 앉으면 돼요.

4.

여자1: 한국 친구가 남자인데요. 여자가 남자 방에 들어가도 되나요?
여자2: 친구가 방 구경을 시켜 주겠다고 하면 들어가도 돼요.
여자1: 방 안에서는 어디에 앉아요? 바닥에 앉아요?
여자2: 책상 의자나 바닥에 앉으면 돼요. 아니면 친구가 앉으라고 하는 곳에요.
여자1: 한국 집의 방에서는 항상 방석을 사용하나요?
여자2: 늘 사용하는 건 아닌데 손님이 오면 방석을 준비하지요. 참, 이성 친구의 방에 들어갈 때는 방문을 조금 열어놓는 게 좋아요.

제14과 창가 자리로 달라고 하세요

과제 2

CD 10-3~5

1.

직원: 안녕하세요? '미사랑' 미용실입니다.
영주: 네, 예약을 좀 하려고 하는데요.
직원: 어느 분에게 하세요?
영주: 원장님께 할 거예요. 내일 3시에 할 수 있을까요?
직원: 네, 파마하실 거예요? 커트하실 거예요?
영주: 머리를 자르고 염색할 거예요.
직원: 성함하고 연락처를 말씀해 주세요.
영주: 이영주라고 합니다. 전화번호는 010-9876-5432예요.

2.

직 원: 한식당 '비원'입니다. 무엇을 도와 드릴까요?
샤오밍: 지난주에 예약을 했는데요, 확인하려고 전화 드렸습니다.
직 원: 성함이 어떻게 되시죠?
샤오밍: 장 샤오밍입니다.
직 원: 내일 저녁 6시에 열한 분 예약하셨네요.
샤오밍: 네, 제가 창가 자리로 달라고 했는데요.
직 원: 네, 가장 전망 좋은 자리로 준비했습니다.
샤오밍: 그래요? 감사합니다.
직 원: 지난번에 부탁하신 채식 메뉴도 따로 준비하겠습니다.

3.

직 원: '예술의 전당'입니다. 무엇을 도와 드릴까요?
슈테판: 얼마 전에 뮤지컬 '춘향전'을 예매했는데 날짜를 바꾸고 싶어요.
직 원: 어떻게 바꿔드릴까요?
슈테판: 9월 5일을 15일로 바꿔 주세요. 시간은 전과 똑같이 8시로 할게요. 예약을 바꾸면 수수료를 내야 하나요?
직 원: 아닙니다. 두 번까지는 수수료 없이 변경해 드립니다. 세 번째 바꾸시면 표 값의 10%를 수수료로 내셔야 합니다. 공연 24시간 전까지 취소하시면 10% 수수료를 빼고 환불 받으실 수 있지만 그 후에 취소하시면 환불 받으실 수 없습니다.

제15과 일 년 더 있게 됐어요

과제 2

CD 10-3~5

1.

남자1: 벌써 머리 깎았네.

남자2: 훈련소에 일주일 일찍 들어가게 됐어.
남자1: 깎은 것도 괜찮다. 옛날보다 군대 생활이 힘들지 않다고 하니까 조금만 고생하고 와라.
남자2: 너 면회 자주 와야 한다.
남자1: 그럼, 자주 갈게. 우리 친구의 군대 생활을 위하여 다 같이 "건배!"

2.

정 부장: 김 부장님, 이렇게 갑자기 그만 두셔서 정말 섭섭합니다.
김 부장: 저도 그래요. 대학 졸업하고 입사해서 20년이나 다닌 곳이라서요.
정 부장: 사업을 하실 거라고 들었습니다.
김 부장: 네, 아내하고 같이 농사를 지으려고 합니다.
정 부장: 그래요? 그동안 준비를 좀 하셨나요?
김 부장: 동생이 먼저 가서 하고 있는데 다행히 잘 되고 있어요. 지난번에 TV에도 소개되었습니다.
정 부장: 부럽습니다. 그 농장에 꼭 한번 가 봐야겠네요.
김 부장: 네, 놀러 오세요.

3.

후배: 언니, 언제 떠나세요?
선배: 다음 주 토요일이야.
후배: 얼마 동안 있을 계획이에요?
선배: 5년 정도 걸릴 것 같아.
후배: 박사까지 하실 생각이군요. 남자 친구하고 결혼은 안 하세요?
선배: 내년에 내가 한국에 들어와서 하게 될 것 같아.
후배: 축하해요. 그렇지만 오랫동안 언니를 못 만나게 되어서 섭섭해요. 언니 결혼하기 전에 우리 다 같이 놀러가야겠어요.
선배: 그래 꼭 와. 우리 자주 연락하자.
후배: 네, 언니. 이메일 자주 드릴게요.

4.

남자: 벌써 한 학기가 다 끝났군요.
여자: 우리 반 친구들이 좋아서 수업이 더 즐거웠어요.
남자: 저는 한국말 공부도 재미있었지만 서울 시내 구경도 아주 좋았어요.
여자: 저도 그래요. 고궁과 현대식 건물이 함께 있는 서울의 모습은 정말 멋있어요.
남자: 맛있는 한국 음식을 많이 먹을 수 없게 되는 것도 슬퍼요. 그래서 저는 요리책을 하나 샀어요. 그걸 보면 한국말 공부도 되고 음식도 만들 수 있어서 좋을 것 같아요.
여자: 좋은 생각이에요. 저도 한 권 사야겠어요. 캐나다에 있는 가족들에게 만들어 주면 좋아할 거예요.

부록

4. 모범 답안

〈본문〉

제1과

어휘

1) 진학하기를
2) 유학을 가고
3) 사귀고
4) 이해하고
5) 사업을 했으면
6) 출장을 갈

문법1

1) 유리 씨는 한국 대학교에서 공부하기 위해서 한국말을 배워요.
2) 슈테판 씨는 어머니와 한국말로 이야기하기 위해서 한국말을 배워요.
3) 크리스틴 씨는 한국에서 사업을 하기 위해서 한국말을 배워요.
4) 웨이 씨는 한국에서 가수가 되기 위해서 한국말을 배워요.
5) 마이클 씨는 한국 사람과 한국 문화를 이해하기 위해서 한국말을 배워요.

문법2

1) 사진작가라서
2) 막내라서
3) 외아들이라서
4) 어머니가 한국 사람이라서
5) 한국어가 부전공이라서

과제1

생략

과제2

1) 경제학, 말하기를 더 잘 하기 위해서
2) 역사, 한국 역사와 문화에 관심이 많은 학생
3) 내년에 처음으로 해외여행을 갈 계획이라서 말하기 연습이 필요하기 때문에

과제3

01 전공이 동아시아 역사라서 중국어와 한국어를 알아야 하기 때문에

02 ❷

03 ☑ 토요일 오전이나 오후 ☑ 일요일 오전이나 오후

제2과

어휘

생략

문법1

1) 쉬면 쉴수록
2) 올라가면 올라갈수록
3) 걸으면 걸을수록
4) 보면 볼수록
5) 하면 할수록

문법2

1) 아침에 지하철을 타고 가면서 책을 읽어요. 책을 읽으면서 음악을 들어요.
2) 학교에서 교실로 걸어가면서 학교 라디오 방송을 들어요.
3) 오후에는 동아리 방에서 기타를 치면서 친구와 같이 노래를 불러요.
4) 오후 7시 쯤에는 저녁을 먹으면서 TV를 봐요.
5) 저녁을 먹은 후에 공원에서 어머니와 산책하면서 이야기를 해요

과제1

생략

과제2

01 1) 동전이나 카드, 손이 빠른 사람
2) 네트와 공, 키가 큰 사람
3) 검은 색 돌, 흰색 돌과 나무판, 머리가 좋은 사람

02 마술, 배구, 바둑

과제3

01 1) 유적지로, 행사를, 가족처럼
2) 춤을, 거리, 무대에서
3) 음식을, 맛집을, 세계 요리 축제를

02 ❸

제3과

어휘

1) 컴퓨터실　2) 복사실　3) 체력 단련실
4) 관리실　5) 세탁실　6) 휴게실
7) 탈의실

문법1

1) 수건이 없거든요
2) 수영 모자를 써야 하거든요
3) 수영 수업이 있거든요
4) 여기에서 멀거든요
5) 바쁘거든요

문법2

1) 비자가 필요 없을걸　2) 서울보다 안 더울걸
3) 짐이 많으면 힘들걸
4) 자유 여행이 재미있을걸
5) 신용카드를 쓰면 되니까 현금이 많이 필요 없을걸

과제1

생략

과제2

01 1) 학교 기념품
2) 신입생에게는 한 달 동안 학교 기념품을 20% 싸게 판매한다.

02 1) 글로벌라운지
2) ☑ 여러 나라의 방송을 볼 수 있다.
☑ 세미나도 하고 영화도 볼 수 있다.
☑ 인터넷을 이용할 수 있다.

03 오전 9시부터 오후 5시까지 엘리베이터 수리 때문에 엘리베이터를 이용할 수 없다.

04 토요일 오전 10시부터 오후 5시까지 전기가 들어오지 않는다.

과제3

01 ☑ 기숙사에서 음식을 만들어 먹을 수 있다.
☑ 밤에 11시 반이 지나면 기숙사에 들어올 수 없다.
☑ 기숙사에서 나갈 때는 체크아웃 서류와 열쇠, 침구류를 반납해야 한다.
☑ 고장 난 것이 있을 때는 관리실에 전화하거나 기숙사 홈페이지에 글을 올리면 된다.

제4과

어휘

1) 번호표를 뽑으세요　2) 통장을 만들러
3) 환전하려는　4) 카드를 넣고
5) 비밀번호를 누른　6) 돈을 찾아서

문법1

1) 동대문 시장에 비해서 예쁜 옷이 많아요.
2) 국제은행에 비해서 이자율이 높아요.
3) 50대에 비해서 많이 사요.
4) 신촌에 비해서 맛집이 많아요.
5) 지난달에 비해서 많이 올랐어요.

문법2

1) 적게 하는　2) 많이 먹는
3) 힘든　4) 조금 자는
5) 하루에 다섯 잔 마시니까 많이 마시는

과제1

01 1) ❶　2) ❷　3) ❶
4) ❷　5) ❶　6) ❷
7) ❶

02 1) ❷　2) ❶　3) ❷
4) ❶　5) ❷

과제2

01 1) 환전을 하려고
2) ☑ 이름과 여권번호를 쓰고 서명을 해야 한다.
☑ 모두 현금으로 받았다.

02 1) 통장을 만들려고
2) ☑ 신분증이 있어야 한다.
☑ 이 통장은 이자를 많이 주는 편이다.

03 1) 체크카드를 만들려고
2) ☑ 놀이공원에서 많이 할인된다.
☑ 오늘 신청하면 오늘 받을 수 있다.

과제3

01 ④

02 1) 쉽고 빠르게 세금을 돌려받을 수 있다.
2) 교통카드로 사용할 수 있다.
3) 관광지와 리조트, 미용실을 이용할 때 할인을 받을 수 있다.

03 관광지에 있는 대한은행, 여권을 가진 외국인

제5과

어휘

1) 구름이 끼었어요 2) 천둥이 치는
3) 안개가 낀 4) 장마가 시작될
5) 홍수가 나면 6) 번개가 치는
7) 폭설이 내려서 8) 태풍이 지나가겠습니다

문법1,2

1) 재미있다고
2) 친구들을 많이 사귀었냐고
3) 한국에 오고 싶다고
4) 미하엘이 좋은 호텔을 아냐고
5) 호텔 예약은 안 해도 된다고
6) 비행기표만 예약하면 되겠다고
7) 이모도 좋아하실 거라고

문법3

1) 바람이 불더군요 2) 사람들이 많더군요
3) 서서 과자를 먹더군요 4) 자더군요
5) 멋있더군요

과제1

생략

과제2

01 1) ③
2) ❶ 빨래하기
❷ 세차하기
❸ 야외로 나가서 즐기기

02 1) ❶ 6월 말 ~ 7월 중순,
❷ 8월 말 ~ 9월 중순,
❸ 7월 중순 ~ 8월 중순
2) 열대야

03 1) 광주: 2℃, 부산: -2℃
2) ☑ 오늘 전국이 흐렸다.
☑ 동해안에서는 바람이 강하게 불겠다.

04 1) 늦은 오후나 밤에는 전국에서 황사가 나타나기 때문에
2) ☑ 날씨가 따뜻하다.
☑ 건강이 안 좋은 사람은 집 안에 있어야 한다.

과제3

01 일출을 보려고 강릉에 갔다.

02 어제: 서울은 날씨가 좋았고, 강릉은 구름이 많이 끼어 있었다.
오늘: 강릉은 구름이 많이 끼었다.

03 1) 옷을 따뜻하게 입고 바닷가로 갔다.
2) 차를 마시면서 친구들과 이야기를 했다.

제6과

어휘

1) 관광 코스를 안내해

2) 교통 카드를 이용하는
3) 맛집을 추천해
4) 특산물이나 특산품을 소개해
5) 지도를 얻을

문법1

1) 깨지지 2) 펴지지 3) 찢어졌다
4) 꺼지면서 5) 빠진

문법2

1) 나쁜 친구하고 놀지 말라고
2) 저녁 때 회를 먹자고
3) 음식을 조심해서 먹으라고
4) 밤에 바닷가에서 불꽃놀이를 하자고
5) 위험한 일을 하지 말라고
6) 내일 스킨스쿠버를 배우자고
7) 바다에 깊이 들어가지 말라고

과제1

생략

과제2

01 1) ④
2) 인사동에서, 9시 30분에, 배를
02 1) 한강을 따라 자전거 여행을 하려고 한다.
2) ④
03 1) 맛집을, 가장 빠르고 쉽게 가는 길을
2) ☑ 서울로 여행 오는 사람들을 위한 서비스이다.
☑ 한국어와 외국어로 안내한다.

과제3

01 ③
02 ☑ 다양한 언어로 안내 받을 수 있다.
☑ 개인이 관광하고 싶으면 3일 전까지 예약을 해야 한다.

제7과

어휘

1) 다도 체험을 2) 도자기 체험
3) 한지 공예 체험도 4) 탈춤 배우기도
5) 가훈 쓰기 체험도 6) 사찰 체험을

문법1

1) 결혼한 2) 교포인
3) 공부를 열심히 안 하는 4) 여자 친구가 있는
5) 관심이 있는

문법2

생략

과제1

생략

과제2

01 1) 명절, 민속
2) 2위 - 용인 한국 민속촌
3위 - 제주도 성읍 민속마을
4위 - 서울 남산골 한옥마을
02 1) 서울과, 부산을, 무료버스가
2) ①
03 1) KR패스가, 외국인에게
2) ④

과제3

01 한국인 2000명과 외국인 1800명에게 서울의 매력이 무엇인지 물었다.

02

	1위	2위	3위
한국인	한강	고궁	편리한 대중교통
외국인	음식	편리한 대중교통	친절하고 따뜻한 사람들

03

한국인	서울의 상징이면서 주말에 취미생활을 즐길 수 있는 곳이기 때문에
외국인	반찬이 많아서, 고기를 직접 굽고 잘라서 먹는 게 재미있어서, 음식의 색이 아름다워서

제8과

어휘

1) 콧물이 나기
2) 코가 막혀서
3) 목이 쉬어서
4) 열이 나서
5) 두통이 심해서
6) 몸이 떨렸다
7) 소화가 안 돼서

문법1

1) 힘든 데다가 위험해요.
2) 외국어를 빨리 배울 수 있는 데다가 외국 문화를 쉽게 이해할 수 있어요.
3) 돈이 많이 드는 데다가 부모님과 멀어질 수 있어요.
4) 자연이 아름다운 데다가 공기가 깨끗해서
5) 교통이 불편한 데다가 문화 시설이 부족해서

문법2

1) 코가 막히나
2) 소화가 안 되나
3) 두통이 심한가
4) 화장실이 급한가
5) 변비가 심한가

과제1

01 ❷

02 1) 소화제
2) 진통제
3) 소독약, 피부 연고
4) 피부 연고
5) 종합 감기약

03 늦은 밤이나 공휴일에 약을 사기 어려울 때

과제2

생략

과제3

01 1) 눈 밑이
2) ❷

02 1) 잠을 잘 자지 못하는 증세
2) ☑ 대추차 ☑ 카모마일차 ☑ 꿀차

03 1) ☑ 쓴맛은 두피를 약하게 한다.
☑ 단 커피는 머리카락에 좋지 않다.

2)

검은 콩	흰머리가 까매진다.
검은 참깨	머리카락이 잘 자란다.
	머리카락이 잘 빠지지 않는다.

제9과

어휘

1) 수납했다
2) 진료를 받았다
3) 검사를 받고
4) 주사를 맞아야
5) 처방전을 받아

문법1

1) 쉬었는데도
2) 먹었는데도
3) 그렇게 하는데도
4) 비가 오는데도
5) 추운데도

문법2

1) 단풍잎이 예쁘네요
2) 사람들이 많네요
3) 올라가시네요
4) 약수를 마시네요
5) 시원하네요

과제1

생략

과제2

01 1) ❹
2) ❶ 영어 진단서 ❷ 영수증
3) 보험 회사

02 1) ❶
2) 응급실
3) ❸

03 1) ❷
2) 축구를, 발목을
3) ❷, ❸

과제3

01 ❸

02 병원을 방문하기 전에 예약을 해야 한다.

03 ☑ 외국어를 할 수 있는 자원봉사자들이 있다.
☑ 처방전을 받은 후 일주일 안에 약을 사야 한다.

제10과

어휘

1) 운동 부족이
2) 수면 부족이
3) 과로를
4) 과음을
5) 과식을

문법1

1) 30분 이상 해야
2) 담배를 끊어야
3) 좋은 음식을 먹어야
4) 잠을 많이 자야
5) 며칠 동안 쉬어야

문법2

1) 먼저 갈래요
2) 뭐 마실래요
3) 케이크도 먹을래요
4) 어디에 앉을래요
5) 주문할래요

과제1

생략

과제2

01 1) ❸
2) 목, 어깨, 손목

02 1) ☑ 요즘 젊은 여성들이 짧은 치마를 많이 입는다.
☑ 쌀쌀할 때 미니스커트를 입으면 건강에 좋지 않다.
2) 배

03 1) ❶
2) 3~4개월
3) 밤에 자기 전에 깨끗이 씻어야 한다.

04 1) ☑ 요즘 큰 가방을 좋아하는 사람들이 많다.
☑ 크고 무거운 가방을 한쪽 어깨로 계속 메면 척추에 좋지 않다.
2) 작은 가방에 나누어서 양쪽으로 드는 것이 좋다.

과제3

01 아침을 먹어야 한다.

02 ☑ 아침을 굶는 어른은 배에 살이 찌기 쉽다.
☑ 몸이 에너지를 쌓아놓으려고 하기 때문에 살이 찐다.

03 ❶

제11과

어휘

1) 송별회가
2) 졸업식이
3) 입학식에
4) 집들이가
5) 청첩장을
6) 돌잔치가
7) 초대장을

문법1

1) 이모님하고 살잖아요
2) 각자 자기 나라의 기념품 하나씩 가지고 가자고 했잖아요
3) 회사원이잖아요
4) 슈테판씨하고 친하잖아요
5) 우리 반 친구가 아니잖아요

문법2

1) 운동화를 신지
2) 김밥이나 샌드위치 같은 간단한 음식을 싸 가지
3) 셔틀버스를 타지
4) 밤에 모기가 많다고 하니까 모기약을 가지고 가지
5) 공연장에서 캠핑을 할 수 있다고 하니까 캠핑장에서 자지

과제1

생략

과제2

01 1) 대학원 졸업식 2) ❷

02 1) 한국 친구 집들이
2) "부자 되세요"라는 뜻이 있다.

03 1) 김 과장님 아이의 돌잔치
2) 금값이 많이 올랐기 때문에
3) ❷

04 1) ❹
2) ☑영화 시사회에서는 유명한 연예인을 볼 수 있다.

과제3

01 장훈태, 정소희

02 2011년 12월 10일 토요일 낮 12시에 명동 성당에서

03 ☑초록 색 7011번 버스를 타고 명동 역 앞에서 내린다.
☑지하철 2호선을 타고 가서 을지로 입구 역 5번 출구로 나온다.

제12과

어휘

1) 얇은 2) 가는 3) 굵은
4) 뾰족하고 5) 둥글고

문법1

1) 책이 쌓여
2) 남자 배우의 사진이 붙어
3) 노트북 컴퓨터가 놓여
4) 물이 남아
5) 열려

문법2

1) 회사에 도착하는 2) 퇴근하는
3) 끝나는 4) 일어나는
5) 전화 받는

과제1

01 ❹

02 ☑유실물들은 일주일이 지나면 경찰서로 간다.
☑지하철 유실물 센터 홈페이지에 유실물 사진이 있어서 집에서도 확인할 수 있다.
☑지하철에서 내린 뒤 바로 열차 번호와 내린 칸의 번호를 역무실에 말하면 빨리 찾을 수 있다.

과제2

01 ❸

02 1) 백화점 2) ❶

03 1) 인천공항 2) ❷

04 1) 공원 2) ❸

과제3

01 1) 여권
2) ☑한국에 처음 왔다.
☑입국 수속과 짐 찾는 일 때문에 바빴다.
☑출입국사무소에서 짐 검사를 받았다.

02 1) ❷
2) 엄마한테 선물로 받은 가방이라서

제13과

어휘

1) 인사를 드렸다
2) 악수를 했다
3) 신발을 벗고
4) 방석에 앉으셨다
5) 절을 했다

문법1

1) 얼마나 더운지
2) 집 찾기가 얼마나 어려웠는지
3) 얼마나 힘들었는지
4) 친구 어머니가 요리를 얼마나 잘 하시는지
5) 얼마나 재미있었는지

문법2

1) 그 수저는 제가 쓰던　　2) 그 술잔은 제가 마시던
3) 만들어 주시던　　4) 어렸을 때 자주 듣던
5) 어렸을 때 가족들과 자주 하던

과제1

01 1) ❸
2) ☑ 다른 사람의 집에 갈 때는 주인에게 가도 되는지 먼저 물어봐야 한다.
☑ 문 밖에서 코트를 벗고 벗은 코트는 현관 근처에 놓는다.

02 1) ❷
2) ☑ 한국 친구가 이 사람을 초대했다.
☑ 이 사람은 덧신을 신고 집안에 들어갈 것 같다.

03 1) ☑ 거실　　☑ 할머님의 방
2) ❸

04 1) ❷　　2) ❹

과제2

생략

과제3

01 홈스테이 주인 아주머니
02 ❸

제14과

어휘

1) 특실을　　2) 일반석이　　3) 비즈니스석을
4) 창가 자리에　　5) 통로 자리에　　6) 금연석이었다
7) 흡연석이　　8) 왕복　　9) 편도

문법1

1) 김밥 만들기가 힘들
2) 음료수를 들고 가면 무거울 테니까 가지고 오지 마세요.
3) 제가 차를 가지고 올 테니까 제 차를 타고 가요.
4) 차가 막힐 테니까 지하철을 타고 가요.
5) 제가 예약할 테니까 홈페이지 주소를 가르쳐 주세요.

문법2

1) 자리를 바꿔　　2) 물과 메뉴판을
3) 이 집에서 제일 맛있는 음식을
4) 다시 만들어　　5) 매니저를 불러

과제1

생략

과제2

01 1) 미용실에 ☑ 예약하기 위해서
2) ☑ 영주는 내일 3시에 원장에게 머리를 할 것이다.

02 1) 한식당에 ☑ 예약을 확인하기 위해서
2) ☑ 내일 6시에 열한 명이 예약한 곳에 갈 것이다.
☑ 내일 샤오밍과 친구들은 전망 좋은 자리에 앉을 것이다.

03 1) 예술의 전당에 ☑ 날짜를 변경하기 위해서
2) ☑ 슈테판은 9월 15일 8시에 뮤지컬을 보러 갈 것이다.
☑ 공연 이틀 전에 취소하면 환불받을 수 있다.

과제3

01 ❸

02

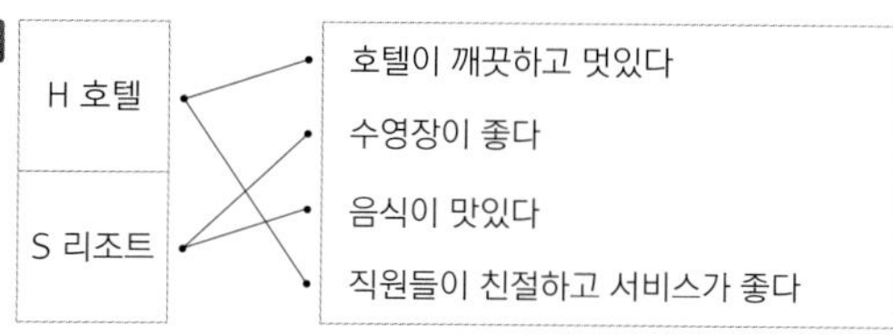

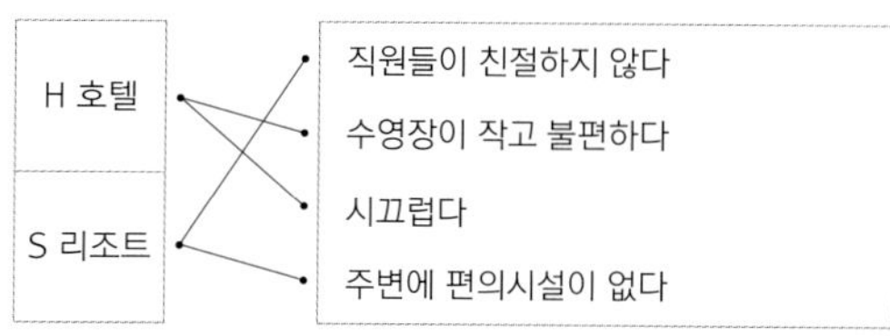

제15과

어휘

1) 연예인　2) 사업가　3) 공무원
4) 언론인　5) 작가　6) 정치가
7) 연구원

문법1

1) 한국말을 배우게　2) 어떻게 만나게
3) 사귀게　4) 대학원에 다니게
5) 일하게

문법2

1) 약을 사 먹어야겠다　2) 전화해야겠다
3) 약속을 연기해야겠다
4) 사진을 많이 찍어야겠다
5) 추억을 많이 만들어야겠다

과제1

생략

과제2

01 1) 친구가 군대에 가기 때문에
2) ❸

02 1) 김 부장이 회사를 그만 두기 때문에
2) ☑ 떠나는 사람과 남는 사람 모두 섭섭해하고 있다.
☑ 김 부장이 말하는 농장은 TV에 소개된 적이 있다.

03 1) 선배가 유학을 가기 때문에
2) ☑ 선배는 외국에서 5년쯤 공부할 것이다.
☑ 두 사람은 연락을 자주 할 것 같다.

04 1) 반 친구
2) ☑ 두 사람은 서울 시내 구경을 아주 좋아한다.
☑ 두 사람은 다 고향에 돌아가서 한국 음식을 만들 것 같다.

과제3

01 어렸을 때의 꿈: 공무원, 지금 꿈: 중국 대학교에서 한국어를 가르치는 것

02 한국 드라마를 보고 한국에 대한 관심이 생기게 되었고, 드라마에 나오는 한국말을 자막 없이 이해하고 싶어서 한국말을 배우게 되었다.

03 ❹

〈문법 활용연습〉

제1과

1

1. 1) 한국말을 잘하기　2) 건강해지기
3) 부모님을　4) 미래를
5) 가수가 되기

2. 1) 한국 문화를 배우기
2) 한국에서 대학원에 다니기
3) 여행을 가기 위해서 짐을 싸요.
4) 한국 음악을 듣기 위해서 샀어요.
5) 집을 사기 위해서 돈을 모아요.

2

1. 1) 장마철이라서 날마다 비가 와요.
2) 1급 학생이라서 아직 잘 읽지 못해요.
3) 토요일이라서 학교에 안 갔어요.
4) 유명한 관광지라서 관광객이 많을 거예요.
5) 내일 어머니 생신이라서 가족들이 모여서 식사를 할 거예요.

2. 1) 추석이라서 입었어요.
2) 중고차라서 쌉니다.
3) 방학이라서 모두 고향에 갔어요.
4) 부인이 한국사람이라서 그래요.
5) 오늘 졸업식이라서 복잡해요.

제2과

1

1. 1) 배우면 배울수록 2) 보면 볼수록
   3) 많으면 많을수록 4) 먹으면 먹을수록
   5) 만나면 만날수록
2. 1) 많이 하면 할수록 2) 높으면 높을수록
   3) 시간이 가면 갈수록 더 고향이 그리워져요.
   4) 평양 냉면은 먹으면 먹을수록 더 맛있어요.
   5) 닦으면 닦을수록 더러워지는 것은 뭘까요?

2

1. 1) 커피를 마시면서 이야기를 해요.
   2) 지하철을 타고 오면서 책을 읽었어요.
   3) 가족 사진을 보면서 고향에 있는 가족 생각을 했어요.
   4) 회사에 다니면서 대학원 공부도 해요.
   5) 음악을 들으면서 청소해요.
2. 1) 영화를 보면서 팝콘을 먹으면 좋아요.
   2) CD를 들으면서 큰 소리로 따라 하면 발음 연습에 좋아요.
   3) 여자 친구를 사귀면서 다른 여자를 몰래 만나면 안 돼요.
   4) 운전하면서 전화하면 안 돼요.
   5) 길을 걸으면서 담배를 피우면 안 돼요.

제3과

1

1. 1) 지하철을 타는 게 좋아요. 직접 가는 버스가 없거든요.
   2) 이번 주말에는 푹 쉴 거예요. 이번 주에 일이 너무 많아서 힘들었거든요.
   3) 2시까지 명동에 가야 해요. 친구를 만나기로 했거든요.
   4) 휴대 전화를 써도 돼요? 제 건 배터리가 나갔거든요.
   5) 저는 오늘 반 모임에 못 가요. 선약이 있거든요.
2. 1) 좋거든요.
   2) 점심을 많이 먹었거든요.
   3) 어제 잠을 못 잤거든요.
   4) 집이 학교에서 멀거든요.
   5) 고향에 급한 일이 생겼거든요.

2

1. 1) 유리 씨가 알걸요.
   2) 세일기간이라서 사람이 많을걸요.
   3) 30분 쯤 걸릴걸요.
   4) 눈이 와서 길이 미끄러울걸요.
   5) 문을 닫았을걸요.
2. 1) 사무실에 계실걸요.
   2) 열심히 하면 받을 수 있을걸요.
   3) 내일 가면 다 팔렸을걸요.
   4) 지금쯤 자고 있을걸요.
   5) 신용카드를 쓰면 되니까 많이 필요하지 않을걸요.

제4과

1

1. 1) 여름옷 2) 작년 3) 남자
   4) 영화 5) 과학
2. 1) 쓰기에 비해서 말하기가 어려워요.
   2) 토요일에 비해서 일요일이 한가해요.
   3) 버스에 비해서 지하철이 더 빨라요.
   4) 월초에 비해서 월말에 더 바빠요.
   5) 학교 밖에 있는 식당에 비해서 싸고 맛있어요.

2

1. 1) 수업 후에 공부를 적게 하는
   2) 하루 운동 시간이 더 많은
   3) 한 달 용돈이 더 많은 편이에요.
   4) 휴대전화를 적게 쓰는 편이에요.
   5) 아르바이트를 적게 하는 편이에요.
2. 1) 좋은

2) 자주 하는
3) 매운 음식을 잘 먹는 편이에요.
4) 교통이 편리한 편이에요.
5) 다른 사람에 비해서 적은 편이에요.

제5과

1

1. 1) 그 친구는 영국 사람이라고 합니다.
2) 그 사람은 학생이 아니라고 합니다.
3) 내일부터 비가 올 거라고 합니다.
4) 요즘 피곤하다고 합니다.
5) 명동에 사람이 많다고 합니다.
6) 그 영화가 재미있다고 합니다.
7) 키가 크지 않다고 합니다.
8) 오후에는 회사에 간다고 합니다.
9) 도서관에서 한국 잡지를 읽는다고 합니다.
10) 백화점은 오전 10시 30분에 문을 연다고 합니다.
11) 그 사람은 고기를 먹지 않는다고 합니다.
12) 어제 제임스 씨 생일이었다고 합니다.
13) 유리 씨는 어렸을 때 아주 귀여웠다고 합니다.
14) 주말에는 도서관에 가지 않았다고 합니다.
15) 약속을 꼭 지키겠다고 합니다.

1) 생일이 몇 월 며칠이냐고 합니다.
2) 주말에 무엇을 할 거냐고 합니다.
3) 겨울에 얼마나 춥냐고 합니다.
4) 한국말 배우기가 어떠냐고 합니다.
5) 오후에는 무엇을 하냐고 합니다.
6) 어디에서 사냐고 합니다.
7) 언제 한국에 왔냐고 합니다.
8) 계산은 카드로 하겠냐고 합니다.

2. 1) 친한 친구 생일인데 깜빡 잊어버렸다고 해요.
2) 같이 가고 싶었는데 못 가서 섭섭하다고 해요.
3) 신촌으로 갈 거냐고 해요.
4) 저녁 식사에는 참석하겠다고 해요.
5) 30분쯤 늦을 것 같다고 해요.

2

1. 1) 춥지 않았는데 바람이 조금 불더군요.
2) 삼겹살을 먹었는데 정말 맛있더군요.
3) 생각보다 싸더군요.
4) 정말 재미있는 곳이더군요.
5) 가수처럼 노래를 잘 하더군요.

2. 1) 걸리더군요.
2) 많지 않더군요.
3) 전시하고 있더군요.
4) ×
5) 맛있더군요.

제6과

1

1. 1) 살이 5kg 빠졌어요.
2) 계란이 잘 삶아졌어요.
3) 커피 얼룩이 지워졌어요.
4) 크리스마스가 기다려져요.
5) 세종대왕 때 한글이 만들어졌어요.

2. 1) 세워진 2) 껐나요? 3) 끊어졌어요.
4) 깨진 5) 찢어진

2

1. 1) 도서관 직원이 조용히 하라고
2) 선생님이 모르는 게 있으면 질문하라고
3) 경찰이 여기에서 담배를 피우지 말라고 합니다.
4) 어머니가 날씨가 추우니까 옷을 두껍게 입으라고 합니다.
5) 의사 선생님이 술을 너무 많이 마시지 말라고 합니다.
6) 유리 씨가 이번 주에 같이 영화를 보자고
7) 마이클 씨가 저녁에는 피자를 먹자고
8) 영주 씨가 한국 요리를 배우러 같이 가자고 합니다.
9) 동생이 그 옷은 너무 비싸니까 사지 말자고 합니다.

10) 마리아 씨가 시험이 끝났으니까 오늘은 공부 하지 말자고 합니다.

2. 1) 맥주하고 감자 칩을 사 오라고
2) 유적지가 많은 경주에 가 보라고
3) 한국에서 열심히 공부하라고 했어요.
4) 기숙사에서 밤늦게 떠들지 말라고 해요.
5) 한국 친구가 삼겹살을 먹자고
6) 이모가 이태원에서 쇼핑하자고
7) 친구들이 유럽으로 가자고 해요.
8) 다른 친구들이 영수 씨한테 얘기하지 말자고 했어요.

제7과

1

1. 1) 제임스 씨의 부모님이 미국 사람인
2) 할아버지가 주무시는
3) 마이클 씨가 서울에서 오래 산 줄 알았어요.
4) 비가 올 줄 알았어요.
5) 마리아 씨가 화가 난 줄 알았어요.

2. 1) 고향에 돌아간
2) 공부하는
3) 회사 일을 좋아하는 줄 알았어요.
4) 저는 더 오래 걸리는 줄 알았어요.
5) 신촌에는 백화점이 없는 줄 알았어요.

2

1. 1) 영수 씨의 생일 파티 때 마셨던
2) 어렸을 때 와 봤던
3) 작년 여름에 묵었던
4) 며칠 전에 버스에서 들었던
5) 초등학생 때 봤던

2. 1) 2년 전에 살았던 2) 지난번에 불렀던
3) 처음에 입었던 옷이 제일 잘 어울려요.
4) 유치원 때 찍었던 사진이에요.
5) 며칠 전에 친구들과 같이 왔던 곳이에요.

제8과

1

1. 1) 영수 씨는 성격이 좋은 데다가 공부도 잘 해요.
2) 지각을 한 데다가 숙제도 안 가지고 왔어요.
3) 오늘은 비가 많이 오는 데다가 바람도 많이 붑니다.
4) 아야코 씨는 한국말을 잘 하는 데다가 중국어도 잘 합니다.
5) 퇴근 시간인 데다가 교통사고도 나서 복잡해요.

2. 1) 건강에 안 좋은 데다가 냄새도 나요.
2) 시장은 물건 값이 싼 데다가 물건도 다양해서 좋아요.
3) 노래를 잘 하는 데다가 춤도 잘 추니까 인기가 많아요.
4) 성능이 좋은 데다가 디자인도 멋있어서 많이 팔렸어요.
5) 늦게 일어난 데다가 몸도 안 좋아서 못 왔어요.

2

1. 1) 무척 피곤한가 2) 백화점에서 세일을 하나
3) 황사가 심한가 4) 기분이 좋은가
5) 식당 음식이 맛있나

2. 1) 교통사고가 났나
2) 미국에서 오래 살았나
3) 열이 나나 봐요.
4) 밖에 비가 오나 봐요.
5) 안 좋은 일이 있나 봐요.

제9과

1

1. 1) 많이 먹는데도 살이 안 쪄요.
2) 할 일이 많은데도 피곤해서 그냥 잤어요.
3) 나이가 어린데도 생각이 깊어요.
4) 열심히 공부하는데도 한국말이 늘지 않아요.
5) 배운지 한 달밖에 안 됐는데도 수영을 참 잘 해요.

2. 1) 집이 가까운데도 날마다 지각을 해요.
2) 많이 쉬었는데도 피곤해요.
3) 병원에 갔다 왔는데도 기침이 낫지 않아요.
4) 점심을 먹었는데도 배가 고파요.
5) 오래 살았는데도 한국말을 잘 못해요.

2

1. 1) 맛있어 보이네요.
2) 외국 사람이 많네요.
3) 줄이 기네요.
4) 그동안 많이 변했네요.
5) 1급인데도 한국말을 잘 하네요.

2. 1) 공부를 많이 하네요.
2) 학교에 일찍 왔네요.
3) 택시 요금이 싸네요.
4) 잘 어울리네요.
5) 어~ 비가 오네.

제10과

1

1. 1) 발음이 좋아야 아나운서가 될 수 있어요.
2) 여권이 있어야 외국에 나갈 수 있어요.
3) 오늘 숙제를 끝내야 주말에 편하게 쉴 수 있어요.
4) 잠을 잘 자야 피부가 좋아져요.
5) 7시에 집에서 나와야 늦지 않을 거예요.

2. 1) 일찍 가야
2) 재료가 좋아야
3) 매일 운동을 해야 건강을 지킬 수 있어.
4) 날마다 열심히 연습해야 잘 칠 수 있어요.
5) 한국말을 잘 해야 들어갈 수 있어요.

2

1. 1) 문 좀 열어줄래요?
2) 소리 좀 줄여 줄래?
3) 뭐 볼래?
4) 벤치에 앉아서 좀 쉴래?
5) 시원한 거 한 잔 마실래요?

2. 1) 같이 등산할래요?
2) 같이 운동하러 갈래요?
3) 이 연필 쓸래요?
4) 노래방에 가서 연습할래요?
5) 공책 좀 빌려줄래요?

제11과

1

1. 1) 땅에 떨어진 걸 먹으면 더럽잖아.
2) 웃으면 복이 온다고 하잖아요.
3) 시간이 너무 늦었잖아요.
4) 선물은 마음이 중요하잖아.
5) 행복은 성적순이 아니잖아요.

2. 1) 맛도 좋고 건강에도 좋잖아요.
2) 연기도 잘하고 얼굴도 예쁘잖아요.
3) 오늘은 공휴일이잖아요.
4) 외국어를 잘 해야 좋은 회사에 취직할 수 있잖아요.
5) 요즘에 줄무늬 치마가 유행이잖아요.

2

1. 1) 피부과에 가 보지
2) 좀 쉬었다가 공부하지
3) 운동을 해보지 그래?
4) 인터넷에서 길을 찾아보지 그래요?
5) 한국 친구와 말하기 연습을 하지 그래?

2. 1) 따뜻한 우유를 한 잔 마셔보지
2) 새로 하나 사지
3) 도서관에 가서 공부하지 그래?
4) 진학 상담 선생님과 이야기해 보지 그래요?
5) 가까운 곳으로 여행을 가지 그래요?

제12과

1

1. 1) 문이 닫혀 2) 텔레비전이 켜져
   3) 컴퓨터가 꺼져 있습니다.
   4) 지갑이 책상에 놓여 있습니다.
   5) 달력이 벽에 걸려 있습니다.
2. 1) 가 2) 붙어 3) 앉아 있습니다.
   4) 모여 있습니다. 5) 누워 있었습니다.
   6) 쓰여 있습니다. 7) 깨져 있었습니다.
   8) 쌓여 있습니다. 9) 잠겨 있습니다.

2

1. 1) 문자메시지를 받는 대로 답장을 하겠습니다.
   2) 수업이 끝나는 대로 출발하겠습니다.
   3) 고향에 돌아가는 대로 그동안 못 만난 친구들을 만나고 싶어요.
   4) 제주도에 도착하는 대로 렌터카를 빌릴 거예요.
   5) 건강이 좋아지는 대로 회사에 다시 나가겠습니다.
2. 1) 방학하는 대로 고향에 가야 해요.
   2) 소포를 받는 대로 전화하겠습니다.
   3) 일이 끝나는 대로 출발할 거예요.
   4) 취직하는 대로 결혼할 거예요.
   5) 도착하는 대로 연락하겠습니다.

제13과

1

1. 1) 밤새도록 얼마나 시끄러웠는지
   2) 요즘 물가가 얼마나 많이 올랐는지
   3) 제 남동생이 요리를 얼마나 잘하는지 몰라요.
   4) 조카가 말을 얼마나 잘 하는지 몰라요.
   5) 갑자기 눈이 와서 교통이 얼마나 복잡한지 몰라요.
2. 1) 얼마나 맛있는지 2) 네, 얼마나 신나는지
   3) 네, 얼마나 많이 왔는지 몰라요.
   4) 바람이 얼마나 많이 불었는지 몰라요.
   5) 친구가 얼마나 재미있는지 몰라요.

2

1. 1) 보던 2) 오던 3) 사귀던
   4) 하던 5) 다니던
2. 1) 마시던 2) 살던
   3) 먹던 밥 마저 먹고 나가라.
   4) 언니가 결혼 전에 치던 피아노예요.
   5) 네, 고등학교 때 같이 공부하던 친구예요.

제14과

1

1. 1) 손님이 많이 오실 테니까 음식을 더 준비 합시다.
   2) 제가 밥을 살 테니까 영화를 보여 주실래요?
   3) 값을 깎아 드릴 테니까 다음에 또 오세요.
   4) 배가 고플 테니까 먼저 먹어.
   5) 내일은 날씨가 따뜻할 테니까 같이 산책하자.
2. 1) 다음 달까지는 꼭 갚을
   2) 사람들이 곧 올 테니까 조금만 더 기다려 봅시다.
   3) 내가 청소기를 돌릴 테니까 너는 걸레질을 해.
   4) 오후에 비가 올 테니까 우산을 가지고 나가세요.
   5) 제가 도와 드릴 테니까 너무 걱정하지 마세요.

2

1. 1) 아이가 과자를
   2) 친구가 우산 좀 빌려
   3) 마이클 씨가 한국 친구를 소개해 달라고 합니다.
   4) 경찰이 운전 면허증 좀 보여 달라고 합니다.
   5) 직원이 통화중이니까 잠깐만 기다려 달라고 합니다.
2. 1) 손님이 자리를 바꿔
   2) 소금을
   3) 천천히 말해 달라고 합니다.
   4) 옆 테이블에서 조용히 해 달라고 해.
   5) 다른 옷을 보여 달라고 해요.

제15과

1

1. 1) 한국말을 배우게
   2) 그 아르바이트를 하게
   3) 다음 학기에 교환학생으로 독일에 가게 되었어요.
   4) 한국 친구들을 많이 사귀게 되었어요.
   5) 매운 음식을 잘 먹게 되었어요.
2. 1) 동아리에서 그 사람을 알게
   2) 한국말을 좀 할 수 있어서 그 회사에서 일하게
   3) 교수님 소개로 이 학교에서 공부하게 되었어요.
   4) 무역 회사에서 일하게 되었어요.
   5) 다음 달에 유학을 가게 되었어요.

2

1. 1) 약속을 자꾸 잊어버려요. 수첩에 적어야겠어요.
   2) 내일이 시험인데 너무 졸려요. 커피를 마셔야겠어요.
   3) 부모님이 한국에 오세요. 여행 계획을 세워야겠어요.
   4) 몸무게가 많이 늘었어요. 운동을 해야겠어요.
   5) 친구 생일입니다. 선물을 사러가야겠어요.
2. 1) 자꾸 고장이 나서 새로 사야겠어요.
   2) 힘들어서 이사를 해야겠어요.
   3) 이모님께 드릴 선물을 사야겠어요.
   4) 병원에 가야겠어요.
   5) 시험 공부를 해야겠어요.

부록

1. 번역
2. 문법 활용연습
3. 듣기 지문
4. 모범 답안
▸ 5. 색인

5. 색인

〈어휘 색인〉

ㄱ

ㄴ

ㄷ

ㅅ

사귀다	1과	주제어휘
사업	1과	주제어휘
사업가	15과	주제어휘
사찰	7과	주제어휘
살	10과	새어휘
상다리	13과	과제어휘
상대	2과	과제어휘
상영	11과	과제어휘
상징	7과	과제어휘
상처	8과	과제어휘
상하다	10과	과제어휘
샤워실	3과	주제어휘
서명하다	4과	과제어휘
선	7과	과제어휘
설문	7과	과제어휘
설사	8과	과제어휘
섭섭하다	15과	과제어휘
성당	11과	과제어휘
성함	14과	과제어휘
세금	4과	과제어휘
세제	3과	과제어휘
세차	5과	과제어휘
세탁실	3과	주제어휘
센터	12과	과제어휘
소개하다	6과	주제어휘
소독	8과	과제어휘
소화	8과	주제어휘
속이다	2과	과제어휘
송별회	11과	주제어휘
수납하다	9과	주제어휘
수리하다	3과	과제어휘
수면	10과	주제어휘
수속	12과	과제어휘
수수료	4과	새어휘
숨	10과	과제어휘
숯	11과	과제어휘
쉬다2 (목이)	8과	주제어휘
스트레스	10과	주제어휘
승무원	15과	과제어휘
시사회	11과	과제어휘
시작되다	5과	주제어휘
식사량	10과	과제어휘
식후	8과	새어휘
신발	13과	주제어휘
신분증	4과	과제어휘
신입생	3과	과제어휘
신청하다	4과	과제어휘
실내용	13과	과제어휘
심하다	5과	주제어휘
씹다	10과	과제어휘

ㅇ

아쉽다	5과	과제어휘
악수	13과	주제어휘
안개	5과	주제어휘
안내	6과	주제어휘
앉다 (방석에)	13과	주제어휘
알려주다	6과	주제어휘
알약	8과	새어휘
야외	5과	과제어휘
얇다	12과	주제어휘
억양	1과	새어휘
언론인	15과	주제어휘
언젠가는	15과	새어휘
얻다	6과	주제어휘
연고	8과	과제어휘
연구소	15과	새어휘
연구원	15과	주제어휘
연어	8과	과제어휘
연예인	15과	주제어휘
연인	14과	과제어휘

ㅈ

〈문법 색인〉

ㅈ

3주완성

연세 한국어

5 부록

08710

9 788968 500411

ISBN 978-89-6850-041-1

ISBN 978-89-6850-036-7 (세트)